CRÍTICA E LIBERTAÇÃO NA PSICOLOGIA

COLEÇÃO PSICOLOGIA SOCIAL
Coordenadores:
Pedrinho A. Guareschi – Universidade Federal do
  Rio Grande do Sul (UFRGS)
Sandra Jovchelovitch – London School of
  Economics and Political Science (LSE) – Londres

Conselho editorial:
Denise Jodelet – L'École des Hautes Études en Sciences Sociales – Paris
Ivana Marková – Universidade de Stirling – Reino Unido
Paula Castro – Instituto Superior de Ciências do Trabalho e da Empresa (Iscte) – Lisboa
Ana Maria Jacó-Vilela – Universidade do Estado do Rio de Janeiro (Uerj)
Regina Helena de Freitas Campos – Universidade Federal de Minas Gerais (UFMG)
Angela Arruda – Universidade Federal do Rio de Janeiro (UFRJ)
Neuza Maria de Fátima Guareschi – Universidade Federal do Rio Grande
  do Sul (UFRGS)
Leoncio Camino – Universidade Federal da Paraíba (UFPB)

Dados Internacionais de Catalogação na Publicação (CIP)
(Câmara Brasileira do Livro, SP, Brasil)

Martín-Baró, Ignacio, 1942-1989.
Crítica e libertação na Psicologia : estudos psicossociais / Ignacio Martín-Baró ; Organização, notas e tradução de Fernando Lacerda Júnior. – Petrópolis, RJ : Vozes, 2017. – (Coleção Psicologia Social)

Bibliografia.

4ª reimpressão, 2024.

ISBN 978-85-326-5361-1

1. Psicologia Política 2. Psicologia Social 3. Teologia da Libertação
I. Lacerda Júnior, Fernando. II. Título. III. Série.

16-08592   CDD-302

Índices para catálogo sistemático:
1. Psicologia da Libertação : Psicologia Social   302

IGNACIO MARTÍN-BARÓ

CRÍTICA E LIBERTAÇÃO NA PSICOLOGIA
Estudos psicossociais

Organização, notas e tradução de Fernando Lacerda Júnior

Petrópolis

© 2017, Editora Vozes Ltda.
Rua Frei Luís, 100
25689-900 Petrópolis, RJ
www.vozes.com.br
Brasil

Todos os direitos reservados. Nenhuma parte desta obra poderá ser reproduzida ou transmitida por qualquer forma e/ou quaisquer meios (eletrônico ou mecânico, incluindo fotocópia e gravação) ou arquivada em qualquer sistema ou banco de dados sem permissão escrita da editora.

A presente edição e publicação dos textos de Ignacio Martín-Baró foi autorizada por seu representante legal, a saber:
Rodolfo Cardenal S.J.
Director del Centro Monseñor Romero
Universidad Centroamericana "José Simeón Cañas"
San Salvador, El Salvador.
A referência às respectivas publicações originais dos capítulos encontra-se ao final da obra.

Conselho editorial

Diretor
Volney J. Berkenbrock

Editores
Aline dos Santos Carneiro
Edrian Josué Pasini
Marilac Loraine Oleniki
Welder Lancieri Marchini

Conselheiros
Elói Dionísio Piva
Francisco Morás
Gilberto Gonçalves Garcia
Ludovico Garmus
Teobaldo Heidemann

Secretário executivo
Leonardo A.R.T. dos Santos

Produção editorial

Aline L.R. de Barros
Jailson Scota
Marcelo Telles
Mirela de Oliveira
Natália França
Otaviano M. Cunha
Priscilla A.F. Alves
Rafael de Oliveira
Samuel Rezende
Vanessa Luz
Verônica M. Guedes

Editoração: Maria da Conceição B. de Sousa
Diagramação: Mania de Criar
Revisão gráfica: Nilton Braz da Rocha / Nivaldo S. Menezes
Capa: Studio Graph-it
Arte-finalização: Editora Vozes

ISBN 978-85-326-5361-1

Este livro foi composto e impresso pela Editora Vozes Ltda.

SUMÁRIO

Apresentação – Colocando a Psicologia contra a ordem: introdução aos escritos de Ignacio Martín-Baró, 7

Parte I – Crítica e libertação na Psicologia, 23

1 O psicólogo no processo revolucionário (1980), 25

2 Conflito social e ideologia científica: do Chile a El Salvador (1985), 30

3 A desideologização como contribuição da Psicologia Social para o desenvolvimento da democracia na América Latina (1985), 55

4 O desafio popular à Psicologia Social na América Latina (1987), 66

5 A pesquisa e a mudança social (1987), 89

Parte II – Estudos de Psicologia Social, 99

6 Entre o indivíduo e a sociedade (1983), 101

7 Votar em El Salvador: Psicologia Social da desordem política (1983), 162

8 O latino indolente: caráter ideológico do fatalismo latino-americano (1987), 173

9 Os grupos com história: um modelo psicossocial (1987), 204

Parte III – Psicologia Social da Violência, 231

10 Um psicólogo social frente à guerra civil em El Salvador (1982), 233

11 Guerra e saúde mental (1984), 251

12 Da guerra suja à guerra psicológica: o caso de El Salvador (1987), 271

13 A violência na América Central: uma visão psicossocial (1987), 286

14 A violência política e a guerra como causas do trauma psicossocial em El Salvador (1988), 312

APRESENTAÇÃO

Colocando a Psicologia contra a ordem: introdução aos escritos de Ignacio Martín-Baró

*Fernando Lacerda Júnior**

> Cualquiera puede hacer de los libros del joven Marx
> Un liviano puré de berenjenas,
> Lo difícil es conservarlos como son, Es decir,
> Como alarmante hormigueros.
> Roque Dalton, 1969/1989, p. 136.

I

Em 2016, Ignacio Martín-Baró completaria 67 anos, no entanto, em 16 de novembro de 1989, um esquadrão de elite do exército de El Salvador – treinado pela Escola das Américas e responsável pelo massacre de mais de 1.000 civis em um pequeno vilarejo, *El Mozote*, em dezembro de 1981 – invadiu as dependências da UCA e executou seis jesuítas e duas trabalhadoras. Estas, ironicamente, preferiram dormir nas dependências da universidade, temendo por sua segurança na periferia de São Salvador durante uma ofensiva político-militar da Frente Farabundo Martí para a Libertação Nacional (FMLN) contra o governo oligárquico de Alfredo Cristiani, as forças armadas salvadorenhas e o impe-

---

* Graduado e doutor em Psicologia pela Pontifícia Universidade Católica de Campinas. Professor de Psicologia Social da Faculdade de Educação da Universidade Federal de Goiás. Estuda a presença de teses marxistas na história da Psicologia latino-americana e a história de propostas críticas e alternativas de Psicologia que apareceram na América Latina, como Psicologia da Libertação, Psicologia Comunitária e Psicologia Política.

rialismo norte-americano (MONTGOMERY, 1995). Testemunhas afirmam que Martín-Baró, ao perceber que seria executado junto com seus colegas, reagiu imediatamente gritando contra os soldados "Isto é uma injustiça! Vocês são carniceiros!" (DE LA CORTE, 2001, p. 18).

Quando Ignacio Martín-Baró foi executado, sua obra já era reconhecida internacionalmente. Suas pesquisas sobre opinião pública tiveram tamanho impacto que a revista *The Nation* publicou um artigo reconhecendo os esforços do autor em desmistificar os falsos dados gerados por agências norte-americanas de pesquisa de opinião pública (BOLLINGER & LUND, 1988). Logo após o seu assassinato, homenagens e obituários foram publicados em importantes periódicos internacionais de Psicologia (p. ex.: LYKES, 1990; MARÍN, 1991) e apareceram importantes publicações póstumas voltadas à divulgação do pensamento do autor (HASSET & LACEY, 1991; JIMÉNEZ-DOMÍNGUEZ & PACHECO, 1990/2002). No entanto, segundo Montero e Sonn (2009), os estudos mais importantes sobre a obra de Martín-Baró e a Psicologia da Libertação começaram a se fortalecer somente a partir da segunda metade da década de 1990. Parte importante desses esforços foi a realização, desde 1998, dos diversos congressos internacionais de Psicologia Social da Libertação (DOBLES, 2011).

Neste sentido, se a avaliação de Montero e Sonn (2009) está correta, os estudos sobre a Psicologia da Libertação e a obra de Martín-Baró possuem uma curta história e estão em seus estágios iniciais. Por isso, não obstante a existência de importantíssimos trabalhos, ainda há poucos estudos sistemáticos sobre a obra do autor. Há inúmeros temas inexplorados: seu programa ético-político para a Psicologia, as definições de Psicologia Social, Psicologia Política, Psicologia da Libertação e Psicologia Popular, suas pesquisas empíricas sobre classes sociais e outros processos psicossociais. Da mesma forma, ainda não existem esforços sistemáticos que apontem para um efetivo juízo crítico sobre os limites de sua obra. Esta avaliação sobre a reduzida difusão e os incipientes esforços investigativos é ainda mais verdadeira se olhamos para a Psicologia brasileira.

II

Em 1980, Martín-Baró preparou algumas anotações que orientaram sua intervenção em uma mesa-redonda sobre o papel da Psicologia na realidade de El Salvador. O manuscrito, "O psicólogo no processo revolucionário" (cf. cap. 1), além de apresentar um chamado para psicólogas e psicólogos repensarem suas relações com instâncias do poder dominante, destaca as tarefas da Psicologia no processo de constituição de uma nova sociedade. O manuscrito é importante por conter três elementos que se destacam dentre as principais contribuições de Martín-Baró para a Psicologia.

Em primeiro lugar, o manuscrito demonstra o apoio incondicional do autor às lutas por mudança social empreendidas pelas maiorias populares. A organização dos setores populares para superar uma sociedade desigual não é somente um horizonte almejado pelo autor, mas um processo que, por conter diversos ensinamentos para as ciências sociais, deve ser seriamente analisado e fomentado. Em segundo lugar, o manuscrito problematiza o papel e a política da Psicologia hegemônica: o autor questiona as alianças, os problemas e as práticas da Psicologia. Problematiza o complexo de saberes e práticas que, na América Latina, pouco fazia além de reproduzir os panfletos ideológicos da classe dominante. Finalmente, o manuscrito é caracterizado pela indicação das bases para se construir uma nova Psicologia indicando de onde ela deveria partir, qual seria o seu horizonte e quais seriam suas tarefas imediatas.

Após a conclusão dos estudos em Filosofia (em 1963 na Colômbia) e Teologia (em 1970 na Bélgica) e o início de sua graduação em Psicologia (finalizada em 1975 em El Salvador), todos os escritos de Psicologia preparados por Martín-Baró expressam tanto a preocupação com a realidade dos setores populares e os rumos de suas lutas quanto críticas à Psicologia e formulações sobre como colocá-la a serviço de processos de mudança social. Estes problemas são abordados em uma realidade social marcada por profundas fraturas sociais e durante um violento e acirrado conflito social que, tragicamente, resultou na morte de Martín-Baró e dezenas de milhares de salvadorenhos – vítimas de batalhões do exército salvadorenho, de tropas paramilitares e da desigualdade social.

Entre 1979 e 1980, houve um salto qualitativo na atuação das guerrilhas salvadorenhas. Um golpe militar sucedido por virulenta repressão fez com que inúmeras organizações populares chegassem à conclusão de que a luta por uma sociedade menos desigual em El Salvador não era mais possível por meio pacíficos e institucionais, como as eleições, ou por meio das táticas tradicionais de luta como manifestações e greves (MONTGOMERY, 1995). Antes do golpe militar de 1979, diversos ativistas já apontavam para a necessidade da luta armada em El Salvador. Em 1963, Roque Dalton (2010), um famoso poeta e militante salvadorenho, expressara seu juízo definitivo sobre as possibilidades existentes para as lutas populares em El Salvador: "o povo só poderá realizar as mudanças revolucionárias necessárias por meio da insurreição armada popular, opondo à violência das classes dominantes nacionais e estrangeiras a violência das grandes massas oprimidas da população" (p. 161).

Assim, o início de uma ofensiva político-militar em 1979 pela FMLN, uma frente ampla envolvendo cinco grandes organizações políticas, não foi apenas fruto de aventureirismos ou conclusões precipitadas. A ofensiva foi fruto do esgotamento das tentativas de transformar a sociedade salvadorenha por meios pacíficos, o que se manifestava, especialmente, nas repetidas experiências de repressão política violenta empreendidas pelo exército e por agrupamentos paramilitares financiados e apoiados pela Política de Segurança Nacional dos Estados Unidos. Esta história de violenta repressão política começou em 1932, ano em que houve a brutal repressão de levante popular de operários, indígenas e camponeses que ceifou a vida de Farabundo Martí e dezenas de milhares de trabalhadores salvadorenhos. Desde então, a intervenção golpista de militares para fazer valer os interesses das classes dominantes de El Salvador, marcou a vida política do país (MONTGOMERY, 1995).

A ofensiva político-militar dirigida pela FMLN apontava para a possibilidade de, pela primeira vez, uma derrota da aliança entre classes dominantes e exército em El Salvador. Antecipando a possibilidade de uma vitória dos setores populares, Martín-Baró preparou diversos manuscritos sobre que contribuição a Psicologia poderia dar em processos históricos de libertação. O manuscrito de 1980 sobre o papel da Psicologia na revolução, além de ser um testemunho do intenso processo vivido em El Salvador, expressa o processo pelo qual as lutas sociais, em certos momentos, arrastam intelectuais e abrem possibilidades para ideias novas na Psicologia.

III

A preocupação de Martín-Baró com processos de transformação social não surgiu apenas na década de 1980. Desde muito cedo o autor esteve preocupado com o que poderia ser feito para destruir estruturas sociais desiguais e ditaduras militares na América Latina. Mesmo antes de se formar como psicólogo, o autor já se perguntava sobre como transformar a vida cotidiana das maiorias populares. Em uma monografia preparada durante os estudos necessários para obter o título de bacharel em Teologia, Martín-Baró (1968/2015) sintetizou as contribuições de diversos cristãos, dentre eles Dom Helder Camara, Martin Luther King e Camilo Torres, para problematizar o papel da Igreja e do cristianismo em uma estrutura social geradora de sofrimento e opressão. Perguntando sobre qual é o papel do cristão em uma sociedade desigual, o autor apresenta uma resposta que revela a importante influência da Teologia da Libertação sobre sua obra: em uma sociedade desigual "a revolução é uma exigência insubstituível" (MARTÍN-BARÓ, 1968/2015, p. 452) e "o cristão está obrigado a participar ativamente nesta revolução" (p. 453).

Anos depois, os mesmos questionamentos dirigidos ao cristianismo serviram de referência para Martín-Baró problematizar a Psicologia: Pode a Psicologia contribuir para a eliminação de uma desordem ordenada? Pode a Psicologia explicar alguma coisa sobre a realidade salvadorenha? E, mais importante, pode a Psicologia oferecer alguma coisa às organizações populares e suas lutas por transformação social?

Assim, quando se olha para a obra de Martín-Baró, especialmente aquela que começa a brotar a partir do início de sua graduação em Psicologia em 1972, é possível identificar os esforços de um autor que tinha a profunda convicção de que a Psicologia poderia descrever, explicar e transformar os problemas vividos por trabalhadoras e trabalhadores em El Salvador e na América Latina. Sua obra psicológica é um permanente esforço de *colocar a Psicologia contra a ordem*. Por isso, o autor em um texto de introdução à Psicologia Social (cf. cap. 6) afirma que a principal preocupação da Psicologia Social Crítica é analisar como o indivíduo pode se libertar de uma desordem instituída.

A obra psicológica de Martín-Baró pode ser dividida em dois momentos: um primeiro, em que o autor ainda está se apropriando da Psicologia, no qual o esforço para explicar processos psicossociais predominantes na América Latina resultou na aplicação, direta e acrítica, da Psicologia, especialmente saberes psicanalíticos; em um segundo momento, a revisão crítica da própria Psicologia começa a predominar e, a partir de então, começam a brotar novas definições de conceitos ou novos termos como Psicologia da Libertação, Psicologia Popular e Psicologia Política.

No primeiro momento, os textos psicológicos de Martín-Baró buscaram a utilização da Psicologia para explicar o mundo latino-americano. A meta do autor era a de elaborar um "Psicodiagnóstico da América Latina" (MARTÍN-BARÓ, 1972a). Em outras palavras: a preocupação fundamental não era tanto problematizar a Psicologia, mas utilizar os conhecimentos psicológicos para denunciar e transformar a realidade. Assim, por exemplo, em um artigo que analisou como a criatividade poderia contribuir para a superação do subdesenvolvimento latino-americano, Martín-Baró (1971/2015) não se preocupou em criticar os pressupostos teóricos dos trabalhos de Jean Piaget, mas sim em utilizar suas ideias sobre o desenvolvimento da inteligência de uma forma que elas poderiam contribuir para denunciar e mudar a realidade latino-americana.

Trata-se de um período em que o autor buscou, permanentemente, utilizar a Psicologia para problematizar a ordem existente sem, necessariamente, criticar seus pressupostos. O autor pesquisou diversos temas (violência, drogadição, machismo etc.) utilizando a Psicologia de uma forma original. Sua preocupação era usar o conhecimento existente para explicar processos psicossociais e identificar as condições de possibilidade para a superação dos graves problemas psicossociais vividos pelas maiorias populares. Neste sentido, tratou o machismo recorrendo às interpretações psicanalíticas sobre o complexo do macho (MARTÍN-BARÓ, 1968) e utilizou o conceito de dissonância cognitiva para explicar processos psicológicos vividos por perpetradores da violência (MARTÍN-BARÓ, 1975). Neste período, há forte influência de autores da Psicanálise (sobre este tema cf. DOBLES, 2016). Por exemplo, em "Psicodiagnóstico da América Latina" há inúmeras referências a Freud, Marcuse e Fromm que são apresentadas em análises sobre o poder opressor que destacam problemáticas como "paranoia social", "neurose de posse" e a "revolta contra o pai" (MARTÍN-BARÓ, 1972a). Da mesma forma, uma análise sobre a relação entre a estrutura do caráter e regimes políticos publicada pelo autor no mesmo ano (MARTÍN-BARÓ, 1972b) e que destacava como o capitalismo produzia dependência, passividade, individualismo e farisaísmo, era claramente fundamentada nas contribuições de Reich.

Em trabalhos desse período já aparecem algumas análises sobre a necessidade de se repensar o papel da Psicologia, os limites de seus conceitos e suas abordagens dominantes. Mas tudo isso é secundário em relação à preocupação em usar a Psicologia para estudar os problemas sociais dominantes em El Salvador. De fato, a crítica à própria Psicologia se torna algo mais claro com o amadurecimento da obra do autor.

A combinação entre crítica da Psicologia e uso da Psicologia para fazer a crítica se expressa mais claramente no primeiro livro de Martín-Baró (1985/2012) sobre a Psicologia Social[1]. A obra

---

1. A primeira edição do livro foi publicada em 1983. Mas há diversos indicadores de que foi um trabalho preparado ao longo da segunda metade da década de 1970. Em primeiro lugar, há dois rascunhos do livro, *Lecturas de Psicología Social* (1975) e *Psicología Social* (1976), que contêm esboços e, em boa medida, repetem a mesma estrutura do livro que foi publicado em 1983. Além disso, na biblioteca da UCA é possível encontrar pequenos fascículos publicando partes do material que, em 1983, apareceria reunido no livro. O primeiro capítulo desse livro – que introduz o balanço que o autor faz da Psicologia Social e apresenta um novo objeto e um novo objetivo para o campo – aparece no sexto capítulo desta coletânea.

contém diversos capítulos em que o autor revisa criticamente conceitos tradicionais da Psicologia Social – atitude, socialização, percepção social etc. – com a finalidade de problematizar temas como a tortura, o machismo, a repressão e outros processos sociais dominantes na América Central. O livro também contém três importantes capítulos que apresentam: (1) críticas à Psicologia Social dominante por criar explicações mistificadas e mistificantes sobre a relação indivíduo-sociedade; (2) a proposição de uma concepção dialética e histórica sobre a relação indivíduo-sociedade; (3) uma redefinição do objeto e do horizonte da Psicologia Social para que, de alguma forma, o campo possa contribuir para as lutas históricas por libertação dos povos latino-americanos.

A Psicologia Social, para Martín-Baró (1985/2012), não é uma especialidade asséptica que estuda a influência social ou a cognição social, mas é um campo que busca ampliar a liberdade humana oferecendo explicações sobre a dimensão ideológica da ação humana, isto é, sobre a relação entre interesses sociais gerados em uma sociedade de classes e as ações humanas em diferentes contextos.

Dessa forma, o citado livro de Psicologia Social não apresenta apenas a utilização de conhecimentos psicológicos para estudar processos psicossociais, mas apresenta revisões críticas e reconstruções teóricas que buscam transformar a Psicologia Social em um campo que seja capaz de apreender a relação entre processos de libertação individual e de libertação social. A questão, agora, não era apenas colocar a Psicologia contra a ordem, pois: "realizar uma Psicologia da Libertação exige primeiro alcançar uma libertação da Psicologia" (MARTÍN-BARÓ, 1986/2011, p. 190).

As teorias não são instrumentos que flutuam no ar e que podem ser utilizadas de acordo com fins que são postos por aqueles que se apropriam delas. As teorias carregam pressupostos que limitam ou possibilitam processos de emancipação. Assim, a contribuição transformadora da Psicologia não depende apenas do cientista que utiliza conceitos psicológicos, mas depende do próprio referencial teórico que orienta a prática. A tarefa, portanto, é um pouco mais difícil do que aplicar o conhecimento psicológico: não é adequado apenas usar a Psicologia para compreender o mundo, mas é preciso reconstruir teoricamente a Psicologia para colocá-la a serviço das lutas por transformação social (MARTÍN--BARÓ, 1985/1996, 1986/2011).

Neste sentido, a Psicologia Social de Martín-Baró é caracterizada, pelo menos, por três preocupações fundamentais: não deixar a ciência psicológica alheia às lutas sociais; rejeitar e revisar criticamente os conceitos que são instrumentais para a reprodução do *status quo*; e construir uma nova Psicologia, adequada à luta histórica pela edificação de um mundo novo.

Foi por colocar a Psicologia contra a ordem e buscar a facilitação da gestação de um mundo novo que o autor elaborou análises interessantes sobre as possibilidades e os limites da Psicologia. Sua aposta na tese de que a Psicologia poderia ser bem menos irrelevante para os condenados da terra é um convite para que pessoas em contato com a Psicologia possam conhecer algo muito melhor do que o usual nicho de apologética da ordem existente. A obra de Martín-Baró constitui um momento de viva reflexão e análise da realidade latino-americana. Trata-se de um "alarmante formigueiro" que pode oferecer importantes pontos de partida para a Psicologia Social Crítica no Brasil – especialmente em um contexto social e político marcado pelo aprofundamento de uma crise marcada por um golpe político que colocou no poder um presidente ilegítimo que pretende efetivar uma agenda marcada pelo aprofundamento da repressão de movimentos sociais, retirada de direitos da classe trabalhadora e, assim, assegurar privilégios econômicos de setores burgueses que, desde o fim do regime autocrático inaugurado em 1964, não apresentavam, de forma tão explícita, sua agenda conservadora para o país.

Sobre esta coletânea

Martín-Baró ainda não foi devidamente estudado pela Psicologia brasileira. Apesar de existirem referências à importância de sua obra e trabalhos relacionando partes de sua obra com certos campos específicos (especialmente a Psicologia Política, a Psicologia Comunitária e a Psicologia Social), a presença de sua obra é marginal nos cursos de graduação e pós-graduação em Psicologia. Da mesma forma, há poucos textos do autor disponíveis em português e quase todos foram publicados há menos de 10 anos[2] (MARTÍN-BARÓ, 1986/2011, 1987/2014, 1988/2013, 1988/2014, 1989/2011, 1989/2013).

Diante da existência de um conjunto de afirmações (tão unânimes quanto abstratas) sobre a importância de Martín-Baró para a Psicologia na América Latina que não é acompanhado pela realização de estudos sistemáticos sobre a sua obra, a presente coletânea foi construída com a finalidade de contribuir para a difusão da obra de Martín-Baró e, assim, possibilitar um aprofundamento dos estudos sobre sua obra no Brasil.

Os trabalhos publicados neste livro são textos que foram escritos entre 1980 e 1988, isto é, quando Martín-Baró retornou a El Salvador depois de ter concluído seus estudos de pós-graduação na Universidade de Chicago. A década de 1980 foi o período em que Martín-Baró, além de ocupar posições importantes na direção da UCA (em 1981 foi Vice-Reitor Acadêmico; em 1986 fundou e, desde então, dirigiu o Instituto Universitário de Opinião Pública; em 1989 se tornou Diretor de Pós-Graduação e Pesquisa), esteve profundamente dedicado às atividades de ensino e pesquisa na Psicologia. Além de ter sido diretor do Departamento de Psicologia da UCA em 1982, dirigiu a *Revista Salvadorenha de Psicologia*, foi professor-visitante em universidades de diversos países (como Colômbia, Costa Rica, Espanha, Porto Rico e Venezuela), além de ter pertencido à *American Psychological Association* e ter sido vice-presidente da divisão Mesoamericana da Sociedade Interamericana de Psicologia (dados biográficos podem ser encontrados em diversos textos, especialmente: DE LA CORTE, 2001; DOBLES, 2016).

---

2. Antes de 2009, há apenas duas traduções para o português. Primeiro, a tradução de um texto em que Martín-Baró (1980/1987) homenageia Monsenhor Romero destacando como o bispo foi a voz dos sem voz em El Salvador. Posteriormente, em 1996, ocorreu, pela primeira vez, a tradução, por Oswaldo H. Yamamoto e José Q. Pinheiro, de um texto de Martín-Baró sobre "O papel do psicólogo". Possivelmente, este texto é o trabalho mais citado, conhecido e utilizado no Brasil (MARTÍN-BARÓ, 1985/1996).

Assim, a década de 1980 foi o período de publicação dos trabalhos de Psicologia mais importantes produzidos por Martín-Baró. Trata-se de uma época em que, além de refletir sobre a Psicologia, sua história, seus limites, seus conceitos e as possibilidades de uma Psicologia da Libertação, Martín-Baró empreendeu inúmeras pesquisas empíricas.

Nesta coletânea, foram selecionados textos que não estiveram centrados na publicação dos resultados de pesquisas empíricas, ainda que estas conformem parte substancial de sua obra, inclusive muitas análises teóricas presentes nos textos aqui publicados. A opção no processo de organização foi por trabalhos mais teóricos de Martín-Baró sobre a Psicologia Social, processos psicossociais e o papel da Psicologia.

Assim, espera-se deixar claro que a presente coletânea não esgota a obra de Martín-Baró, mas apenas explora três dimensões importantes de sua obra e que são de difícil acesso ao leitor brasileiro, especialmente estudantes de graduação: (1) as elaborações críticas de Martín-Baró sobre libertação da Psicologia e Psicologia da Libertação; (2) estudos de Psicologia Social; (3) pesquisas e análises sobre a violência. Cada uma destas dimensões constituiu uma das três partes do livro, ainda que, obviamente, não existe uma muralha chinesa separando o conteúdo do livro. No interior de cada parte, os textos estão em ordem cronológica.

Em primeiro lugar, na primeira parte (Crítica e libertação na Psicologia), há um conjunto de textos em que o autor apresenta suas críticas ao papel social desempenhado pela Psicologia na América Latina e indica as possibilidades de a Psicologia oferecer uma contribuição aos processos de libertação. Neste sentido, os textos recolhidos explicitam o programa teórico, ético e político de reconstrução da Psicologia a partir das realidades específicas das maiorias populares latino-americanas. Os textos apresentam discussões sobre a relação entre Psicologia e conflito social, a contribuição da Psicologia para processos de mudança social e as possíveis respostas que a Psicologia pode dar aos anseios populares. Junto com os textos já existentes em português (MARTÍN-BARÓ, 1985/1996, 1986/2011, 1989/2011), os capítulos publicados nessa parte possibilitam que pesquisadoras e pesquisadores interessados na obra de Martín-Baró tenham fácil acesso às suas críticas à Psicologia, assim como as bases para se formular propostas alternativas de Psicologia.

Na segunda parte, Estudos de Psicologia Social, os capítulos oferecem ao leitor um panorama de como Martín-Baró entendia e fazia Psicologia Social. A leitura do primeiro capítulo dessa parte possibilita identificar como Martín-Baró pensou a Psicologia Social, isto é, sua história, seus objetivos e seu objeto. Nota-se, pela leitura desse capítulo (além de vários outros desta coletânea), a centralidade das noções de ideologia e libertação para a elaboração de uma Psicologia Social Crítica na América Latina. Além disso, os capítulos agrupados nessa segunda parte apresentam análises psicossociais sobre o comportamento político, o fatalismo latino-americano e os conflitos intergrupais. Espera-se, assim dar uma ideia de como a concepção de Psicologia Social do autor guiou o estudo de processos psicossociais específicos.

Na terceira parte (Psicologia Social da Violência) estão os textos que apresentam as diversas investigações e análises elaboradas por Martín-Baró sobre a violência. Para diferentes estudiosos da obra de Martín-Baró, como Blanco e de la Corte (2003), a contribuição mais importante do autor é o conjunto de publicações sobre a violência. Mais uma vez, é importante destacar a importância do contexto da vida e da obra de Martín-Baró. A década de 1980 foi o período de intensificação do conflito armado em El Salvador. Assim, sendo coerente com o pressuposto de que a Psicologia deveria partir dos problemas mais importantes em uma determinada formação social, Martín-Baró dedicou, de forma cada vez mais vigorosa, atenção ao problema da violência por meio de análises sobre temas como trauma psicossocial, saúde mental, polarização social, institucionalização da mentira, guerra psicológica, terrorismo de Estado e outros. Por isso, na terceira e última parte do livro, agrupam-se textos que tratam do tema da violência e suas diferentes dimensões, incluindo um dos trabalhos mais divulgados e conhecidos internacionalmente do autor: sua análise sobre a relação entre violência e saúde mental (cf. cap. 11).

Por fim, cumpre destacar que algumas notas explicativas foram apresentadas com o fim de apresentar informações complementares sobre os manuscritos traduzidos ou explicar aspectos específicos sobre um termo, um trecho ou um episódio específico destacado no manuscrito. As notas inseridas pelo tradutor estão numeradas, enquanto as notas presentes no manuscrito original, isto é, que são de responsabilidade de Martín-Baró, aparecem com asteriscos.

Agradecimentos

Parte importante dos textos apresentados aqui foram obtidos durante a realização da pesquisa *Articulações entre Psicologia e marxismo – Possíveis contribuições para uma história da Psicologia Crítica Latino-americana*. Esta pesquisa contou com o aporte do CNPq, sem o qual teria sido impossível realizar uma visita à Universidad Centroamericana José Simeón Cañas (UCA) em El Salvador. Durante a visita, contei com a importante contribuição e companhia de Gabriel Silveira Mendonça.

Também agradeço o apoio oferecido, durante a visita à UCA, por María de los Ángeles Torres (responsável pela Cooperação Internacional na UCA), María Ester Cerón da Biblioteca Juan Ramón Moreno do Centro Monseñor Romero da UCA e a generosidade de Rafael de Sivatte, Rodolfo Cardenal, Jon Sobrino e, especialmente, Mauricio Gaborit – pessoas que apoiaram e autorizaram todo o trabalho de pesquisa e publicação dos escritos de Ignacio Martín-Baró em que estive implicado. Agradeço, ainda, a Rafaela Paula Marciano, que acompanhou de perto e apoiou ativa e carinhosamente a efetivação desta publicação. De fato, este projeto não teria sido possível sem sua companhia.

Por fim, agradeço Pedrinho Guareschi, quem, desde 2005, esteve engajado com a tarefa de contribuir para a publicação da obra de Martín-Baró no Brasil.

Referências

BLANCO, A. & DE LA CORTE, L. (2003). Psicología Social de la violencia: la perspectiva de Ignacio Martín-Baró. In: BLANCO, A. & DE LA CORTE, L. (orgs.). *Poder, ideología y violencia*. Madri: Trotta, p. 9-62.

BOLLINGER, W. & LUND, D.M. (1988). Gallup in Central America: Mixing polls and propaganda. *The Nation*, 246 (18), p. 635-638.

BULHAN, H.A. (1985). *Frantz Fanon and the psychology of oppression*. Nova York: Plenum.

DALTON, R. (1969/1989). *Taberna y otros lugares*. São Salvador: UCA.

_____ (1963/2010). *El Salvador – Monografía*. México, DF: Ocean Sur.

DE LA CORTE, L. (2001). *Memoria de un compromiso – La Psicología Social de Ignacio Martín-Baró*. Bilbao: Desclée de Brouwer.

DOBLES, I. (2016). *Ignacio Martín-Baró – Una lectura en tiempos de quiebres y esperanzas*. São José: Alerkín.

_____ (2011). Psicologia da Libertação: condições de possibilidade. In: GUZZO, R.S.L. & LACERDA JR., F. (orgs.). *Psicologia Social para a América Latina – O resgate da Psicologia da Libertação*. Campinas: Alínea, p. 165-188.

HASSET, J.J. & LACEY, H. (orgs.) (1991). *Toward a society that serves its people:* The intellectual contribution of El Salvador's murdered Jesuits. Washington: Georgetown University Press.

JIMÉNEZ-DOMÍNGUEZ, B. & PACHECO, G. (orgs.) (1990/2002). *Ignacio Martín-Baró (1942-1989) – Psicología de la Liberación para América Latina*. Guadalajara: Iteso.

LYKES, M.B. (1990). Ignacio Martín-Baró: un hombre para/dentro de otros – Reflexiones en homenaje a un amigo, colega y mentor. *Revista de Psicología de El Salvador*, 38, p. 370-375.

MARÍN, G. (1991). Ignacio Martín-Baró. *American Psychologist*, 46 (5), p. 532.

MARTÍN-BARÓ, I. (1989/2013). O método em Psicologia Política. *Revista Psicologia Política*, 13 (28), p. 575-592.

_____ (1989/2011). Desafios e perspectivas da Psicologia Latino-americana [Trad. F. Lacerda Jr.]. In: GUZZO, R.S.L. & LACERDA JR., F. (orgs.). *Psicologia Social para América Latina – O resgate da Psicologia da Libertação*. 2. ed. Campinas: Alínea, p. 199-219.

_____ (1988/2014). Psicologia Política do Trabalho na América Latina. *Revista Psicologia Política*, 14 (31), p. 609-624.

_____ (1988/2013). Psicologia Política Latino-americana. *Revista Psicologia Política*, 13 (28), p. 555-573.

_____ (1987/2014). Processos psíquicos e poder. *Revista Psicologia Política*, 14 (31), p. 591-608.

_____ (1986/2011). Para uma Psicologia da Libertação [Trad. F. Lacerda Jr.]. In: GUZZO, R.S.L. & LACERDA JR., F. (orgs.). *Psicologia Social para América Latina* – O resgate da Psicologia da Libertação. 2. ed. Campinas: Alínea, p. 181-197.

_____ (1985/2012). *Acción y ideologia* – Psicología Social desde Centroamerica I. São Salvador: UCA.

_____ (1985/1996). O papel do psicólogo. *Estudos de Psicologia*, 2 (1), p. 7-27. Natal.

_____ (1985). El valor psicológico de la represión política mediante la violencia. *Estudios Centroamericanos*, 30 (326), p. 742-752.

_____ (1980/1987). Oscar Romero: a voz dos pisoteados. In: SOBRINO, J.; MARTÍN-BARÓ, I. & CARDENAL, R. (orgs.). *Voz dos sem voz* – A palavra profética de D. Oscar Romero. São Paulo: Paulinas, p. 5-34.

_____ (1972a). *Psicodiagnóstico de América Latina*. São Salvador: UCA.

_____ (1972b). Presupuestos psicosociales de una caracterología para nuestros países. *Estudios Centroamericanos*, 27 (290), p. 765-786.

_____ (1971/2015). Del pensamiento alienado al pensamiento creativo. *Teoría y Crítica de la Psicología*, 6, p. 457-486.

_____ (1968/2015). Los cristianos y la violencia. *Teoría y Crítica de la Psicología*, 6, p. 415-456.

_____ (1968). El complejo de macho o el "machismo". *Estudios Centroamericanos*, 23 (235), p. 38-42.

MERANI, A. (1973). *Psicología y alienación*. México, DF: Grijalbo.

MONTERO, M. (1991). Presentación. In: MONTERO, M. (org.). *Acción y discurso* – Problemas de psicología politica en America Latina. Caracas: Eduven, p. 11-13.

MONTERO, M. & SONN, C.C. (2009). About liberation and psychology: An introduction. In: MONTERO, M. & SONN, C.C. (orgs.). *Psychology of liberation:* Theory and applications. Nova York: Springer, p. 1-10.

MONTGOMERY, T.S. (1992). *Revolution in El Salvador:* From civil strife to civil Peace. Oxford: Westview.

Parte I
CRÍTICA E LIBERTAÇÃO NA PSICOLOGIA

1
O PSICÓLOGO NO PROCESSO REVOLUCIONÁRIO[3]

O papel do psicólogo em um processo revolucionário:
resumo de uma exposição na mesa redonda de
19 de junho de 1980[4]

---

3. A seguir apresenta-se a tradução de manuscritos não publicados de Martín-Baró preparados para uma exposição em 19 de junho de 1980. Não são escritos preparados para publicação. Os escritos encontrados durante a pesquisa realizada na UCA estão divididos em duas partes. Na primeira, há um resumo da exposição que é sucedido por uma segunda versão do manuscrito que contém diversas notas feitas a mão pelo autor. Nesta tradução, as anotações a caneta realizadas pelo autor serão destacadas em notas de rodapé. É importante destacar que a mesa-redonda ocorreu pouco tempo depois do assassinato do franciscano italiano Cosme Spezzoto, executado a tiros em 14 de junho de 1980, o primeiro padre a ser morto, após a execução de Monsenhor Romero. Além disso, na mesma conjuntura, a FMLN lançava uma ofensiva político-militar para tomar, definitivamente, o poder. Nesse período foi conformada uma coalisão composta por duas forças políticas: *Frente Farabundo Martí para la Liberación Nacional* e *Frente Democrático Revolucionario* (FDR). A FDR era composta por diversos grupos, coletivos, movimentos e instituições sociais – dentre elas, a UCA participou como instituição observadora – que, durante a ofensiva militar da FMLN, tinham a responsabilidade de preparar as bases políticas e sociais de um novo governo revolucionário. Cabe destacar, ainda, que em 1980, Martín-Baró tinha acabado de retornar do doutorado em Chicago finalizado em 1979. A nova situação política em El Salvador, inaugurada pela conformação da FMLN, exerceu enorme impacto sobre a obra do autor. O presente manuscrito é importante porque contém os elementos básicos que aparecem em todos os textos de Martín-Baró que problematizaram o papel da psicologia. Trata-se, portanto, de uma rica síntese que reflete como um intelectual foi apanhado por ventos revolucionários e como, em certo momento, o autor não se preocupou em omitir sua adesão ao programa político da FMLN – o que possibilita problematizar a tentativa de distanciar Martín-Baró e a FMLN operada por intérpretes liberais da obra do autor [N.T.].

4. Este é exatamente o título que aparece na primeira parte do manuscrito [N.T.].

Uma revolução não é um simples período de enfrentamento no interior de uma ordem social; trata-se de um processo pelo qual se pretende mudar radicalmente a ordem social[5].

Usando os termos dos protagonistas, a nova sociedade almejada em El Salvador busca: (a) a prioritária e crescente satisfação das necessidades básicas do povo; (b) a formação de uma nova mentalidade, solidária e comunitária; (c) a busca por uma personalidade social autenticamente nacional e popular.

Nesse processo revolucionário o psicólogo deve:

a) Ser um bom psicólogo

Sua qualidade profissional já não poderá se apoiar em estruturas de poder (*status*, vínculos com patrões etc.), mas na profundidade de seu conhecimento e em sua capacidade de responder aos novos problemas e exigências.

O psicólogo terá que antecipar os problemas que surgirão com a finalidade de facilitar e humanizar a passagem à nova sociedade. No curto prazo, terá que atender os "traumas" do conflito e da desintegração social. A médio e longo prazos, deverá colaborar na edificação social de um homem novo, baseado em necessidades menos individualistas e em objetivos que partem da justa solidariedade.

b) Ser um psicólogo do povo

Boa parte dos esquemas atualmente vigentes em Psicologia corresponde ao sistema social em crise. Cabe transformar estes esquemas de compreensão e intervenção a partir da perspectiva do povo e de suas organizações representativas. Em uma sociedade revolucionária fica claro que efetivos desenvolvimento e liberdade das pessoas como indivíduos não podem existir se não há liberdade e desenvolvimento da sociedade. Neste sentido, a libertação (e desalienação) do indivíduo passa pela libertação (e desalienação) da sociedade.

---

5. Após esta frase, ainda aparece uma outra que foi riscada pelo autor. O conteúdo do trecho riscado é o seguinte: "Então, é importante determinar qual é a nova sociedade que se busca em El Salvador atualmente" [N.T.].

O psicólogo terá que realizar seu papel com humildade, sem buscar se impor a partir de seu saber, mas cooperando com o caminho histórico do povo salvadorenho.

O psicólogo em uma sociedade revolucionária[6]

1) Caráter da revolução

Não se trata de um simples período de crise social ou de um conflito – por mais grave que seja – no interior de uma determinada ordem social. Trata-se de um processo pelo qual se busca mudar radicalmente a ordem social.

O psicólogo, como qualquer outro profissional, deve, a partir de seu papel específico, contribuir com essa nova ordem social. É necessário determinar o tipo de sociedade nova que se busca em El Salvador e a contribuição específica do psicólogo nela.

A partir da ótica geral dos objetivos, tal como foram definidos por quem dirige o processo, a nova sociedade deve:

a) Buscar a prioritária e crescente satisfação das necessidades básicas do povo.

b) Promover uma nova mentalidade em todos os níveis da sociedade; mentalidade fundada nos valores de solidariedade, responsabilidade social e espírito comunitário.

c) Atacar a fonte dos diversos vícios que, sobre as raízes da sociedade capitalista atual, foram se fortalecendo em determinadas camadas da população (corrupção, criminalidade, desajustes sociais etc.).

d) Buscar uma personalidade social e cultural autenticamente nacional, popular e revolucionária[7].

---

6. Aqui começa a segunda parte do manuscrito. Acima do título datilografado, sobre "uma sociedade revolucionária" o autor anotou corrigindo: "no processo revolucionário" [N.T.].

7. Após este item, há um destaque escrito a mão: "Construção, também, a partir de suas necessidades básicas, biológicas" [N.T.].

2) Ser um bom psicólogo

Esta é a primeira exigência ao psicólogo revolucionário: sua qualidade científica. A utilização do falatório pseudorrevolucionário ou dos recursos apoiados na estrutura de poder (*status*, escritórios, técnicas, vinculação com patrões etc.) já não poderá encobrir as deficiências do saber científico.

Assim como a qualidade científica será mais importante, as mudanças nas formas fundamentais de convivência não permitirão ao psicólogo viver de fórmulas feitas. Ele terá que desenvolver a capacidade de dar respostas às novas experiências que se desenvolverão, os novos problemas e exigências que surgirão no processo de construção de uma nova sociedade.

É importante que o psicólogo não siga os acontecimentos a reboque ou que não seja marginalizado por eles (por sua incapacidade de compreendê-los e de ajudar em seu desenvolvimento). Nesse sentido, o psicólogo deve ser capaz de prever, não no laboratório, mas na vida real, os acontecimentos fundamentais que afetarão as pessoas no processo revolucionário. Não somente antecipar, mas ajudar em sua evolução, facilitar sua implementação, apoiando e possibilitando a efetivação das necessidades da nova ordem social.

Há, é claro, tarefas imediatas. Atender as necessidades sentidas no processo de enfrentamento. Atender a angústia, o pânico, o *stress* coletivo que pendem sobre o povo salvadorenho. Ajudá-lo a enfrentar a situação de repressão selvagem, de desumanização social e tirar proveito disso para seu crescimento humano e social.

A médio e longo prazos, esta tarefa deve se converter na busca pela edificação do homem novo.

3) Ser um psicólogo do povo

Não é uma questão de intencionalidade: colocar uma ciência fundamentada em termos individualistas e viciados a serviço da comunidade, só resultaria na reintrodução ou manutenção das necessidades e vivências do homem "capitalista"[8].

---

8. Entre este parágrafo e o próximo uma nota destaca: "A psicologia atual concorda com o sistema em crise – cultura do narcisismo – *I'm OK, you're*

A questão é transformar os próprios esquemas de compreensão e de trabalho a partir da perspectiva do povo salvadorenho. Dito de outra maneira, devemos redefinir os próprios fundamentos da ciência psicológica[9].

Três exemplos concretos:

a) A distribuição da saúde mental está vinculada com a distribuição da riqueza produzida no país[10].

b) A incorporação de formas de propriedade social e de nova organização do trabalho exigirá novas formas de convivência social que todos temos que aprender (que não estão baseadas no domínio, na superioridade etc.; mas baseadas no respeito, companheirismo etc.).

c) Acompanhar[11] o processo de mudança a partir de suas bases humanas, medindo e avaliando criticamente as possibilidades de avanço em cada momento, dificuldades, fracassos, conquistas, acertos etc.[12]

OK". Trata-se de uma clara referência ao livro *A cultura do narcisismo* de Christopher Lasch, o qual é citado em diversos trabalhos publicados por Martín-Baró [N.T.].

9. Uma anotação acrescenta a seguinte nota: "psicólogo a partir do povo" [N.T.].

10. Ao lado deste parágrafo, aparece a seguinte nota: "Alienação mental – alienação social" [N.T.].

11. Ao lado deste parágrafo aparece uma anotação sublinhada: "libertação pessoal vinculada com a libertação social" [N.T.].

12. Após este último item, Martín-Baró escreveu a mão um novo item, transcrito a seguir: "Humildade do psicólogo: sair das estruturas de poder, começar a descobrir, caminhando com o povo, a consciência desse povo, ajudar a construir o homem novo" [N.T.].

2
CONFLITO SOCIAL E IDEOLOGIA CIENTÍFICA: DO CHILE A EL SALVADOR[13]

1) Introdução: a experiência chilena

Se fosse necessário sintetizar em poucas palavras a história dos povos latino-americanos, poderíamos dizer que ela é constituída por um conjunto de esforços fracassados para se livrar de sucessivos processos de dominação e para tomar em suas próprias mãos seu destino. É possível que alguns dos frequentes golpes de estado que fizeram merecermos a qualificação de "repúblicas de banana" (*banana countries*), tenham ocorrido por conta de ambições pessoais ou de pequenas disputas institucionais. No entanto, quando a perene instabilidade de nossas sociedades é tomada globalmente, fica clara a precariedade das condições humanas em que estão assentadas as ordens sociais existentes. Estas só podem ser conservadas por meio de mecanismos cada vez mais violentos de segurança nacional.

Nossos povos enfrentam uma dupla tarefa: de um lado, é necessário se libertar de fatores externos e internos que mantêm os povos atados aos interesses de outros países, em função dos quais estão organizadas as estruturas básicas da sociedade; por outro lado, também é necessária a libertação das correntes interiorizadas que alienam as mentes de nossos povos quanto ao horizonte de suas vidas, impedindo que pessoas e povos constituam uma identidade histórica própria.

---

13. Conferência pronunciada no XX *Congreso Interamericano de Psicología* em Caracas em julho de 1985. Publicado pela primeira vez em: Jiménez Domínguez, B. (1990). *Aportes críticos a la Psicología en Latinoamerica*. México, DF: Ed. Universidad de Guadalajara [N.T.].

A pergunta que nos preocupa aqui se refere ao papel que as ciências sociais têm desempenhado ou podem e devem desempenhar nos mencionados processos de libertação. Mais concretamente, questiono a contribuição específica que a Psicologia (no meu caso, a Psicologia Social) pode dar aos projetos de libertação dos povos latino-americanos. A pergunta é especialmente pertinente quando há sérias dúvidas sobre o papel que, de fato, a Psicologia está desempenhando em nossos países e sobre suas possibilidades intrínsecas de contribuir positivamente para a mudança social (DELEULE, 1972).

Há 10 anos, o psicólogo chileno Ricardo Zúñiga (1976) fez a mesma pergunta partindo da rica experiência vivida em seu país durante o governo da Unidade Popular, entre 1970 e 1973. Um dos aspectos mais importantes do governo do socialista Salvador Allende foi a tentativa de realizar a transformação radical da sociedade chilena dentro dos limites estabelecidos por um regime de democracia liberal. Allende chegou ao poder com o voto popular e esse mesmo voto foi, 2 anos depois, ratificado por uma maioria ainda mais ampla, mesmo após o início dos ataques desestabilizadores.

Zúñiga (1976) utiliza o modelo da sociedade experimental de Campbell para examinar o processo chileno e o que ele representou para as ciências sociais. Podemos sintetizar sua análise em quatro pontos:

1) Foi produzida uma polarização na sociedade chilena entre dois projetos políticos alternativos. Essa polarização invadiu todos os âmbitos de existência, de tal maneira que a desgastante tensão se manifestava no trabalho e no lar, na rua e na igreja, entre desconhecidos e entre amigos.

2) Cada setor da sociedade e cada pessoa foram pressionados a, primeiramente, se definir em relação aos projetos alternativos e, somente depois, se comprometer com uma ou outra pessoa. Desta forma, foi produzida uma mobilização social generalizada, que incluía todo tipo de grupos.

3) Neste contexto polarizado, as ciências sociais foram obrigadas a abandonar a torre da objetividade neutra. Os fatos

cotidianos mostravam que os diversos paradigmas científicos tinham correspondência em um dos dois projetos políticos e que as tentativas de separar a opção do cidadão da opção do cientista (MILLER, 1969) só produziam o aprofundamento de uma falsa consciência.

4) Diante das peremptórias reivindicações dos grupos mobilizados no processo chileno, os cientistas sociais e, especificamente, os psicólogos enfrentaram um desafio para o qual não estavam preparados. Acostumados pelo paradigma experimental a estudar os processos a partir dos andares superiores do processo de controle social, eles viram sua estratégia favorita impossibilitada pelo deslocamento do poder para os setores populares. Alguns tentaram subir no carro da mudança social de forma acrítica; outros buscaram redefinir os problemas em termos psicológicos, reduzindo os processos sociais aos fatores pessoais. Por fim, outros, entre os quais estava o próprio Zúñiga, buscaram acompanhar o processo com um enfoque metódico, buscando o "aumento da racionalidade reflexiva na verificação da realidade e na avaliação da adaptação aos fatos sócio-históricos" (ZÚÑIGA, 1976, p. 37).

Assim, à Psicologia não caberia definir os objetivos ou dirigir o processo de mudança social, mas acompanhar a caminhada dos grupos verificando se os fatos correspondem aos objetivos e se os fatos estão se ajustando aos ideais. Desta maneira, o cientista social não seria um mero "guardião *post facto* da razão", mas um guardião interativo, tal como o psicoterapeuta que trabalha com seu paciente "compartilhando sua experiência, mas concedendo um grau de liberdade por meio da relação" (ZÚÑIGA, 1976, p. 40).

A aceitação da proposta de Zúñiga (1976) exige uma mudança radical no papel que, segundo diversos autores, o psicólogo desempenha nas sociedades latino-americanas: trata-se de deixar de constituir a racionalidade dos guardiães e se constituir em guardião da racionalidade social. Infelizmente, o processo chileno teve um desenlace brutal, característico de nossos guardiães tradicionais e alheio a qualquer tipo de racionalidade, o que nos impede de avaliar a pertinência científica e histórica da proposta apresentada.

2) A experiência salvadorenha

Porém, se a tentativa da Unidade Popular foi abortada pelos dólares de Nixon e pelos tanques de Pinochet, os anseios por justiça e liberdade dos povos latino-americanos produziram erupções em outros vulcões. No final da década de 1970, enquanto as correntes da "segurança nacional" aprisionavam os povos do cone sul, proliferaram na região centro-americana movimentos de libertação popular que buscavam quebrar as correntes existentes em seus países. Pode-se dizer que o manto da segurança nacional não consegue cobrir a liberdade de todos os latino-americanos e, por isso, quando uma parte é coberta, outra fica descoberta. Assim, em 1979, a Frente Sandinista de Libertação Nacional colocou um fim na ditadura familiar dos Somoza na Nicarágua e a ascensão do Movimento Popular Revolucionário em El Salvador fez com que os militares dessem um golpe de Estado para prevenir a derrubada do regime. Desde então, tanto o povo nicaraguense, quanto o povo salvadorenho estão em guerra. O primeiro para preservar e continuar sua revolução, o segundo para iniciar. Como era de se esperar, o mesmo braço longo e violento que ontem financiou a "desestabilização" de Allende, é o que hoje mina e bloqueia os portos em Nicarágua ou que bombardeia os camponeses salvadorenhos de Chinchontepec e Guazapa.

Viver no interior de um desses processos em marcha é, sem dúvida, uma experiência que, mesmo sendo dolorosa, não deixa de ser fascinante para o cientista social. A instabilidade da situação apresenta inúmeros desafios que obrigam pensar os problemas a partir de perspectivas inesperadas, ao mesmo tempo em que o pequeno tamanho dos países faz com que as respostas do cientista social, que passariam desapercebidas em outros contextos, possam ter grandes repercussões. Ainda que o caso nicaraguense apresente uma continuidade maior com o caso chileno, descreverei apenas a experiência salvadorenha, que é aquela em que estou vivendo.

Três projetos

Sabe-se que El Salvador, pequeno país de 21.000km^2, com uma população de aproximadamente cinco milhões de habitantes, é uma das sociedades que, apesar da pequenez de seu território, apresenta os mais gritantes contrastes socioeconômicos (BROWNING, 1975; WHITE, 1983). É um lugar-comum afirmar que o país está nas mãos de "quatorze famílias", dado obviamente simbólico, pois o país está dividido em catorze departamentos. O número sublinha a altíssima concentração da riqueza, como se cada departamento fosse uma propriedade particular de uma família. Sem dúvida, não há apenas catorze famílias de oligarcas, mas um estudo recente comprovou que a realidade não está muito distante do símbolo e que, em 1979, 62% da população tinha uma renda anual *per capita* inferior a 300 *colones*, enquanto 116 grandes capitalistas tinham uma renda *per capita* de 22.528.448 *colones*, isto é, uma renda que era setenta e cinco mil vezes maior (SEVILLA, 1984).

Em diversas oportunidades o povo salvadorenho expressou sua busca por mudança social usando meios pacíficos. Uma das últimas, e mais conhecidas, tentativas foi a votação presidencial de 1972: a Unión Nacional Opositora obteve, por meio do voto, uma vitória que foi arrebatada pelo poder das armas dos militares, os quais responderam o clamor popular dos protestos com uma onda de repressão (HERNÁNDEZ-PICO & JEREZ, 1973). O acontecimento é importante por diversas razões. Em primeiro lugar, porque expressa o modelo que se repetiu diversas vezes: às justas demandas do povo, incluindo aí as conquistas obtidas por meio da ordem legal imposta pelo poder, a resposta dada é a intransigência e a repressão. O exemplo também é importante porque naquela eleição apareceram juntos aqueles que hoje constituem as lideranças dos grupos em disputa: o Engenheiro Duarte, presidente da República, e o Doutor Ungo, presidente da Frente Democrática Revolucionária. Por fim, o evento marca o começo das organizações político-militares que, convencidas da inutilidade das buscas por meio de caminhos pacíficos e legais, escolheram tomar o caminho da insurreição guerrilheira.

Em 1979 um grupo de jovens militares deu um golpe de estado e chamou para o governo diversos políticos e profissionais progressistas que, seguindo o estilo de Allende, buscavam iniciar uma mudança social radical em um marco democrático (cf. CONSEJO SUPERIOR UNIVERSITARIO DE LA UCA, 1979). A tentativa foi vista por uns como a implantação de um regime comunista, enquanto outros sentiram que era o último esforço para prevenir mudanças verdadeiramente revolucionárias. O fato é que o governo que surgiu do golpe de estado caiu antes de completar três meses e o país se afundou em um caos de selvagem repressão e de violência generalizada: as manifestações populares foram respondidas com sangue e fogo, grupos camponeses inteiros foram massacrados, líderes sindicais assassinados, professores "desaparecidos" e a loucura repressiva chegou, até mesmo, ao altar, quando o Arcebispo de São Salvador, Monsenhor Oscar Arnulfo Romero, foi assassinado (GONZÁLEZ, 1980; CENTRO UNIVERSITARIO DE DOCUMENTACIÓN E INFORMACIÓN, 1982a). Em janeiro de 1981, a guerra formal se desencadeou por meio de uma forte ofensiva militar iniciada pela Frente Farabundo Martí para a Libertação Nacional (MARTÍN-BARÓ, 1981a).

Três grandes projetos políticos debatem por meio do fuzil o futuro do povo salvadorenho: (a) um projeto oligárquico que simplesmente busca reestabelecer a ordem secular no país, sem fazer qualquer concessão às demandas por mudança; (b) um projeto revolucionário, que pretende mudar as estruturas fundamentais do país em prol das maiorias populares; e, finalmente, (c) um projeto reformista, que busca manter a ordem tradicional realizando mudanças socioeconômicas necessárias para permitir a sobrevivência do regime e, assim, invalidar a luta revolucionária (ESTUDIOS CENTROAMERICANOS, 1984). É importante diferenciar no interior do projeto reformista duas orientações: o projeto da Democracia Cristã, cuja ênfase está na realização de reformas; e o projeto norte-americano para o país, cujo objetivo fundamental é a aniquilação do movimento revolucionário e a manutenção do regime tradicional dirigido por seu poder hegemônico.

Tal como ocorreu no Chile e tal como parece ocorrer em todas as situações em que se questiona as opções básicas de uma sociedade, os salvadorenhos sentiram que os projetos em conflito exigiam uma tomada de posição e um envolvimento pessoal: era necessário se "comprometer" sem ficar em cima do muro, já que a indecisão é interpretada como uma escolha pelo lado opositor (MARTÍN-BARÓ, 1983). Tal como poeira metálica em um campo magnético, os salvadorenhos foram se agrupando em polos opostos. No entanto, ainda que existissem três projetos, ao fim das contas se configuravam apenas dois polos: oligarcas e reformistas se encontravam no mesmo bando, guerreando juntos contra os grupos democrático-revolucionários. Neste cenário, ficava explícita a falsidade do discurso reformista e de sua pretensão de representar uma alternativa de centro contra dois extremos.

Possivelmente as duas novidades históricas mais importantes neste contexto foram o papel desalienador e dinamizador desempenhado pela religião e o surgimento de organizações populares como canal para a participação social e política das maiorias oprimidas na configuração da sociedade salvadorenha.

Em geral, apesar de algumas notáveis exceções, a religião desempenhou na América Latina um papel conservador, sendo um dos três grandes pilares institucionais do poder estabelecido: o exército, a escola e a Igreja (MADURO, 1979). O camponês salvadorenho aceitava com submissão seu destino, acreditando que era reflexo da vontade misteriosa de Deus. O universo de sua consciência se fechava no fatalismo, assumindo que sua sorte era parte de uma ordem natural, tal como é o crescimento de plantas ou a inalterável sucessão da noite pelo dia.

Este mundo fechado foi abalado pelo movimento iniciado na Igreja Católica pelo Concílio Vaticano II e aplicado na América Latina a partir da Conferência Episcopal de Medellín que trouxe um anúncio de salvação histórica: o despojamento e a miséria não eram obras da vontade de Deus, mas resultado da exploração humana, produto de estruturas sociais injustas, qualificadas pelos bispos como pecaminosas, pois causavam aflições coletivas. A libertação do pecado exigia a eliminação das raízes da injustiça e da desumanização (La fe de un pueblo, 1983). Este verdadeiro evangelho, esta "boa-nova", abriu o horizonte do camponês salvadorenho, rompeu as ataduras de sua consciência, o que possibilitou olhar para o mundo circundante com novos olhos e o início de um trabalho por dignificação pessoal e social sabendo que, com isso, não estava ofendendo Deus, mas sim contribuindo para estabelecer na terra uma comunidade de irmãos, filhos do mesmo Pai, que foi anunciada por Jesus de Nazaré (CABARRÚS, 1983).

Muitos dos camponeses libertos do fatalismo secular pela conscientização religiosa incorporaram-se em organizações populares. As organizações populares são uma alternativa eficaz aos partidos políticos tradicionais, incapazes de canalizar as aspirações das massas oprimidas e de capitalizar seu potencial dinâmico (CAMPOS, 1979; ELLACURÍA, 1984). As organizações populares representam a cristalização de uma identidade coletiva incipiente, tornada possível pelo processo de desalienação religiosa, alimentada pela educação política e dinamizada pela disponibilidade total de quem sabe que nada ou quase nada tem a perder. Dentro das organizações populares, os "condenados da terra" de El Salvador se descobriram como pessoas, como sujeitos de uma história que tinham de fazer: os *"ninguneados"*[14] de sempre se converteram em alguém com voz e palavra. A somatória de impotências individuais produziu, dialeticamente, um poder social capaz de colocar em xeque o sistema estabelecido. Assim, emergiram, dia após dia, os mais inusitados grupos populares que reencontraram dignidade e orgulho em situações que, até então, os humilhavam: habitantes de tugúrios, entregadores de jornais, mulheres comerciantes e, sobretudo, camponeses. O campesinato é o grande protagonista das organizações populares salvadorenhas, um fato que, sem dúvida, é uma importante novidade histórica. Os grupos se juntaram em um processo de concomitante diferenciação e integração. Dessa forma apareceram as grandes organizações massivas: o Bloco Popular Revolucionário, as Ligas Populares 28 de Fevereiro e a Frente de Ação Popular Unificada.

As organizações populares salvadorenhas chegaram à plenitude em 22 de janeiro de 1980 quando, diante de gravíssimas ameaças, colocaram nas ruas de São Salvador mais de cem mil manifestantes que celebraram a conquista da unidade popular em uma Coordenação Revolucionária de Massas (Coordinadora Revolucionaria de Masas). Nesse mesmo dia também ficou claro que o sistema tinha sido atingido em seu núcleo: a manifestação foi dissolvida com tiros de metralhadoras, deixando, pelo menos,

---

14. *Ningunear* é um termo cunhado pelo Prêmio Nobel mexicano Octavio Paz para expressar a busca voluntária de fazer com que alguém se perceba como um ninguém [N.T.].

quarenta mortos e, possivelmente, o dobro de "desaparecidos" (ESCOBAR, 1980). Dois meses depois, em 30 de março, o sistema daria seu golpe final à opção pacífica das organizações populares metralhando uma multidão reunida para enterrar o arcebispo de São Salvador que fora assassinado. Era uma declaração de guerra.

O prolongamento da guerra

Diante do avançado estado de decomposição do regime salvadorenho, muitos pensamos que a guerra teria um resultado favorável para os revolucionários, esquecendo-nos que um dos principais movimentos, as Forças Populares de Libertação (Fuerzas Populares de Liberación), falava de uma "guerra popular prolongada". Não sem fundamento, pensávamos que aquilo "não podia perdurar", que a situação, olhando desde qualquer posição, não demonstrava qualquer outra saída. Nós nos equivocamos: a situação perdurou. Uma vez mais comprovamos como é difícil fazer um balanço adequado das forças sociais de um país e, sobretudo, como os cientistas sociais (psicólogos, sociólogos ou economistas) nos damos mal quando tentamos fazer predições fora do laboratório ou sobre problemas importantes. É possível explicar o prolongamento da crise salvadorenha fazendo referência à aberta e, cada vez mais, massiva intervenção norte-americana, sem a qual aqueles que estão no poder teriam sido derrubados. Mas este fato prova a precariedade de nossos esquemas, mais atentos ao aqui e agora individual do que ao ali e adiante estrutural.

O prolongamento da guerra rapidamente nos fez descobrir os limites de processos que exigem da população a utilização intensiva de todos os seus recursos psicossociais. Por exemplo, foi possível observar que a polarização social, em pouco tempo, não só alcançou seu clímax, mas estava demonstrando sinais de involução. Assim, a despolarização foi, parcialmente, o resultado necessário de um clima de terror imposto pela maquinaria repressiva: era difícil, para não dizer impossível, manter uma postura de oposição política quando seu resultado, quase que inevitavelmente, é a própria morte ou o "desaparecimento". Não podemos esquecer que o número de vítimas da repressão em El Salvador nos últimos

5 anos alcançou mais de 50.000 pessoas e que quase um milhão de salvadorenhos, isto é, 20% da população teve que fugir de seu local de habitação ou do país para preservar sua vida (LAWYERS COMMITTEE FOR INTERNATIONAL HUMAN RIGHTS AND AMERICAS WATCH, 1984; MONTES, 1984). O único espaço em que se pode exercer verdadeiramente a dissidência é a montanha, isto é, na frente de batalha e muitos sentem que essa opção extrapola suas forças físicas ou seus princípios morais. Assim, o terror conseguiu silenciar muitas vozes, bloquear muitas vontades e apagar diversos idealismos. Quem, por um momento, tinha encontrado o sentido de sua palavra histórica, regressou, uma vez mais, ao passivo silêncio que possibilita a sobrevivência em um meio tão hostil. O fatalismo dos marginalizados se alimenta com uma nova frustração que comprova a inocuidade de seus esforços. É importante abrir um parêntese e afirmar que é redundante, quando não ofensivo, rotular essas pessoas com o qualificativo de "controle externo", como se o regime imperante oferecesse alguma alternativa.

Se o terror repressivo apartou muitos da disputa, uma parcela não menos importante foi vencida pelo esgotamento. É difícil manter, por um longo tempo, o estado de tensão exigido por uma vida tão polarizada. A disposição heroica vai sendo solapada pela trivialidade do cotidiano, sobretudo pela necessidade de atender as demandas mais peremptórias de existência: é preciso comer, dormir, educar e proteger os filhos, enquanto o envolvimento político tende a absorver a totalidade do tempo e da energia. Um papel crucial na experiência de cansaço foi jogado pelo fim de certo imediatismo triunfalista: a convicção de que o triunfo popular estava próximo fez com que o prolongamento do conflito fosse tão doloroso quanto a reafirmação repressiva do poder estabelecido. A obnubilação da esperança contribuiu para que muitos fossem, gradativamente, se separando do movimento popular. Isto não ocorreu porque houve a incorporação de oportunistas nas organizações de massa, pois muitos perderam a vida na caminhada: a questão é que o caminho tinha se tornado demasiado longo, sem perspectivas de responder necessidades imediatas e sem um horizonte que poderia satisfazer a consciência.

O prolongamento do conflito não somente produziu a despolarização forçada ou involuntária de alguns, mas reforçou o esforço de outros em não se identificarem com as forças em conflito. Este esforço de desidentificação coletiva, muito característicos (apesar de não ser exclusivo) de certos setores médios urbanos, resultou, algumas vezes, em uma negação compulsiva da realidade e na elaboração de complexas rotinas que satisfazem uma verdadeira bulimia do prazer (JASPERS, 1946/1955; MARTÍN-BARÓ, 1984a), como se ignorar a guerra só fosse possível por meio de um acúmulo de sensações ou como se a precariedade do amanhã exigisse uma fixação maníaca ao presente. Fora desses extremos, a irresolução do conflito fez com que muitos buscassem novos espaços de convivência que permitissem desenvolver sua existência sem abdicar internamente de seus valores e ideais, ao mesmo tempo em que não precisariam associar toda a sua prática aos ziguezagues do confronto. Dificilmente este processo de desidentificação pode ocorrer em uma situação como a de El Salvador sem produzir certa dose de má consciência. Contudo, o principal perigo da despolarização grupal é, ao invés de abrir espaços para a solução racional do conflito, o de se traduzir em mero abandono do campo político para os setores mais extremistas e em abdicação de fato diante daqueles que, desde o poder econômico ou militar, sempre determinaram o destino do país. Assim, a desidentificação de certos setores médios da capital metropolitana possibilitou o regime apresentar para fora uma imagem de normalidade e ainda de democratização, imagem que possui reduzida correspondência com a realidade, mas que é necessária para dar publicidade internacional ao projeto norte-americano proposto para o país.

Todavia seria um erro pensar que o processo, a partir de agora, seguirá uma trajetória de progressiva despolarização. Os acontecimentos dos últimos meses estão demonstrando que há um ressurgimento da mobilização popular que não possui as mesmas características de 5 anos atrás, pois o povo, não em vão, sofreu o impacto do terror e da guerra. É possível dizer que a frustração e a cólera acumuladas voltaram a superar a sombra da "segurança nacional". As condições objetivas da maioria dos salvadorenhos são tão precárias e a inoperância do governo para, pelo menos, atender algumas das necessidades básicas é tão grande que a polarização radical continua sendo uma alternativa válida. É improvável que o processo volte a tomar o caminho da polarização generalizada. No entanto, podem surgir flutuações que dependerão, em parte, do espaço efetivamente disponível para a atividade política, assim como das possibilidades de triunfo outorgadas à opção guerrilheira. A mobilização popular – suas formas e suas dimensões – é o resultado de uma equação muito complexa, integrada por diversos fatores cujo peso específico desconhecemos. Isso significa que não há uma relação constante ou mecânica entre as condições objetivas de grupos e pessoas e sua consciência subjetiva. Também significa que qualquer predição que se refere à evolução dos movimentos populares contém uma alta dose de adivinhação ou mesmo de profecia, o que pode contribuir para cumprir ou evitar o que foi previsto.

O prolongamento da guerra produziu, também, uma nova realidade social, cujo papel específico na determinação do futuro é imprevisível, mas que possui um peso social, como potência ou como lastro, que deve ser levado em conta: a população formada por desalojados e refugiados. Pelo menos meio milhão de salvadorenhos foram obrigados a buscar refúgio fora das fronteiras de sua pátria, enquanto um número, constituído especialmente por aqueles que foram expulsos por bombas e pelo terror, que não é menor se refugiou no interior do país (INSTITUTO DE INVESTIGACIONES DE LA UNIVERSIDAD CENTROAMERICANA, 1985; MONTES, 1984). Os desalojados, em sua grande maioria, não formam um grupo organizado e a sua dispersão espacial agrava a ameaça de desintegração psicossocial. Todavia, tanto pelo seu número quanto pela vivência do despojamento bélico, desalojados e refugiados formam uma população cuja única alternativa real parece ficar entre a submissão fatalista ou a polarização violenta. Para além do grave problema imediato que é atender essa população de vítimas da guerra, sua reintegração à sociedade apresenta um desafio cuja magnitude só será efetivamente apreciada quando o conflito terminar. No entanto, neste momento e independentemente de como será resolvida a guerra, grande parte deles terá sido absorvida pela correnteza da marginalidade urbana ampliando o número de mendigos, prostitutas e marginais.

A marginalização das ciências sociais

Obviamente, a guerra civil salvadorenha também bateu à porta das ciências sociais. Desrespeitando a objetividade e ignorando a distinção entre cientista e cidadão, as mesmas forças que polarizaram o país questionaram qual o compromisso do psicólogo e do sociólogo. Nessas circunstâncias, que papel desempenhou o cientista social? Em que medida e de que forma as ciências sociais contribuíram para os processos de mudança que se confrontam em El Salvador?

Primeiramente, mais para comprovar do que para justificar, é preciso afirmar que a comunidade de cientistas sociais salvadorenhos não estava e nem está preparada para dar respostas aos problemas que teve que enfrentar. É claro que nossos economistas, nossos agrônomos e, muito menos, nossos políticos também não estão preparados. Mas isso não deve servir de consolo, apenas é uma evidência de que, tal como afirmava ironicamente um economista salvadorenho, "o subdesenvolvimento é integral". Se no Chile o governo da Unidade Popular apresentou desafios que os cientistas sociais não sabiam como enfrentar, em El Salvador os processos revolucionários nos encontraram em condições muito mais precárias. A formação recebida tinha nos capacitado para desenvolver certas rotinas no interior de um dado sistema (mesmo quando nos mostrávamos críticos desse sistema), mas não para examinar a realidade com novos olhos ou para estabelecer novos problemas a partir das realidades que os processos foram criando. Sabíamos aplicar e interpretar testes de inteligência, mas desconhecíamos tudo ou quase tudo sobre aquilo que era chamado com tom paternalista de "sabedoria popular", especialmente a inteligência do campesinato que, raramente, era reconhecida ou valorizada. Conhecíamos os conselhos que devem ser dados em desavenças e conflitos familiares, mas não sabíamos como lidar com situações de vida coletivista marcadas por uma pesada carga ideológica e uma férrea disciplina de partido. Tínhamos estudado o papel da punição na aprendizagem e do modelamento na aquisição de hábitos agressivos, mas não sabíamos o que fazer quando a violência passou a ser estimulada de maneira generalizada ou quando houve a escalada progressiva da irracionalidade. E, ainda que tivéssemos lido sobre os métodos de tortura empregados na América do Sul pelos regimes de "segurança nacional" ou sobre os experimentos de Milgram (1980) que indicavam a facilidade com que um cidadão normal poderia se tornar um instrumento do terror, o encontro direto com as formas mais degradantes e cruéis de arrebatar a vida produzia em nós reações de repulsa e horror, mas não estimulava nossa contribuição analítica ou nossa intervenção profissional.

Diante das pressões dos grupos em disputa para que cada um se comprometesse com sua causa, os cientistas sociais salvadorenhos seguiram diferentes roteiros: enquanto alguns reforçaram suas práticas de pseudoassepsia profissional, como se a execução ritualizada de rotinas técnicas justificasse a falta de atenção aos graves problemas emergentes, outros colocaram acriticamente seus conhecimentos e suas habilidades a serviço de alguns dos grupos em disputa, envolvendo-se em uma atividade que era mais determinada pela opção política do que pela racionalidade científica. Poucos tentaram tomar o difícil caminho do compromisso crítico, diante do qual as forças no poder não deixavam espaço e nem os movimentos populares compreendiam plenamente. Tal como no caso chileno, por opção ou por inserção, por ação ou por omissão, a comunidade de cientistas sociais se viu envolvida na polarização conflitiva, fazendo com que nenhuma de suas ações pudesse ser, de fato, imparcial.

A partir da perspectiva possibilitada pelos 5 anos de guerra civil, pode-se afirmar que os cientistas sociais em El Salvador utilizamos mais compromisso moral do que saber técnico no processo. São vários os psicólogos, sociólogos e economistas mortos ou desaparecidos e o processo se caracteriza por uma altíssima dose de irracionalidade, a qual possibilita, precisamente, a perpetuação da guerra. No entanto, é possível que hoje tenhamos um pouco mais de clareza analítica sobre o que está em jogo. Por exemplo, aprendemos que a composição social de El Salvador é muito mais complexa do que acreditávamos há alguns anos e que, por mais que seja objetivamente certo afirmar que as estruturas políticas, econômicas e sociais do país estão configuradas para satisfazer exigências de uma minoria em detrimento das necessidades das maiorias, é preciso destacar que os interesses imediatos criam novos grupos e novas relações sociais que se entrecruzam, multiplicando instâncias e obnubilando consciências. Certamente, a guerra civil de El Salvador é uma guerra de classes: mas nem todos os proletários estão com os insurgentes, nem todos os burgueses apoiam o projeto norte-americano e nem se pode pensar que a população do país pode ser descrita pela antinomia burguesia-proletariado.

Talvez a lição mais dolorosa que tivemos que aprender ao longo desses anos de guerra civil é a que nos demonstrou a irracionalidade política da razão científica. Diante do poder explícito da "segurança nacional", teorias e argumentos não possuem qualquer valor. Em última análise, todo dado oferecido pela própria realidade é, em boa medida, uma construção social. Mas os analistas do interacionismo simbólico raramente destacam o papel avassalador desempenhado pelo poder, compreendido aqui como diferencial de recursos entre pessoas e grupos que interagem entre si, no processo de definição da realidade (FOUCAULT, 1980; IBÁÑEZ, 1982; MARTÍN-BARÓ, 1984b). A maquinaria propagandística que respalda o atual regime salvadorenho é tão poderosa, seus códigos são tão ideologicamente simplistas, que assistimos impotentes à inversão orwelliana da linguagem: "ajuda humanitária" significa fornecimento de armas, "democracia" significa submissão gregária, "pacificação" significa aniquilamento do opositor (CHOMSKY & HERRMAN, 1979). Nesse contexto, a validade das tentativas de análise científica dos problemas sociais e a definição hipotética de alternativas que buscam soluções possuem reduzidas possibilidades frente à contundente afirmação da verdade do poder.

Quando um grupo de cientistas salvadorenhos provou que os resultados das votações de 1982 tinham sido desmesuradamente inchados para se afirmar que havia apoio popular ao projeto estadunidense (CENTRO UNIVERSITARIO DE DOCUMENTACIÓN E INFORMACIÓN, 1982b), o embaixador norte-americano de então, Dean Hinton, desqualificou desdenhosamente a análise visual das filas de votantes e descartou com prepotência a oferta de um estudo técnico reunindo especialistas salvadorenhos e norte-americanos afirmando: "Não temos qualquer interesse nisso. Se quiserem, façam vocês". Sem saber, o embaixador norte-americano estava confirmando aquele princípio marxiano de que a verdade não é tanto algo a ser descoberto, mas algo que se faz. E para fazer a verdade de El Salvador, a razão da força não demanda a força da razão. Se me permitirem uma interpretação livre da dissonância cognitiva de Festinger, posso dizer que a razão não precede as bombas, mas as bombas geram sua própria razão (HACKER, 1973).

3) Do Chile até El Salvador

O desafio salvadorenho

Afirmávamos antes que, em nossa opinião, apareceram duas grandes novidades históricas no processo salvadorenho: o papel da religião e a aparição das organizações populares como alternativa aos partidos políticos para as maiorias oprimidas. Uma e outra não só devem ser estudadas, mas colocam perguntas para as ciências sociais que não podemos ignorar.

É surpreendente a reduzida atenção que os psicólogos, especialmente os latino-americanos, dedicamos à religião, deficiência tanto mais notória quando, dia após dia, comprovamos em nossos locais de trabalho o papel crucial que o religioso desempenha na determinação do ser e do fazer das pessoas. É possível compreender a alergia de alguns cientistas sociais em relação ao tema religioso, não só porque se trata de um tema escorregadio e carregado de emotividade e irracionalidade, mas, sobretudo, porque há diversos mecanismos de controle social que são desencadeados assim que se começa a dirigir o olhar científico para essa área. Todavia, não temo afirmar que processos como a revolução nicaraguense ou a guerra civil salvadorenha não podem ser compreendidos se não examinamos com cuidado o papel dos fatores religiosos.

A religião foi a principal fonte que alimentou o povo salvadorenho para manter viva sua luta por libertação ao longo desses anos de guerra civil (MONTGOMERY, 1982). Certamente, muitos cristãos sentiram que foram chamados por sua fé para um compromisso com os movimentos revolucionários, os quais foram alimentados com sua esperança e foram fortalecidos com sua capacidade de sacrifício. Porém, ainda mais importante que a contribuição dos cristãos como indivíduos foi a legitimação que a causa popular recebeu do universo religioso. Que a Igreja tenha feito uma "opção preferencial pelos pobres", ainda que, em muitos casos, tenha sido somente teórica; denunciado o sistema estabelecido como "uma desordem pecaminosa"; e afirmado que a libertação histórica das estruturas de opressão e de injustiça representava a necessária mediação sacramental da salvação. Tudo isso foi uma inversão radical do papel social desempenhado, até então, pela religião. Esta mudança crítica foi bem compreendida pelas forças no poder que, apelando à "verdadeira religião", desencadearam uma violenta perseguição contra sacerdotes, religiosos, catequistas e, até mesmo, meros fiéis, ao mesmo tempo em que promoveram missões de seitas norte-americanas que defendiam que somente a fé de Jesus salva e que buscar a salvação contra as autoridades queridas por Deus significava colaborar com as forças do diabo (COMISIÓN DE DERECHOS HUMANOS DE EL SALVADOR, 1982; DOMÍNGUEZ & HUNTINGTON, 1984).

Não há melhor síntese do papel da religião no processo revolucionário salvadorenho do que a figura de Monsenhor Romero, o arcebispo de São Salvador que foi assassinado (MARTÍN-BARÓ, 1980[15], 1981). Monsenhor Romero era um clérigo muito conservador, de caráter tímido e que tinha estreitas relações com a alta burguesia salvadorenha. Quando a vacância na Diocese de São Salvador exigiu a nomeação de um novo arcebispo, a maioria do clero e das comunidades apoiava Monsenhor Rivera, enquanto a oligarquia e o governo pressionaram a favor do Monsenhor Romero. Reproduzindo o padrão dessas situações na política eclesial, a opinião dos poderosos pesou mais. Eles ainda estavam comemorando quando o Monsenhor Oscar Arnulfo Romero assustou todos na celebração dominical, ao protestar contra o assassinato de um sacerdote, o Padre Rutilio Grande. Desde esse dia, a notória conversão de Monsenhor Romero, sua defesa incansável dos direitos

---

15. O texto da referência de 1980 está no livro que publicou, pela primeira vez, em português uma tradução de um trabalho de Martín-Baró, com o título "Oscar Romero: a voz dos pisoteados". A referência completa está na Apresentação deste livro [N.T.].

dos marginalizados e oprimidos, sua voz profética denunciando com nome e sobrenome os responsáveis pela injustiça e pela repressão, sua capacidade de convocar o povo, aglutinar vontades e abrir horizontes, foram os melhores símbolos de que a fé cristã, sem produzir fanatismo, podia alimentar as lutas por mudança do povo salvadorenho.

Se a religião dinamizou as lutas do povo salvadorenho, despertando a fé e alimentando a esperança, as organizações populares foram as instâncias que articularam a participação, proporcionando, para cada um, posição, identidade e tarefas. As organizações populares salvadorenhas foram duplamente revolucionárias: de um lado, porque lutaram pacificamente pela mudança radical das estruturas sociais do país; por outro, porque ofereceram um modelo novo e generalizável de como integrar e capitalizar as reservas humanas do povo oprimido, sem instrumentalizar o povo, mas convertendo-o em verdadeiro sujeito de sua própria história. Essa é a razão do êxito verdadeiramente fulminante das organizações populares em El Salvador e foi por isso que a sua existência explicitou a inoperância dos partidos políticos para promover os interesses das classes oprimidas em formações sociais como a salvadorenha.

Quando se analisa a repercussão que o processo salvadorenho teve no mundo inteiro; quando se compara o reduzido tamanho do país com a atenção que a imprensa internacional consistentemente lhe deu ao longo dos últimos anos; quando se pondera sua insignificância econômica e política diante da magnitude do dinheiro e do esforço investidos pelo governo dos Estados Unidos; é possível concluir que está ocorrendo algo transcendente aqui e é importante examinar o que é esse algo. Certamente não é a massiva violação de direitos humanos, pois situações similares e ainda piores se manifestam em outros países; também não é o protesto popular ou o levante guerrilheiro que, da mesma forma, surgiram em outras partes; nem mesmo são as mudanças e os conflitos vivenciados no âmbito religioso, por mais novos que sejam no continente latino-americano. Nenhum desses fatores, por si sós, parece explicar o impacto que o processo salvadorenho teve na comunidade universal. Mas se nenhum desses fatores em particular é explicativo, talvez a confluência de todos os fatores em uma circunstância histórica e em um contexto muito específicos pode ser a chave da importância do país. Mais de uma vez se comprovou a invalidez da "teoria do dominó", segundo a qual a queda de um país da órbita de uma das superpotências arrastaria a queda de seus vizinhos. Todavia, alguém com uma intuição mais desenvolvida falou de um "vírus infeccioso". O vírus é um diminuto organismo, mas sua força destrutiva pode ser imensa. Se há algo capaz de destruir um império é um vírus que infecciona os povos oprimidos, aumentando sua fé em si mesmos, sua confiança na sua capacidade de organização e uma causa justa para a qual podem entregar suas vidas. Talvez o processo salvadorenho seja esse vírus que coloca em perigo o império norte-americano.

Uma nova racionalidade

A experiência do Chile mostrou para os cientistas sociais que era necessário abandonar a posição de racionalidade do sistema para assumir a posição de guardiães da racionalidade. O processo salvadorenho confirma a validade desta conclusão. Em um contexto polarizado, no qual estão em disputa as opções básicas da vida de um povo, a distinção entre o papel de cidadão e o papel de cientista é arrastada pelos acontecimentos que cotidianamente demonstram os usos partidistas do fazer de cada um. Por exemplo, diante do terrorismo de Estado a assepsia se torna cumplicidade e frente à mentira institucional, o silêncio se torna acobertamento.

Acreditamos que, frente aos processos de mudança, o cientista social latino-americano deve assumir um compromisso crítico. Compromisso porque não é possível ignorar a justiça fundamental das causas populares ou as intoleráveis situações vividas pelas maiorias de nossos países. Compromisso crítico porque é preciso elaborar, permanentemente, avaliações sobre a realidade e a marcha dos processos. Se o compromisso exige do cientista proximidade e participação, o caráter crítico exige objetividade e independência. Reencontramos, assim, as condições necessárias para o trabalho científico, mas com um sentido muito diferente. Não se trata de uma objetividade pretensamente imparcial e asséptica, mas de um sistemático respeito às realidades históricas no horizonte de uma opção ético-política; também não se trata de uma independência garantida por isolamento, mas de uma profunda liberdade de espírito para construir a verdade do horizonte almejado.

O caráter crítico do compromisso científico deve resultar em um permanente trabalho de desideologização. Este trabalho supõe desarmar as justificativas que encobrem as realidades históricas e desmontar todas as racionalizações que alimentam a falsa consciência grupal. Em um conflito, desideologizar significa enxergar a si mesmo e ao opositor tal e como são, cada um com sua parte de verdade e de razão, e, sobretudo, em sua humanidade. Desumanizar o inimigo para legitimar a própria prática resulta, em última instância, na desumanização de si mesmo.

Se a crítica desideologizadora nos distancia da falsa consciência, o compromisso ético nos distancia do positivismo míope. Por isso, acreditamos que um compromisso crítico supõe um novo tipo de racionalidade. Uma racionalidade que, como bem afirmava Marcuse (1958/1968), nos permite descobrir novas alternativas históricas, aquelas realidades que ainda não existem porque são impedidas ou negadas pelas realidades dominantes. Há verdades que são incognoscíveis para o positivismo da racionalidade dominante, pois não são verdades de fato, mas verdades por fazer. Sem dúvida, o campesinato salvadorenho, analisado com o instrumental dominante, pode ser tomado como um retardado mental, como alguém com um tipo de moralidade que raramente supera o nível que Kohlberg chama de "bom menino", com um "controle externo", com baixíssima motivação de conquista ou com um traço machista. Todavia, uma racionalidade diferente, religiosa em alguns casos, política em outros, soube descobrir no campesinato virtualidades diferentes e conseguiu desenvolver uma atividade social que obrigou o poder dominante a aceitar mudanças que eram impensáveis e que está colocando em xeque a própria maquinaria político-militar norte-americana.

O compromisso crítico dos cientistas sociais deve proporcionar este tipo de racionalidade nova, capaz de contribuir para a realização histórica de verdades que são hoje negadas e impossibilitadas por regimes de segurança nacional e arrebatadas por ditaduras ou democracias formais na América Latina.

Uma nova perspectiva

A sociologia do conhecimento nos ensinou que toda razão é situada e que o lugar desde onde se conhece não só determina como as coisas são apreendidas, mas, também, quais coisas são apreendidas. Por isso, uma nova racionalidade demanda uma nova perspectiva para o nosso quefazer como cientistas sociais. Foi somente quando a Igreja assumiu uma "opção preferencial pelos pobres" que foi possível ter uma compreensão teológica distinta sobre o mistério cristão e, assim, foi capaz de compreender a peremptória necessidade da libertação histórica como sacramento, isto é, como símbolo e realidade da salvação que anuncia. Que sentido pode ter uma "boa-nova" que em nada toca os males que afligem o povo? Somente na medida em que os cientistas sociais assumirmos a perspectiva das maiorias oprimidas de nossos povos será possível para nossa ciência descobrir horizontes e realidades diferentes, talvez não como realidades de fato, mas como realidades por fazer.

Façamos um pequeno exercício mental. Alguma vez pensamos como o trabalho pode ser compreendido quando se parte não daqueles que geralmente temos emprego assalariado, mas daqueles que estão perpetuamente marginalizados pelo sistema, sem qualquer horizonte para além de ocupações passageiras? Em El Salvador, a somatória do desemprego e do que, eufemisticamente, é chamado de "subemprego" alcança, entre a população que está com idade para o trabalho (não me atrevo a chamar de "economicamente ativa"), níveis de até 60% (MINISTERIO DE PLANIFICACIÓN Y COORDINACIÓN DEL DESARROLLO ECONÓMICO Y SOCIAL, 1984). O normal para a maioria dos salvadorenhos é necessitar de um emprego estável remunerado. Por isso, o trabalho adquire um sentido pessoal e grupal muito específico e dificilmente pode ser considerado como um veículo fundamental para o desenvolvimento das pessoas, pois normalmente é a sua negação.

Quando se assume a perspectiva das maiorias oprimidas, uma inversão similar pode ser produzida em outras áreas das ciências sociais. Este é o caso, por exemplo, da marginalização. Quando, hoje em dia, alguém percorre a cidade de São Salvador não pode deixar de notar as gritantes divisões que separam, os muitos bairros pobres dos poucos bairros ricos. Além de muros invisíveis, o que se destaca são os ostensivos muros que rodeiam as casas dos endinheirados, as quais se converteram, assim como os carros blindados, em verdadeiras fortalezas. Assim, em El Salvador quem são os verdadeiros marginalizados? Quem está realmente à margem da vida normal, dos estilos e das formas de vida característicos do país e de suas alegrias e de seus sofrimentos? Não se trata de um palavreado vazio, de uma mera saída engenhosa: trata-se de afirmar que a mudança de perspectiva modifica profundamente os esquemas estruturadores de nosso conhecimento científico, possibilitando ver outras faces da realidade ou mesmo outras realidades.

Cada vez que alguns de nossos povos latino-americanos tentaram buscar uma mudança social radical em prol da superação da situação de dependência opressiva e alienação histórica, os cientistas sociais viram-se atropelados pelos acontecimentos e as próprias ciências demonstraram a precariedade, quando não a inadequação unilateral, de seus esquemas e de suas contribuições. Tanto no Chile há mais de uma década quanto em El Salvador hoje, os processos populares de mudança colocam a necessidade de o cientista social assumir uma nova perspectiva, não apenas por uma exigência ética, mas, também, por honestidade científica. A verdadeira objetividade não é aquela que se conforma em destacar as lamentáveis realidades de nossos povos, mas aquela que, a partir da perspectiva das maiorias, contribui para abrir o horizonte de uma história distinta, de uma realidade por fazer. Ao assumir um compromisso crítico com as causas de seu povo, o cientista social deixa de ser a racionalidade dos guardiães e se converte em guardião da racionalidade: mas esta racionalidade, para afirmar aquilo que é negado pelo poder atual, deve ser necessariamente nova. Somente assim será possível uma contribuição significativa das ciências sociais aos processos de mudança que nossos povos sempre estão buscando, fartos de garrotes e tutelas e famintos por desenvolvimento com justiça e paz com liberdade.

Referências

BROWNING, D. (1975). *El Salvador:* la tierra y el hombre. São Salvador: Ministerio de Educación [Trad. P. Gastesi e A. Ramírez].

CABARRÚS, C.R. (1983). *Génesis de una revolución.* México: La Casa Chata.

CAMPOS, T.R. (1979). El papel de las organizaciones populares en la actual situación del país. *Estudios Centroamericanos,* 34 (372-373), p. 923-946.

CENTRO UNIVERSITARIO DE DOCUMENTACIÓN E INFORMACIÓN (1982a). La violación de los derechos humanos en El Salvador. *Estudios Centroamericanos,* 37 (403-404), p. 543-556.

_____ (1982b). Las elecciones de 1982: realidades detrás de las apariencias. *Estudios Centroamericanos,* 37 (403-404), p. 573-596.

CHOMSKY, N. & HERRMAN, E.S. (1979). *The political economy of human rights:* The Washington connection and Third World fascism. Boston: South End.

COMISIÓN DE DERECHOS HUMANOS DE EL SALVADOR (1982). *La iglesia en El Salvador.* São Salvador: UCA.

CONSEJO SUPERIOR UNIVERSITARIO DE LA UCA (1979). Pronunciamiento del Consejo Superior Universitario de la Universidad Centroamericana José Simeón Cañas sobre la nueva situación del país tras el quince de octubre (1979). *Estudios Centroamericanos,* 34 (372-373), p. 862-894.

DELEULE, D. (1972). *La Psicología*: mito científico. Barcelona: Anagrama.

DOMÍNGUEZ, E. & HUNTINGTON, D. (1984). The salvation brokers: Conservative evangelicals in Central America. *Nacla Report on the Americas,* 18, p. 2-36.

ELLACURÍA, I. (1984). *Los modos sociales de participación política.* São Salvador [Manuscrito].

ESTUDIOS CENTROAMERICANOS (1984). Encrucijada en El Salvador. *Estudios Centroamericanos,* 39 (425).

FOUCAULT, M. (1980). *Historia de la sexualidad* – La voluntad de saber. Madri: Siglo XXI [Trad. U. Guiñazú].

GONZÁLEZ, G.A. (1980). ¿Genocidio y guerra de exterminio en El Salvador? *Estudios Cenroamericanos,* 35 (384-385), P. 983-1.000.

HACKER, F.J. (1973). *Agresión.* Barcelona: Grijalbo [Trad. F. Formosa].

HERNÁNDEZ-PICO, J. & JEREZ, C. (1973). *El Salvador:* año político (1971-1972). São Salvador: UCA.

IBÁÑEZ, T. (1982). *Poder y libertad.* Barcelona: Hora.

INSTITUTO DE INVESTIGACIONES DE LA UNIVERSIDAD CENTROAMERICANA (1985). *Desplazados y refugiados salvadoreños:* informe preliminar. São Salvador [Mimeo.].

JASPERS, K. (1946/1955). *Psicopatología general.* 5. ed. Buenos Aires: Beta [Trad. R.O Saubidet e D.A. Santillán].

La fe de un pueblo (1983). *Historia de una comunidad cristiana en El Salvador (1970-1980).* São Salvador: UCA.

LAWYERS COMMITTEE FOR INTERNATIONAL HUMAN RIGHTS AND AMERICAS WATCH (1984). *El Salvador's other victims:* The war on the displaced. Nova York: Lawyers Committee for International Human Rights and Americas Watch.

MADURO, O. (1979). *Religión y lucha de clases.* Caracas: Ateneo.

MARCUSE, H. (1954/1968). *El hombre unidimensional.* Barcelona: Seix Barral [Trad. A. Elorza].

MARTÍN-BARÓ, I. (1984a). Guerra y salud mental. *Estudios Centroamericanos*, 39 (429-430), p. 503-514.

_____ (1984b). *Psicología Social V:* sistema social, marginalidade y poder. São Salvador: Mimeo.

_____ (1983). Polarización social en El Salvador. *Estudios Centroamericanos*, 38 (412), p. 129-142.

_____ (1981a). La guerra civil en El Salvador. *Estudios Centroamericanos*, 36 (387-388), p. 17-32.

_____ (1981b). EL liderazgo de Monseñor Romero: un análisis psicosocial. *Estudios Centroamericanos*, 36 (389), P. 151-172.

_____ (1980). Monseñor: una voz para un pueblo pisoteado. In: SOBRINO, J.; MARTÍN-BARÓ, I. & CARDENAL, R. (orgs.). *La voz de los sin voz* – La palavra viva de Monseñor Romero. São Salvador: UCA, p. 13-33.

MILGRAM, S. (1980). *Obediencia a la autoridade.* Bilbao: Desclée de Brouwer [Trad. J. Goitia].

MILLER, G.A. (1969). Psychology as a means of promoting human welfare. *American Psychologist*, 24 (12), p. 1.063-1.075.

MINISTERIO DE PLANIFICACIÓN Y COORDINACIÓN DEL DESARROLLO ECONÓMICO Y SOCIAL (1984). *Diagnóstico económico social:* 1978-1984. São Salvador: Ministerio de Planificación y Coordinación del Desarrollo Económico y Social.

MONTES, S. (1984). La situación de los salvadoreños desplazados y refugiados. *Estudios Centroamericanos*, 39 (434), p. 904-920.

MONTGOMERY, T.S. (1982). *Revolution in El Salvador:* Origins and evolution. Boulder: Westview.

SEVILLA, M. (1984). Visión global sobre la concentración económica en El Salvador. *Boletín de Ciencias Económicas y Sociales*, 7, p. 155-190.

WHITE, A. (1983). *El Salvador*. São Salvador: UCA [Trad. V. Rosental].

ZÚÑIGA, R. (1976). La sociedad en experimentación y la reforma social radical – El papel del científico social en la experiencia de la Unidad Popular de Chile. In: MARTÍN-BARÓ, I. (org.). *Problemas de psicología social en América Latina*. São Salvador: UCA, p. 21-51.

3
A DESIDEOLOGIZAÇÃO COMO CONTRIBUIÇÃO DA PSICOLOGIA SOCIAL PARA O DESENVOLVIMENTO DA DEMOCRACIA NA AMÉRICA LATINA[16]

Introdução

As condições objetivas – especialmente as estruturas econômicas, a hegemonia norte-americana e as forças militares – são os principais obstáculos à vigência de autênticos regimes democráticos na América Latina; mas, possivelmente, as condições subjetivas constituem o obstáculo mais imediato, pois limitam o universo de sentido das maiorias populares, alienando os seus marcos de referência e inibindo possíveis movimentos de mudança. Por sua natureza, à Psicologia Social cabe promover um processo de desideologização, isto é, desmascarar o "senso comum" que justifica e viabiliza subjetivamente a opressão dos povos. Este senso comum esteve tradicionalmente alicerçado em esquemas religiosos que, atualmente, estão sendo substituídos por esquemas da democracia formal de estilo norte-americano, que, em geral, carecem de sentido nas condições latino-americanas. Um fazer desideologizador demanda que a Psicologia Social: (a) assuma a perspectiva das maiorias oprimidas; (b) desenvolva pesquisas sistemáticas sobre a realidade dessas maiorias; (c) utilize de forma dialética esse conhecimento, comprometendo-se com os processos históricos de libertação popular.

---

16. Trabalho publicado originalmente em 1985 no *Boletín da Asociación Venezolana de Psicología Social*, vol. 8, n. 3 [N.T.].

1) Os obstáculos à democracia na América Latina

Democracia, diz o dicionário, é o "sistema de governo em que o povo ou a plebe exerce a soberania" (CÁSARES, 1971, p. 264). E soberania é o exercício ou a posse da "autoridade suprema e independente" (p. 774). Então, haverá democracia, pelo menos no sentido original do termo, onde o povo possui e exerce a autoridade suprema e independente para reger sua vida e seu destino. A democracia consiste, portanto, em um sistema de regulação da vida social no qual o poder e a autoridade de governar residem nos próprios sujeitos governados. Consequentemente, o importante não está nas formas pelas quais se exerce o poder ou nos mecanismos pelos quais se determina tal exercício; a essência da democracia reside no exercício do governo pelo próprio povo governado.

A realidade latino-americana

A partir deste critério inicial, podemos analisar, ainda que sumariamente, a realidade dos países latino-americanos. Focarei a região da América Central que, além de ser mais familiar, me parece paradigmática em muitos aspectos. Deixando de lado Belize, que por razões históricas e culturais constitui um fenômeno à parte, há cinco países que conformam a tradicional união centro-americana: Costa Rica, El Salvador, Guatemala, Honduras e Nicarágua. Quais são as características distintivas destes cinco países?

> a) Uma estrutura econômica subdesenvolvida, dependente, desigual e injusta que faz com que uma elite minoritária acumule a maior parte dos recursos nacionais e as maiorias estejam em situações de miséria e marginalidade.
>
> b) Regimes políticos de caráter autoritário repressivo, fundados sobre a oligarquia econômica e dirigidos por militares ou fachadas civis formalmente eleitas em votações mais ou menos representativas, mais ou menos livres, mas que não proporcionam poder real.
>
> c) Controle hegemônico dos Estados Unidos sobre as determinações fundamentais dos sistemas econômico e político em função da "segurança nacional" norte-americana.

d) Importantes movimentos de oposição popular que vão desde os sindicatos costa-riquenses até a insurgência político-militar salvadorenha.

Obviamente, esta caracterização não aborda muitos fatores que diferenciam os cinco países. Atualmente, os principais diferenciais envolvem, de um lado, a diferença entre a dominação militar quase completa em alguns países (El Salvador, Guatemala e Honduras) e o agonizante parlamentarismo e a acelerada militarização de Costa Rica; por outro lado, a diferença entre os quatro países mencionados que conformam um bloco controlado pelos Estados Unidos e a Nicarágua que, para salvar sua revolução popular e sua independência, também teve que se militarizar.

Diante dessa situação econômica, política e social, a realização de eleições é um mecanismo formal que, na maior parte das vezes, não possui maior importância ou transcendência, especialmente quando são os militares e o governo norte-americano quem, em última instância, estabelecem o veredito sobre a "validade democrática" dos processos eleitorais.

Obstáculos à democracia

Sem dúvida, as condições objetivas apresentadas são os principais obstáculos para a vigência de regimes democráticos nos países da América Central. É uma ingenuidade pensar que uma oligarquia poderosa abdicará da possibilidade de impor seus interesses ao resto da população enquanto perdurarem estruturas econômicas que colocam nas mãos de poucos um imenso poder. Por exemplo, a recusa absoluta do grande capital salvadorenho em ceder apenas um único de seus privilégios ou em realizar uma minúscula concessão às demandas populares – recusa que precipitou o país em uma guerra civil que já dura mais de 5 anos – é um claro indicador de que não pode existir democracia enquanto existem condições que geram tamanhas diferenciações de poder social.

O outro grande obstáculo objetivo para o estabelecimento da democracia nos países centro-americanos é o controle hegemônico dos Estados Unidos sobre a área. É paradoxal que um país que ostenta seu sistema democrático e que, talvez, tenha articulado um regime de representação popular para o exercício de poder em seu próprio território, seja o maior inimigo da verdadeira democracia nos países que se situam no espaço que trata como "quintal". A doutrina de "segurança nacional", compreendida como um confronto total e totalizador com a União Soviética, faz com que o governo norte-americano se oponha a qualquer mudança, por mais razoável que seja, temendo que ela possa resultar em uma maior independência dos países latino-americanos em relação ao seu domínio hegemônico e, portanto, em uma aproximação da superpotência inimiga. Como demonstra o caso de Cuba, que parece ser confirmado pelo caso de Nicarágua, esta lógica conflitiva converte-se, frequentemente, em uma *self-fulfilling prophecy*, uma profecia que provoca a realização do que anuncia. De qualquer maneira, a lógica doutrinária da segurança nacional fundamenta uma política que prefere se aferrar às mais repressivas ditaduras do que arriscar qualquer solução que tenha o cheiro de socialismo. Um Pinochet assassino, mas capitalista, sempre será melhor que um Allende democrático, mas socialista; um Somoza pró-Estados Unidos sempre será preferível a um Ortega nacionalista.

Um terceiro obstáculo objetivo para a instauração da democracia em países centro-americanos é o setor militar. Se em Costa Rica certa forma de democracia existiu até pouco tempo atrás, isso ocorreu porque não havia exército; e se há algo que está contribuindo para a derrubada total do regime existente, é o seu acelerado processo de militarização, precipitado pela crise econômica e pela pressão norte-americana. Em 1972, em El Salvador, uma coalizão de partidos de oposição, encabeçada justamente por aqueles que hoje estão na liderança do governo (o engenheiro José Napoleón Duarte) e da oposição (o doutor Guillermo Manuel Ungo), triunfou nas eleições presidenciais para, logo em seguida, ver o seu triunfo arrebatado pela força das armas que atuavam em favor do candidato oficial, um militar (HERNÁNDEZ-PICO & JEREZ, 1972). É claro que o poder dos militares depende daqueles que os alimentam, isto é, os dois outros obstáculos da democracia nos países da América Central: a oligarquia econômica e a hegemonia norte-americana. Por exemplo, no caso de El Salvador é óbvio que sem a ajuda massiva dos Estados Unidos, o exército já teria sido derrotado pela aliança insurgente de forças democrático-revolucionárias.

Além desses três grandes obstáculos objetivos ao desenvolvimento da democracia nos países da América Central, há outros obstáculos que poderíamos qualificar como subjetivos ou intersubjetivos, cuja importância certamente é menor, mas não desprezível. Trata-se de todo o mundo da cultura e da consciência coletiva, do universo dos símbolos e das ideologias. É importante evitar idealismos que priorizam os valores e princípios ideais em detrimento da divisão do trabalho ou das relações grupais. Da mesma forma, é necessário evitar reducionismos psicologistas que colocam nas pessoas causalidades que são próprias das estruturas sociais. Todavia, não convém cair no materialismo economicista ou no sociologismo mecanicista e, assim, negar o papel que a cultura desempenha na vida humana ou a influência parcialmente autônoma que a consciência coletiva pode ter sobre os processos históricos.

Toda ordem social exige a elaboração de um universo simbólico que cumpre várias funções críticas para sua sobrevivência e reprodução: (a) dar um sentido frente às grandes questões da existência humana; (b) justificar o valor da ordem social para todos os setores da população; (c) permitir a interiorização normativa da ordem social pelos grupos e pessoas. Com o exposto, fica claro que estou me referindo às principais funções que podem ser atribuídas à ideologia. Cabe destacar que, ao exercer estas funções, a ideologia operacionaliza e, ao mesmo tempo, oculta os interesses das classes dominantes, gerando falsa consciência, isto é, uma distorção na relação entre a configuração da realidade e sua representação na consciência dos grupos e das pessoas.

De uma perspectiva psicossocial, o terreno privilegiado da ideologia dominante em toda ordem social é o do "senso comum" ou, usando o termo de Garfinkel (1976, p. 76), "cultura comum". O senso comum é o conjunto de pressupostos que tornam possível a vida cotidiana, a interação "normal" entre as pessoas, os elementos que são assumidos como óbvios e, por isso mesmo, nunca ou raramente são questionados e revisados. Tudo o que é considerado "senso comum" em uma sociedade é identificado como "natural", situando-se, desta maneira, acima das vicissitudes históricas.

Quando as exigências objetivas de um sistema social são articuladas como exigências subjetivas do senso comum que se traduzem em hábitos, rotinas e papéis estereotipados, pode-se afirmar que um sistema conseguiu estabelecer raízes (REICH, 1933/1965).

A cultura dos povos latino-americanos não é a razão básica de seu subdesenvolvimento, tal como afirmam certos enfoques psicologistas (cf. DURÁN, 1978). Todavia, é correto afirmar que se essa cultura consegue limitar o universo de sentido em que os grupos e as pessoas se movem, distorcendo a percepção da realidade, então ela consegue inibir processos de mudança. É claro que o fatalismo latino-americano, seja pela referência a uma suposta ordem natural, seja pela referência à vontade de Deus, bloqueou importantes dinamismos históricos. Por isso, a conscientização promovida pelo método de alfabetização de Paulo Freire (1970) ou, mais recentemente, pela reflexão e práxis cristã das Comunidades Eclesiais de Base (cf. La fe de um pueblo, 1983), contribuiu para desencadear movimentos de libertação popular que atingiram os alicerces dos regimes estabelecidos.

2) A tarefa da Psicologia Social

Os psicólogos sociais pouco ou nada podemos fazer diante dos três grandes fatores objetivos que impedem o desenvolvimento da democracia nos países latino-americanos. Todavia, podemos fazer algo, e talvez muito, diante dos fatores que chamamos de subjetivos ou intersubjetivos.

A Psicologia Social é a disciplina cujo objetivo é o de examinar o que há de ideológico no comportamento humano, tanto das pessoas quanto dos grupos (MARTÍN-BARÓ, 1983, p. 1-20). Assumindo que toda ação humana significativa é uma tentativa de articular os interesses sociais com os interesses individuais, à Psicologia Social cabe estudar o momento em que o social se torna individual e o indivíduo se torna social. Trata-se, portanto, de analisar as influências sociais, intergrupais ou interpessoais que emergem em uma história concreta, em uma circunstância e situação muito específicas. Nesse contexto, toda influência social é, em maior ou menor grau, a materialização de forças e interesses das classes que constituem uma determinada formação social. Assim, por exemplo, não se deve perguntar abstratamente se a presença de outras pessoas inibe a ajuda ou se reduz a responsabilidade individual (LATANÉ & DARLEY, 1970), mas sim por qual razão em um determinado grupo ou sociedade a presença das pessoas (todas ou algum tipo particular?) inibe a ajuda (todo tipo de ajuda?), enquanto que em outro grupo ou sociedade a ajuda é estimulada e exigida. A chamada "ação pró-social" ganha um sentido quando é considerada abstratamente ou no interior de uma sociedade homogênea e adquire outro sentido muito distinto quando é considerada concretamente ou no interior de uma sociedade dividida em classes sociais, na qual o mesmo processo que beneficia alguns prejudica outros.

Se à Psicologia Social cabe o estudo do ideológico no comportamento humano, a sua melhor contribuição para o desenvolvimento da democracia nos países latino-americanos consistirá no desmascaramento de toda ideologia antipopular, isto é, daquelas formas de senso comum que operacionalizam e justificam um sistema social explorador e opressivo. Trata-se de desvelar o que há de alienador nesses pressupostos enraizados na vida cotidiana e que fundamentam a passividade, a submissão e o fatalismo.

Tradicionalmente, o universo simbólico que alimentava o senso comum dos centro-americanos era de natureza religiosa: as coisas eram como eram pela vontade de Deus e os humanos não poderiam questionar tal vontade ou fazer cobranças ao Criador. Ficava sempre o consolo de que Deus consertaria as coisas no outro mundo e recompensaria os pobres por seu sofrimento, obediência e resignação. Ainda hoje, há muito desse fatalismo religioso na cultura dos povos centro-americanos que é estimulado por seitas fundamentalistas provenientes dos Estados Unidos que, como o dólar, depositam toda sua confiança em Deus, mas que, ao mesmo tempo, recebem um substancial apoio logístico e financeiro das agências norte-americanas e dos governos da região (cf. DOMÍNGUEZ & HUNTINGTON, 1984).

Desde a celebração do Concílio Vaticano II e da Conferência Episcopal de Medellín, amplos setores da Igreja rechaçaram as formas mais grosseiras de fatalismo religioso e promoveram a libertação histórica das estruturas que oprimem o povo como uma exigência intrínseca da fé cristã. Com isso, a elaboração ideológica dos interesses dominantes foi mudando seu universo simbólico. A nova ideologia é uma espécie de catecismo das "democracias em regime de segurança nacional" que toma como pressuposto implícito que tudo o que é proveniente dos Estados Unidos é uma norma adequada e que o que é bom para a "segurança nacional" dos Estados Unidos é bom para nossos países. O papel do crucifixo foi assumido pelo dólar; já não são as encíclicas papais, mas os discursos de Reagan o que define o bem e o mal; ao invés de santos, aparecem Kojak e Michael Jackson; ao invés de novenas e missas, são celebradas eleições. Tudo isso demanda ou é compatível com a conversão dos exércitos em corpos policiais e em verdadeiras máquinas repressivas que agem contra seus próprios povos, os quais são mantidos alienados ou aterrorizados, sem possibilitar que o mal-estar social promova mudanças para além daquelas que são assimiláveis pelo sistema.

Diante dessas formas ideológicas que justificam a situação de opressão fazendo referência a Deus ou à segurança nacional, cabe à Psicologia Social a tarefa de desideologizar. Desideologizar significa desmascarar o senso comum alienador que acoberta os obstáculos objetivos ao desenvolvimento da democracia ou que os converte em algo aceitável para as pessoas. No entanto, o que é necessário fazer para desenvolver esta tarefa desideologizadora em nossas sociedades? Três pontos parecem essenciais:

a) assumir a perspectiva do povo;

b) aprofundar o conhecimento de sua realidade;

c) se comprometer criticamente com um processo que dá ao povo o poder sobre sua própria existência e seu destino.

Em primeiro lugar, é necessário que o psicólogo social e a própria Psicologia Social assumam a perspectiva do povo. Se o que se busca é o governo do povo, é necessário se situar a partir do ponto de vista desse povo, isto é, das maiorias oprimidas. Isto que, aparentemente, é simples ou óbvio de modo algum o é, especialmente para nós, cientistas sociais, educados e habituados pelo paradigma experimental a se inserir nos processos humanos assegurando o máximo de controle. Fingir que vamos contribuir para o desenvolvimento da democracia, isto é, para o governo do povo, sem sequer saber como se enxerga a vida a partir dos olhos do próprio povo é uma pretensão que é falsa hermeneuticamente e epistemologicamente. Não podemos desmascarar a ideologia dominante se não saímos de seu âmbito, mesmo que isto não seja mais do que um passo metodológico.

Em segundo lugar, devemos realizar uma pesquisa sistemática de todos os mecanismos que mantêm o nosso povo alienado diante de sua própria realidade. Se a guerra civil de El Salvador revelou algo a nós, cientistas sociais, é o quão pouco conhecíamos (e conhecemos) nosso povo, não falo tanto de suas características de fato, mas de suas potencialidades históricas. O que sabemos sobre os setores majoritários de nossas populações é tão pouco que praticamente não vai além da afirmação de que são fatalistas, religiosas e machistas. Nada sabemos sobre todas as virtudes que subjazem sua situação de permanente emergência crítica ou sobre sua capacidade de solidariedade que impede o abandono dos mais miseráveis entre os miseráveis. Que o povo salvadorenho tenha conseguido se organizar tendo como recurso apenas sua pobreza e tendo como ajuda apenas a sua própria unidade e, mesmo assim, tenha colocado em xeque o império norte-americano é algo imprevisível para nossos modelos sobre os pobres ou nossos conhecimentos sobre a mobilização social. A partir da perspectiva popular, a pesquisa deve nos oferecer não apenas o que nossos povos são de fato, mas, sobretudo, o que podem e querem chegar a ser.

Finalmente, a desideologização supõe um compromisso crítico que devolve ao próprio povo o conhecimento adquirido. Todo conhecimento resulta em poder e serviríamos muito mal a causa da democracia se esse poder adquirido pela pesquisa ficar nas mãos daqueles que não partilham os interesses populares. Nosso conhecimento deve servir como um espelho em que o povo pode ver refletida sua imagem e adquirir essa pequena distância crítica que permite objetivar sua realidade e transformá-la. As palavras geradoras utilizadas pelo método alfabetizador de Freire são um modelo sobre como o conhecimento pode servir para a desideologização: são palavras que refletem a realidade de fato, retiradas do universo simbólico das próprias pessoas, do senso comum de sua vida cotidiana, mas que, quando dialeticamente devolvidas pelo diálogo à mesma comunidade, podem desmascarar a realidade que expressam e abrir as portas para sua transformação.

Como operacionalizar estas três tarefas é algo que depende da situação concreta de cada país. Possivelmente, uma das melhores maneiras como isto pode ser realizado é por meio de um sistemático estudo da opinião pública, que não é o mesmo que a opinião que se torna pública ou que aquilo que é publicado nos meios de comunicação (cf. MARTÍN-BARÓ, 1985). De qualquer maneira, independente da forma concreta adotada, o ponto central é a vinculação que, como psicólogos sociais, estabeleceremos com o povo. Se o que queremos é contribuir verdadeiramente ao desenvolvimento da democracia, isto é, ajudar para que o povo governe a si mesmo, a primeira coisa que devemos fazer é assumir os seus interesses como próprios. Somente então nossos olhos poderão descobrir não apena os véus que obscurecem a consciência popular e impedem que eles assumam as rédeas de seu próprio destino, mas também os véus que cobrem nosso próprio conhecimento e não nos permitem contribuir significativamente às lutas populares por justiça, paz e democracia.

Referências

CÁSARES, J. (1971). *Diccionario Ideológico de la lengua española*. Barcelona: Gustavo Gili.

DOMÍNGUEZ, E. & HUNTINGTON, D. (1984). The salvation brokers: Conservative evangelicals in Central America. *Nacla:* Report on the Americas, 18, p. 2-36.

DURÁN, F. (1978). *Cambio de mentalidad:* Requisito del desarrollo integral de América Latina. Barcelona: Desal/Herder.

La fe de un pueblo (1983). *Historia de una comunidad cristiana en El Salvador (1970-1980)*. São Salvador: UCA.

FREIRE, P. (1970). *Pedagogía del oprimido*. Montevideo: Tierra Nueva [Trad. J. Mellado].

GARFINKEL, H. (1976). *Studies in ethnomethodology*. Englewood Cliffs: Prentice-Hall.

HERNÁNDEZ-PICO, J. & JEREZ, C. (1972). *El Salvador:* año político 1971-1972. São Salvador: UCA.

LATANÉ, B. & DARLEY, J.M. (1970). *The unresponsive bystander:* Why doesn't he help? Nova York: Appleton-Century-Crofts.

MARTÍN-BARÓ, I. (1985). *La encuesta de opinión pública como instrumento desideologizador.* São Salvador: Mimeo.

_____ (1983). *Acción e ideología* – Psicología social desde Centroamerica. São Salvador: UCA.

REICH, W. (1933/1965). *Análisis del carácter.* Buenos Aires: Paidós [Trad. L. Fabricant].

4
O DESAFIO POPULAR À PSICOLOGIA SOCIAL NA AMÉRICA LATINA[17]

1) A vida das maiorias populares latino-americanas

Durante a docência, quando se pede para os estudantes a realização de um trabalho empírico que analise algum problema da realidade, uma de suas primeiras reações pode ser a de solicitar uma bibliografia, isto é, algum livro ou artigo que estabeleça um "marco teórico" que orientará o estudo e indicará como "operacionalizar" o problema. Quando não conseguem esse "marco teórico", os estudantes sentem-se bastante confusos, para não dizer perdidos. Sem dúvida, é importante conhecer e utilizar o acervo teórico e empírico acumulado pela Psicologia Científica ao longo de seu século de existência. Todavia, acredito que neste ato reflexo do estudante – primeiro o acadêmico, depois o profissional – se esconde algo mais do que um louvável hábito disciplinar; nesta reação há, também, um mecanismo de alienação que mediatiza o acesso do psicólogo latino-americano à sua realidade e a forma como a prática psicológica (*quehacer psicológico*) aborda os problemas da sociedade.

A metodologia em que formos formados, de corte tipicamente idealista, nos leva da teoria à realidade, dos modelos aos problemas e não o inverso. Reconheço que há boas razões para agir assim e que o crescimento da Psicologia como ciência exige, em cada caso, construir sobre o que já foi edificado e não começar do zero a todo momento. Precisamente, uma das queixas mais frequentes que se escuta entre os psicólogos se refere à proliferação

---

17. Conferência proferida no XXI Congresso Interamericano de Psicologia ocorrido em Havana em 1987 e, posteriormente, publicada no *Boletín de Psicología* – a primeira revista de psicologia da UCA [N.T.].

de modelos de curto alcance, sem que sejam realizados os esforços necessários para se produzir uma integração teórica coerente.

Contudo, não podemos continuar ignorando o lastro que esta metodologia produziu, especialmente quando ela é aplicada de forma mecânica, no momento de enfrentar nossa realidade e, particularmente, no estudo dos problemas das maiorias dos povos latino-americanos. As teorias e os modelos originalmente elaborados para responder certos problemas e a partir de certos interesses carregam seus condicionamentos históricos quando aplicados na análise de outros problemas e em circunstâncias diferentes. Assim, a compreensão de nossa realidade fica mediatizada por aquilo que esquemas criados em outros mundos podem apreender, sem percebermos que buscar compreender o mal-estar do trabalhador salvadorenho com o modelo criado a partir dos estudos de Hawthorne pode ser o mesmo que tentar evitar nossos "frios" tropicais com blusas criadas para o inverno de Chicago. Vale a pena destacar que o principal erro não reside na blusa de frio, isto é, nos modelos originais que, frequentemente, responderam às exigências da realidade em que surgiram, mas sim entre nós que os utilizamos acriticamente, alheios à especificidade que a história dos povos impõe para cada situação particular.

A história presente dos povos latino-americanos coloca um desafio à Psicologia e, mais concretamente, à Psicologia Social. Trata-se de observar se como psicólogos, ou seja, a partir da especificidade de nossa disciplina, temos alguma contribuição significativa para dar à resolução dos gravíssimos problemas que confrontam nossos países. Todavia, o desafio não se limita a apresentar a possibilidade abstrata de qualquer contribuição psicológica, mas refere-se a uma pergunta mais concreta e radical que questiona se tal contribuição pode responder às exigências das maiorias populares.

Examinemos este desafio a partir das circunstâncias concretas de El Salvador, país mergulhado há 7 anos em uma guerra civil e naquilo que o governo norte-americano do senhor Reagan converteu em um teste do seu confronto particular com o fantasma do "comunismo internacional" e em um novo laboratório da guerra de contrainsurgência.

Sem dúvida alguma, o problema mais crucial que El Salvador enfrenta neste momento é o da guerra e não deixa de ser sintomático que existem vários psicólogos contribuindo à chamada "guerra psicológica" (DEPARTAMENTO DE PSICOLOGÍA Y EDUCACIÓN, 1986). Todavia, a condição extrema da guerra poderia levar à conclusão de que se trata de um caso atípico: por isso, examinaremos dois problemas mais facilmente generalizáveis aos outros países latino-americanos, demonstrando, de modo semelhante, o desafio posto para a Psicologia Social: o desemprego e a mediação sindical.

O desemprego

O desemprego, isto é, a falta de uma ocupação remunerada estável, é um dos males endêmicos que atingem El Salvador e – talvez não de forma tão drástica, mas também com muita gravidade – a maioria dos países latino-americanos. Segundo cálculos oficiais, o desemprego entre a população salvadorenha qualificada como economicamente ativa em 1985 alcançava 33,6% (FUSADES, 1986 – com dados do Ministério de Planejamento); isto é, as estatísticas governamentais reconheciam que mais de três entre cada dez salvadorenhos estavam sem trabalho remunerado no referido ano. Outros cálculos que levam em conta não apenas o desemprego, mas o subemprego, que é um desemprego periódico ou dissimulado, ampliam a porcentagem para 60% da população economicamente ativa, isto é, seis entre cada dez salvadorenhos (SIECA-ECID, 1980; ABREGO & GUADALUPE, 1983).

Boa parte do desemprego massivo decorre da guerra. Desde 1981, quando se formalizou o confronto bélico no país, mais de 600.000 salvadorenhos foram obrigados a abandonar seus lugares de origem e deslocarem-se para zonas menos conflituosas, onde poderiam salvar suas vidas. No entanto, esta migração massiva para o interior do país representou, na prática, um aumento substancial nas classes passivas, isto é, dos setores que não produzem e precisam ser mantidos.

Porém, seria falso colocar na guerra a responsabilidade primordial pela alta taxa de desemprego que existe em El Salvador. Antes mesmo da guerra, o salvadorenho se via obrigado a emigrar para outras terras buscando trabalho: houve migrações massivas para Honduras até estalar a "guerra do futebol" (ANDERSON, 1984); em seguida para Belize; e existiu, e continua existindo, nos últimos anos, para os Estados Unidos. Alguns tentaram explicar o fluxo migratório de salvadorenhos colocando a razão na taxa de crescimento demográfico e, certamente, este é um fator que deve ser levado em conta. Todavia, o sistema socioeconômico do país nunca foi capaz de responder adequadamente à necessidade de trabalho da população majoritária, ou seja, nunca conseguiu proporcionar emprego estável para as maiorias populares. Mesmo nos anos de suposto florescimento econômico, a taxa de desemprego não foi inferior a 20-25% entre a população com idade de trabalhar. A causa última do desemprego massivo das maiorias populares de El Salvador está, portanto, em uma ordem econômica orientada a e centrada em um setor minoritário da população. Elementos como o crescimento demográfico e a guerra apenas contribuíram para agravar o problema.

Assim, o desemprego e, no melhor dos casos, o subemprego constituem a situação normal da maioria dos salvadorenhos, especialmente os camponeses e marginalizados urbanos. Segundo o psicólogo salvadorenho Erick Cabrera (1985), dentre as consequências psicológicas mais nocivas produzidas pela perda de emprego para uma pessoa está a crise econômica, pois esta modifica o papel familiar, resulta em possível perda de identidade grupal, sintomas depressivos e profundo conflito de valores que produz não apenas o rebaixamento do nível de aspirações, mas a aceitação de propostas que, em outro momento, seriam consideradas imorais para conseguir algum tipo de trabalho ou renda (cf. tb. VELÁSQUEZ; GARCÍA & SÁNCHEZ, 1986). Se Cabrera (1985) percebe estes efeitos entre quem perde eventualmente seu emprego, o que ocorre com aqueles que nem mesmo chegam a ter? Sabemos o que significa, psicossocialmente, crescer, se desenvolver e se socializar como um permanente "desocupado", forçado à busca cotidiana de um "bico" que permita a sobrevivência? O problema não afeta apenas aqueles que, mais cedo ou mais tarde, desde a infância ou já na vida adulta, são incorporados no submundo da criminalidade, mas todos (um número muito maior que o grupo anterior) que continuam respeitando, ao longo de suas vidas, os preceitos de uma legalidade que os marginaliza e desampara.

A inexistência de uma ocupação socialmente reconhecida e remunerada e a reduzida compensação por "trabalhinhos" ou "bicos" (*chambas*) ocasionais fazem com que uma elevada porcentagem de salvadorenhos nunca consiga escapar da asfixiante situação de "lúmpen", de marginalização social. Paradoxalmente, a maior ambição desse setor é, frequentemente, poder se tornar proletário. Nesse sentido, historicamente, o salvadorenho, mais do que explorado, tem sido oprimido e, mais do que alienado, tem sido socialmente negado ou, como é comum afirmar, "*ninguneado*"[18]. Assim como ele não é levado em conta para algo, ele também não é considerado no momento de planejar ou de decidir. Por isso, quando, na década de 1970, alguns sacerdotes católicos começaram a refletir comunitariamente com as pessoas sobre as exigências bíblicas, não era raro escutar o seguinte comentário de muitos adultos: "É a primeira vez que perguntam a minha opinião sobre algo" (La fe del pueblo, 1983).

O que faz e o que tem feito o psicólogo diante do problema do desemprego massivo das maiorias latino-americanas? Existe uma abundante bibliografia sobre a Psicologia do Trabalho, mas não sobre a Psicologia do Sem-trabalho. O estudante de Psicologia é capacitado para orientação vocacional, seleção e treinamento de pessoal, métodos para estimular a motivação e a eficiência no trabalho e formas de alcançar uma maior satisfação laboral. Mas nada ou quase nada existe para enfrentar o problema daqueles que, pelo desígnio estrutural de um sistema socioeconômico absurdo, estão destinados a passar a maior parte de suas vidas sem emprego, talvez permanentemente ocupados na busca de ocupação. Com razão, Sloan e Salas (1986) expressam seu receio e oposição à aplicação da Psicologia Industrial dominante nos países do Terceiro Mundo, fundamentada em um modelo tecnocrático, individualista e consumista de desenvolvimento humano.

---

18. Sobre a expressão "ningunear", cf. nota 14 [N.T.].

Pode-se afirmar que o desemprego massivo é um problema fundamentalmente econômico e político, não psicológico. É possível, mas isso pode também ser afirmado sobre o trabalho. E mesmo assim a Psicologia se esforçou na busca por uma melhor forma de adaptar laboralmente o homem ao posto de trabalho e a máquina ao homem ou buscou aumentar a eficiência e a satisfação do trabalhador (e fez isso respondendo às exigências econômicas e políticas do sistema). Por isso, a Psicologia poderia se ocupar com o desempregado para examinar o que fazer psicossocialmente para que sua personalidade não se desintegre ou para que sua vida e, ainda, a vida de comunidades inteiras não transcorram sem horizontes ou projetos que não ultrapassam a mera sobrevivência cotidiana. E isto, obviamente, seria feito considerando todos os efeitos entranhados no sistema político e econômico imperante. Não deveríamos, os psicólogos latino-americanos, por exemplo, trabalharmos muito mais diretamente o problema das chamadas "tecnologias apropriadas"? Não deveríamos nos recolocar o problema da organização empresarial ou da satisfação laboral não tanto a partir da perspectiva da empresa ou do trabalhador empregado, mas das necessidades da comunidade como um todo ou dos indivíduos desempregados? Não deveria a Psicologia Comunitária dar um salto dialético, deixando de ser fundamentalmente uma Psicologia da Saúde, e se tornar uma Psicologia da Ordem Social? (SERRANO-GARCÍA & ÁLVAREZ, 1985; RIVERA-MEDINA & SERRANO-GARCÍA, 1985).

O sindicalismo sufocado

Um dos instrumentos organizativos mais importantes com que os setores populares contam para articular seus interesses na luta de classes é o sindicalismo. A história moderna do movimento sindical de El Salvador mostra as difíceis condições em que atua, sendo continuamente forçado a escolher entre a relevância e a repressão, entre o risco e a conciliação (MENJÍVAR, 1979; GUZMÁN e cols., 1987; MARTÍN-BARÓ, 1988b).

A falta de espaço sociopolítico para tudo aquilo que não beneficia diretamente os interesses das classes dominantes em El

Salvador determinou historicamente tanto o surgimento quanto o desenvolvimento de muitos sindicatos. De fato, alguns dos sindicatos salvadorenhos mais importantes hoje foram fundados com o impulso dado por partidos no poder que buscavam tanto um colchão para amortizar o impacto das reivindicações que os operários, inevitavelmente, eram obrigados a defender diante de patrões, quanto um instrumento de cooptação da dinâmica política dos movimentos populares. Outros sindicatos surgiram filiados a organismos internacionais como o Instituto Norte-americano de Sindicalismo Livre (IADSL), buscando, nitidamente, evitar que a organização dos trabalhadores latino-americanos resultasse em oposição aos interesses norte-americanos na região e, muito menos, se convertesse em força revolucionária. Obviamente, outros sindicatos surgiram por iniciativa dos próprios trabalhadores, mesmo quando sua perspectiva era, inicialmente, apenas trabalhista e reivindicativa ou quando, desde a sua origem, buscavam articular os interesses de classe do proletariado salvadorenho.

Aqueles sindicatos que se ampararam nos patrões, nos partidos do poder ou no IADSL receberam alguns benefícios coletivos e seus líderes desfrutaram de óbvios privilégios e vantagens individuais. Todavia, são sindicatos vistos com desprezo pelos trabalhadores, pois estes enxergam nos primeiros apenas a conciliação e a corrupção. Enquanto isso, os sindicatos que defenderam diretamente os interesses dos operários enfrentaram, permanentemente, a repressão legal ou paralegal. Esses sindicatos puderam desfrutar do respeito moral dos trabalhadores, mas o respeito nem sempre se traduziu em participação e apoio, por conta do risco de se expor à ira dos patrões ou do aparato repressivo de Estado. Esse dilema sindical tem sido particularmente agudo nos últimos anos, já que a polarização social produzida pela guerra tem permeado todos os âmbitos da vida nacional, convertendo qualquer reivindicação trabalhista em uma ação "desestabilizadora" do regime, quando não "subversiva" ou "terrorista", tal como normalmente se qualifica tudo aquilo que está relacionado com o movimento insurgente.

Até onde alcança o meu conhecimento, o trabalho com sindicatos não tem sido um dos horizontes de trabalho dos psicólogos latino-americanos. Em geral, o psicólogo industrial fica do lado dos patrões e, no melhor dos casos, faz parte de alguma instância que busca conciliar as partes envolvidas em um conflito. Porém, se a Psicologia tem a intenção de dar resposta às necessidades das maiorias populares, um dos espaços em que ela pode alcançar uma perspectiva mais adequada é o sindicalismo. De fato, experiências recentes mostraram que os sindicatos não apenas necessitam objetivamente da ajuda do psicólogo social, mas chegam a demandá-la (CODO, 1987; GUZMÁN e cols, 1987; cf. tb. ZÚÑIGA, 1976; MARTÍN-BARÓ, 1985a).

2) O desafio popular à Psicologia Social

O curto resumo que apresentamos de duas áreas importantes da vida social latino-americana – o mercado de trabalho e o sindicalismo – mostra que a Psicologia, até o momento, não realizou significativas contribuições para a resolução dos graves problemas que existem ou, pelo menos, para pensar os problemas existentes a partir da perspectiva das maiorias populares. A Psicologia latino-americana, na teoria e na prática, esteve centrada em problemas minoritários e quando se ocupou de problemas sociais importantes, fez isso a partir da perspectiva e dos interesses das minorias dominantes (LÓPEZ, 1985; MARTÍN-BARÓ, 1986). Com isso, não se pretende afirmar que o psicólogo deve assumir a vanguarda na resolução de problemas que são, acima de tudo, de caráter político, econômico e social, o que seria correr o risco de uma interpretação psicologista da realidade. Todavia, excluir a Psicologia da resolução desses problemas fundamentais seria incorrer no mesmo erro daqueles que, com tanta razão, Wilhelm Reich criticou por afirmarem que os problemas do nazismo deveriam ser enfrentados exclusivamente a partir do ponto de vista econômico e político, mas não psicológico (REICH & DILIGUENKI, 1974).

O desafio que as maiorias populares colocam para a Psicologia latino-americana demanda revisar três dos pressupostos mais básicos de nosso quefazer psicológico: (a) a formulação dos problemas; (b) a definição dos esquemas teóricos; e (c) a manutenção da objetividade científica. Em outros termos, trata-se de abordar como definir cientificamente os problemas, como analisá-los e como resolvê-los. Tentaremos examinar estes três pressupostos utilizando o exemplo do sindicalismo salvadorenho.

A definição dos problemas

Atualmente, não parece existir, entre a maioria dos cientistas sociais, muitas dúvidas sobre a natureza histórica da realidade social, o que significa pelo menos duas coisas: (a) que a realidade é, em boa medida, definida por quem tem poder social; e (b) que essa definição subjetiva ou classista da realidade é um elemento importante na configuração da realidade objetiva (BERGER & LUCKMAN, 1968). É importante aplicar este princípio à Psicologia para analisar com olhos críticos, por um lado, os aspectos da existência que, geralmente, são definidos como problemas de estudo e, por outro, a maneira como estes são definidos.

A primeira grande evidência que temos é a escassa atenção que a Psicologia dedicou aos problemas do sindicalismo. Isto fica ainda mais evidente quando se considera a atenção dedicada aos outros temas que foram estudados pela Psicologia do Trabalho e das organizações. Assim, por exemplo, a base *Psychological Abstracts* registra apenas 19 referências sobre o sindicalismo em 1983 e 19 em 1984. O *Annual Review of Psychology*, que, cada vez mais, foi dando importância aos temas de Psicologia do Trabalho, registra apenas duas menções ao sindicalismo em seus cinco volumes mais recentes. Tudo isso de forma muito marginal. Agora, se olhamos para a atenção que, concretamente, a Psicologia Latino-americana dedicou ao problema do sindicalismo, o panorama fica ainda mais desolador. No volume *La Psicología en Latinoamérica: una bibliografía,* publicado pela *Revista Interamericana de Psicología* em dezembro de 1975 (ARDILA & FINLEY, 1975), não existe qualquer referência sobre o sindicalismo. Na bibliografia publicada pela *Spanish Language Psychology* durante seus 3 anos de existência (1981-1983), existem apenas dois trabalhos que mencionam o sindicalismo: um realizado no Panamá (CANGEMI; HARRYMAN & CLARK, 1979) e outro em Porto Rico (SANTIAGO e cols., 1981). Não duvido que devem existir outros trabalhos, mas a penúria da amostra fala por si só.

É possível que alguns psicólogos pensem ou pressuponham que os problemas sindicais não concernem à Psicologia, mas à Sociologia; outros podem considerar o sindicalismo um aspecto muito secundário para a vida das pessoas, inclusive dos próprios trabalhadores; finalmente, outros podem afirmar que o estudo do sindicalismo é uma tarefa ingrata, que não conta com estímulos e financiamento e que enfrenta, até mesmo, a reticência, quando não a aberta hostilidade, dos próprios interessados. Seja por estas ou outras razões, o fato é que a Psicologia dedicou reduzida ou, no caso latino-americano, praticamente nenhuma atenção aos problemas do sindicalismo.

Além disso, a perspectiva mais comum adotada nos estudos sobre o sindicalismo foi a do sistema estabelecido. Assim, os sindicatos são considerados como um meio organizativo para que um setor social potencialmente inconformado e fonte de agitação seja incorporado à ordem vigente e contribua com o seu dinamismo para fortalecer os objetivos característicos do sistema: os valores de produtividade e eficiência ou a participação e satisfação laboral do trabalhador como meio para a sua melhor e mais completa integração e adaptação social.

Não seria difícil elaborar uma longa lista de problemas característicos das maiorias populares latino-americanas que, tal como no caso do sindicalismo, a Psicologia ignorou ou abordou a partir da perspectiva dos setores dominantes. Certamente, o problema do desemprego é outro deles.

O que pode significar, então, para a Psicologia e, especificamente, a Psicologia Social enfrentar o desafio popular? De forma geral, significa uma redefinição de seus objetivos concretos de estudo, de seus interesses fundamentais e de seus objetos concretos de estudo a partir da perspectiva específica das maiorias populares. No caso do sindicalismo, esta redefinição pode significar, pelo menos, duas coisas: (a) que o sindicalismo é um problema de grande importância, ao qual se devem dedicar os melhores de nossos esforços; e (b) que o sindicalismo pode constituir uma trama sistêmica para os interesses de classe do trabalhador. Expliquemos brevemente estes dois pontos.

A perspectiva popular faz com que o sindicalismo seja visto como um dos poucos recursos que o sistema estabelecido possibilita aos setores trabalhadores para juntar forças e defender seus interesses de classe. Assim, o sindicato é um instrumento de luta de classes, no sentido mais próprio do termo, por meio do qual o indivíduo pode superar a marginalização social e participar ativamente na definição das condições que determinam sua situação e seu futuro como pessoa e como membro de uma classe social. Nesse sentido, tudo o que tem relação com o sindicalismo e o quefazer sindical adquire grande importância: o que leva um trabalhador a se incorporar ou não à luta sindical, o que representa para o trabalhador a identidade sindical em uma dada circunstância histórica, em que medida o sindicato constitui uma instância socializadora, até que ponto estimula a consciência de classe de seus membros ou oferece um espaço para experiências diferentes, como funciona o sindicato, como se estabelece a liderança sindical e tantas outras questões que afetam a vida de um sindicato.

Todas essas questões podem ser colocadas a partir da perspectiva de quem detém o poder social ou das maiorias populares. De fato, em El Salvador sabemos muito bem que o sindicalismo pode ser uma grande armadilha para instrumentalizar o mal-estar dos trabalhadores, inclusive contra os seus próprios interesses de classe: a existência de sindicatos fundados e amparados pelos partidos no poder ou impulsionados e financiados pelo IADSL prova que o sindicalismo pode se tornar apenas mais um mecanismo de alienação social, que submete o operário ao sistema por meio da concessão de vantagens individuais ou da pseudoparticipação nas estruturas de poder.

É necessário olhar para o sindicalismo no contexto mais amplo da confrontação de classes que ocorre em nossas sociedades e, portanto, como um instrumento de poder que pode contribuir tanto para a humanização quanto para a submissão alienante. Quando um sindicato responde realmente às necessidades profundas do trabalhador? Quando se converte em um mecanismo que obnubila a consciência? Até que ponto a dinâmica sindical, para não morrer por insignificância, mas também para não se suicidar no confronto social, requer que o trabalhador supere a consciência reivindicatória imediata e estabeleça suas demandas trabalhistas no contexto mais amplo do confronto histórico entre as classes?

Essas questões são muito diferentes daquelas sobre se os valores sindicais contribuem ou não para a produtividade ou sobre se a participação sindical permite uma melhor adaptação do trabalhador à empresa e ao sistema social. Todavia, são perguntas que o psicólogo não pode tirar da manga ou definir por si só, constituindo a si mesmo como o porta-voz e representante dos interesses populares; são questões que devem ser definidas em diálogo constante com os próprios setores populares. A redefinição dos problemas populares não pode ser realizada como um ato de simples boa vontade exercida no escritório do psicólogo; é um processo que exige comunicação e diálogo contínuos por parte do psicólogo e da Psicologia com as pessoas e grupos do povo.

A elaboração teórica

Um perigo que deve ser evitado pela redefinição das tarefas da Psicologia a partir dos desafios das maiorias populares é o que Milagros López, psicóloga porto-riquenha, qualificou ironicamente como "Psicologia do Coqui" (LÓPEZ, 1985). Coqui é uma rãzinha estridente que, aparentemente, existe apenas em Porto Rico e que se converteu em um símbolo do folclore da ilha. A Psicologia do Coqui seria uma tentativa de superar a alienação da Psicologia por meio da elaboração de algo como uma "Psicologia Nacionalista". Ela recusa sistematicamente os conceitos e os métodos que vêm de fora pelo simples fato de serem estrangeiros e elabora modelos autóctones, cujo objeto fundamental é o caráter ou a personalidade do próprio povo. López (1985) destaca, com razão, que a adoção deste patriotismo psicológico pode levar à aceitação de um projeto sociopolítico dos setores dominantes. A Psicologia do Coqui "distorce o problema da responsabilidade social que deve ser assumida e o transforma em um mero problema envolvendo o que é daqui e o que é de lá" (LÓPEZ, 1985, p. 75).

No entanto, evitar a Psicologia do Coqui não pode ser o mesmo que aceitar acriticamente os modelos e métodos que a Psicologia em voga nos oferece e cujo condicionamento ideológico tem sido repetidamente destacado (cf., p. ex., DELEULE, 1972; MARTÍN-BARÓ, 1983, 1986; LANE & CODO, 1985; WEXLER, 1983). Como afirmamos inicialmente, foi precisamente a importação quase mecânica desses modelos para as nossas sociedades o que nos fez ignorar problemas importantes das maiorias populares, como o sindicalismo, ou enxergá-los a partir da perspectiva dos setores dominantes. O que fazer, então, para responder ao desafio popular, mas sem cair no canto ingênuo do coqui?

Em minha opinião, o problema é mais de ordem epistemológica do que conceitual, mais metodológico do que teórico. Não são os conceitos da Psicologia por si só que falham, mas o momento dialético de vinculação; o que distorce a análise da realidade não é a tanto a teoria aplicada, mas o objeto da aplicação. Por isso, a minha proposta reside em uma inversão marxiana do processo: que não sejam os conceitos que convoquem a realidade, mas que a realidade busque os conceitos; que as teorias não definam os problemas de nossa situação; mas que os problemas as exijam e, por assim dizer, escolham sua própria teorização. Em outras palavras, trata-se de trocar nosso tradicional idealismo metodológico por um realismo crítico. Aos psicólogos latino-americanos nos faz falta um bom banho de realidade, especialmente dessa realidade que oprime e angustia as maiorias populares. Por isso, aos estudantes que me pedem uma bibliografia toda vez que necessitam analisar um problema, recomendo, primeiro, que deixem-se impactar pelo problema mesmo, que se envolvam na angustiante realidade cotidiana que vivem as maiorias salvadorenhas, para, então, perguntarem-se sobre conceitos, teorias e instrumentos de análise. Não acredito que exista algo original nessa proposta que, com outros termos, foi apresentada, há quase 30 anos, por C. Wright Mills (1961) em um astuto apêndice "sobre o artesanato intelectual" em seu livro *A imaginação sociológica*.

Assim, estudar os sindicatos salvadorenhos a partir da perspectiva de teorias organizacionais existentes que tendem a assumir, entre outras coisas, o marco de referência das sociedades industrializadas, onde os sindicatos podem ser organismos muito poderosos no interior do sistema social, é algo muito diferente de assumir a especificidade histórica dos sindicatos, isto é, partir da realidade salvadorenha, uma sociedade com fortes componentes de organização medieval, onde os sindicatos são organizações voláteis, permanentemente perseguidas pelas forças econômicas e políticas que tentam cooptá-las ou destruí-las. O mesmo sindicato que dá segurança ao trabalhador norte-americano é fonte de contínua intranquilidade para o operário salvadorenho; a vinculação sindical que garante a defesa dos direitos do trabalhador alemão, pode ser justificativa o suficiente para a violação dos direitos do operário de El Salvador.

A minha convicção é a de que a aplicação do realismo histórico na atividade da Psicologia Social na América Latina exige a redefinição de alguns pressupostos básicos do quefazer psicológico, o aprofundamento dos modelos e conceitos disponíveis e a elaboração de novos modelos. Esta tarefa teórica, para a qual, segundo o estereótipo, nós latinos seríamos tão pouco inclinados, deve ser um objetivo prioritário dos psicólogos latino-americanos nos próximos anos, isto se estamos dispostos a aceitar o desafio das maiorias populares de nossos povos.

A objetividade científica

O terceiro pressuposto da Psicologia que é questionado pelo desafio das maiorias populares é o da objetividade científica. Este é um tema muito debatido, sobretudo a partir do desmascaramento da pseudoassepsia do positivismo (BRAUSTEIN e cols., 1979; WEXLER, 1983; RAPPOPORT, 1986). Todavia, pode-se afirmar que a recusa do positivismo e do paradigma das ciências naturais em favor das metodologias qualitativas (SCHWARTZ & JACOBS, 1984) e de um paradigma histórico relega, novamente, a Psicologia ao âmbito da subjetividade, do qual, com tanto esforço, os seguidores de Watson tentaram sair. Nesta ideia, continuam latentes diversos mal-entendidos que provocam uma espécie de "má consciência científica" que, em certas circunstâncias, produz uma práxis ambígua:

1) Antes de tudo, continua-se assumindo como válida uma concepção de ciências naturais que os próprios cientistas descartaram há um longo tempo (OPPENHEIMER, 1956).

2) Em segundo lugar, continua-se pressupondo que há mais objetividade nas formulações que utilizam terminologia "causal" do que naquelas que utilizam termos intencionais ("razões"). Todavia, na medida em que a terminologia "causal" reifica o seu objeto e este objeto é um ser humano, ela é muito menos "objetiva", isto é, menos adequada ao seu objeto do que outras conceitualizações (TOULMIN, 1969).

3) Finalmente, a objetividade científica, isto é, a fidelidade com o que a realidade é, não é conquistada distanciando-se do objeto e o reduzindo a uma "coisa mensurável", mas sim pelo esclarecimento da imbricação do cientista como pessoa e como membro de uma classe social com essa realidade que também é humana e social (RYCHLAK, 1986).

Nas ciências sociais o cientista não pode deixar de se sentir envolvido com os fenômenos que estuda, pois estes também se produzem nele. Se isso é verdade quando se aborda processos como memória, conhecimento ou emoção, o problema é ainda mais verdadeiro quando são abordados fatores que determinam a vida familiar, o trabalho cotidiano ou a definição do futuro. Eticamente o cientista não pode deixar de tomar posição frente aos fenômenos, mas a parcialidade decorrente de uma tomada de posição não elimina a objetividade. É um absurdo e um contrassenso pedir imparcialidade para quem estuda a drogadição, o abuso infantil ou a tortura. E se isto é claro em relação ao socialmente indesejável, por que não aceitar, também, uma necessária parcialidade diante daquilo que é socialmente desejável? O problema reside no fato de que abordamos a definição de bem social ou bem comum, questão socialmente conflitiva e que muda de acordo com o setor em que nos situamos. E esta é precisamente a questão: a partir de onde julgaremos o que é socialmente desejável.

Historicamente, nossa alegada imparcialidade/objetividade nos fez ignorar o problema do sindicalismo ou tratá-lo como algo desejável somente na medida em que contribui para a integração do trabalhador ao sistema estabelecido. Certamente, essa não é a perspectiva das maiorias populares e, portanto, não foi uma visão imparcial. Esta não pode sequer ser considerada uma visão "objetiva", porque ignora, de fato, a importância social do sindicalismo para amplos setores da população, assim como seu caráter ambivalente enquanto instrumento de poder e de submissão ou de libertação.

No entanto, como assumir a perspectiva das maiorias populares? Obviamente, não se trata de acolher mecanicamente as demandas imediatas dos setores populares. Sua consciência, como produto de um conflito histórico em que há um bombardeio proveniente das classes dominantes, pode levar ao desejo por aquilo que aliena e mantém a situação opressiva. Quem deve, então, determinar as necessidades "verdadeiras" e "falsas"? A quem cabe diferenciar o que há de autêntico e o que há de alienante no interior da consciência popular? Por acaso, deverá o psicólogo social se converter em "intérprete" das necessidades populares? Problema que não é de fácil solução, nem mesmo para aqueles que, surgidos do próprio povo, se convertem em sua vanguarda política, mas que, ao chegarem nesse lugar, frequentemente, perdem o contato existencial com suas bases e tendem a assumir como voz do povo o que não é mais do que a sua própria voz.

Não há fórmulas que dão respostas mecânicas a essa questão. O que se pode afirmar é que a perspectiva popular deve ser definida a partir de dentro, não de fora, a partir de uma práxis comprometida, sem que o envolvimento suponha uma submissão doutrinária. O psicólogo social deve manter uma postura crítica diante dos processos históricos: não cabe ao psicólogo deixar de ser a racionalidade da guarda nacional apenas para ser a racionalidade dos guardiães ideológicos, mas deve se tornar guardião da racionalidade social (MARTÍN-BARÓ, 1985b). Nesse contexto de compromisso crítico, o valor da pesquisa-ação pode ser devidamente apreciado. Para ela, o critério de verdade não reside nas realidades existentes, mas nas realidades que a própria ação busca criar e desenvolver (FALS BORDA, 1985).

3) A libertação dos povos como horizonte

A aceitação do desafio popular deve fazer com que a Psicologia Social Latino-americana assuma um novo horizonte para o seu quefazer, defina novos objetivos e estabeleça um programa de tarefas e formas concretas de ação. O horizonte de uma atividade constitui o marco último que dá sentido, aquele quadro de fundo sobre o qual se desenham os contornos do que se faz ou se deixa de fazer. O horizonte não é algo extrínseco ao quefazer; pelo contrário, é a sua determinação mais profunda, é aquela totalidade última que define o sentido de cada atividade parcial.

Cada povo e cada país latino-americano confrontam, no momento atual, problemas peculiares que é importante pensar: o Chile não é o México e as condições do Brasil são muito diferentes das condições de El Salvador. Todavia, junto com essa diversidade nacional, a história contemporânea se encarrega de confirmar, repetidamente, a existência de uma comunidade de destino entre os povos latino-americanos: nossos povos não podem sair da dependência e do subdesenvolvimento, suas economias se contorcem sob o peso de uma inexorável dívida externa, suas democracias formais continuam pendendo na linha da contrainsurgência militar formulada em Washington. Por isso, o horizonte último de nosso quefazer, e isso vale para o Chile e para o México, para o Brasil e para El Salvador, deve ser a libertação de nossos povos: uma libertação da exploração econômica, da miséria social e da opressão política, uma libertação para construir uma sociedade nova, baseada na justiça e na solidariedade.

É claro que este horizonte é uma utopia; mas somente movida por um ideal assim, a Psicologia Social Latino-americana poderá superar o mimetismo teórico e a marginalidade práxica. Porque para a Psicologia contribuir para a libertação dos povos latino-americanos, ela mesma deve se libertar de sua própria dependência intelectual, assim como de sua submissão social (MARTÍN-BARÓ, 1986).

Objetivos

Parece-me que dois objetivos podem orientar o trabalho da Psicologia Social Latino-americana no horizonte da libertação popular: um de caráter instrumental, a redefinição dos modelos teóricos, e outro de caráter final, o fortalecimento das instâncias populares.

O primeiro objetivo da Psicologia Social Latino-americana deve ser a *redefinição de toda sua bagagem teórica*. Como indicávamos antes, é urgente reexaminar desde os pressupostos epistemológicos básicos até as teorias e os modelos específicos, passando pelos processos pelos quais se definem os objetos de estudo. É importante destacar que isso não significa descartar todo o acervo existente, o que seria uma absurda e presunçosa insensatez; trata-se de revisar o conhecimento disponível a partir da perspectiva crítica dos povos marginalizados, tarefa nada fácil e na qual a demagogia não pode suprir o rigor disciplinado.

Essa revisão deve ser realizada nos marcos de uma práxis comprometida com o horizonte de libertação histórica. De fato, já se está fazendo algo, o que pode ser muito, dadas as condições predominantes nos diversos países da América Latina: há psicólogos trabalhando com comunidades marginalizadas venezuelanas ou colombianas e com organizações populares mexicanas ou porto-riquenhas; há psicólogos atendendo massas de refugiados salvadorenhos e guatemaltecos ou familiares de torturados chilenos e argentinos; por fim, há psicólogos colaborando com sindicatos brasileiros e costa-riquenses ou com comitês locais cubanos e nicaraguenses. Assim, o que falta é realizar uma sistematização teórica desses múltiplos esforços, alguns deles tremendamente originais, e formular modelos que oferecem uma alternativa válida aos modelos dominantes. O problema não é somente de conhecimento e comunicação (MARÍN, 1985), mas, primeira e fundamentalmente, de teorização.

O segundo objetivo que a Psicologia Social Latino-americana deve buscar é a conquista do *fortalecimento das opções populares*. Enquanto os povos não contarem com poder social, suas necessidades serão ignoradas e sua voz silenciada. Por isso, como psicólogos, devemos contribuir para o fortalecimento de todas as mediações grupais – comunidades ou cooperativas, sindicatos ou organizações populares – que buscam representar e promover os interesses das classes majoritárias.

Três tarefas libertadoras

Finalmente, pode-se apresentar três grandes tarefas para a Psicologia Social Latino-americana que buscam concretizar os dois objetivos propostos à luz do ideal de libertação popular.

A primeira destas tarefas é o *estudo sistemático das formas de consciência popular*. Obviamente, não estou pensando em um estudo de corte experimental-positivista, mas em uma verdadeira pesquisa-ação que supera o dado abstrato da realidade imediata e descobre potencialidades históricas novas. Em outras palavras, o contexto para realizar este estudo é uma modalidade de trabalho conscientizador, no sentido freireano do termo. Uma atenção especial deve ser dedicada às formas de consciência religiosa popular, dado o papel crucial que a religiosidade tem para amplos setores dos povos latino-americanos e suas virtualidades que contribuem tanto para a alienação quanto para a libertação histórica (MARTÍN-BARÓ, 1985c, 1987, 1989; DELGADO e cols., 1987).

A segunda tarefa é *o resgate e a potencialização das virtudes populares*. Infelizmente, a grande maioria de nossos instrumentos psicométricos não permite apreender os recursos humanos que permitiram nossos povos sobreviverem em circunstâncias de esmagadora miséria e manterem viva a esperança em condições de horrível opressão. Assim, nada mais urgente que resgatar toda essa riqueza popular e preservar todo sedimento humano que tornou historicamente possível a solidariedade dos pobres diante da exploração, a entrega à causa da comunidade frente ao individualismo, o saber popular frente ao imperialismo cultural.

A terceira tarefa consiste na *análise das organizações populares como instrumento de libertação histórica*. De nada serviria a conscientização sobre a própria identidade e sobre os próprios recursos, se não são encontradas formas organizativas que conduzam os interesses das maiorias populares para o confronto social. Os sindicatos constituem uma instância de importância fundamental, mas não única. É importante diferenciar, em cada circunstância concreta, sua adequação ou inadequação para fazer avançar os interesses das classes oprimidas. Obviamente, esta análise pode ser feita a partir da distância positivista ou a partir do compromisso crítico que busca na prática o desenvolvimento organizativo do povo.

Sei que para muitos psicólogos sociais latino-americanos o problema não reside tanto em uma falta de vontade para responder aos desafios das maiorias populares, mas em uma carência de ideias sobre como concretizar essa vontade de forma realista (MARTÍN-BARÓ, 1985a). Daí a necessidade e, ainda, a urgência de contar com experiências sistemáticas que rompem o círculo vicioso de nossa dependência mental em relação aos centros do poder estabelecido e nos possibilitam dar as mãos aos nossos povos na luta por sua libertação histórica.

Referências

ABREGO, M. & GUADALUPE, A.M. (1983). *El empleo y el subempleo en El Salvador*. São Salvador: Universidad Centroamericana José Simeón Cañas/Facultad de Ciencias Económicas [Tesis de licenciatura].

ANDERSON, T.P. (1984). *La guerra de los desposeídos:* Honduras y El Salvador, 1969. São Salvador: UCA.

ARDILA, R. & FINLEY, G. (1975). La Psicología en Latinoamérica: una bibliografía. *Revista Interamericana de Psicología*, 9 (3-4).

BEIRNE, C.J. (1985). Jesuit education for justice: The Colegio in El Salvador, 1968-1984. *Harvard Educational Review*, 55, p. 1-19.

BERGER, P. & LUCKMAN, T. (1968). *La construcción social de la realidad*. Buenos Aires: Amorrortu.

BRAUNSTEIN, N.A.; PASTERNAC, M.; BENEDITO, G. & SAAL, F. (1979). *Psicología:* ideología y ciencia. México, DF: Siglo XXI.

CABRERA, E. (1985). Guerra, desempleo y deterioro psíquico en El Salvador. *Boletín de Psicología*, 4 (18), p. 155-165.

CANGEMI, J.P.; HARRYMAN, E.M. & CLARK, L. (1979). Diferencias de personalidad entre empleados pro-sindicato y empleados pro-compañía dentro de la misma organización. *Archivos Panameños de Psicología y Anuario del Sanatorio Las Cumbres*, 6, p. 39-47.

CODO, W. (1987). Acción de los psicólogos en los sindicatos: trabajo, alienación y transformación social. In: MONTERO, M. (org.). *Psicología política latinoamericana*. Caracas: Panapo, p. 277-316.

DELEULE, D. (1972). *La Psicología:* mito científico. Barcelona: Anagrama.

DELGADO, E.; HURTADO, C.; MARÍN, G.; RODRÍGUEZ, A. & UGARTE, J. (1987). *El fenómeno de la conversión religiosa en las Comunidades Eclesiales de Base y un grupo evangélico pentecostal de la zona metropolitana de San Salvador.* São Salvador: Universidad Centroamericana José Simeón Cañas [Monografia de licenciatura em Psicologia].

DEPARTAMENTO DE PSICOLOGÍA Y EDUCACIÓN (1986). Psicología, diálogo y paz en El Salvador. *Estudios Centroamericanos,* 41 (454-455), p. 711-719.

FALS BORDA, O. (1985). *Conocimiento y poder popular:* Lecciones con campesinos de Nicaragua, México y Colombia. Bogotá: Siglo XXI.

FUNDACIÓN SALVADOREÑA PARA EL DESARROLLO ECONÓMICO Y SOCIAL. (1986). *Diagnóstico social* – Situación actual de las necesidades básicas en El Salvador. São Salvador: Departamento de Estudios Económicos y Sociales.

GUZMÁN, J.; JUÁREZ, D.; MÁRMOL, W.; MENJÍVAR, O.; NÓCHEZ, M. & RIVAS, C. (1987). Dinámica de los procesos psicosociales de los grupos sindicales de El Salvador: identidad, poder y actividad. *Boletín de Psicología,* 6 (23), p. 39-54.

La fe de un pueblo (1983). *Historia de una comunidad cristiana en El Salvador (1970-1980).* São Salvador: UCA.

LANE, S.T.M. & CODO, W. (orgs.) (1985). *Psicologia Social*: o homem em movimento. São Paulo: Brasiliense.

LÓPEZ, M. (1985). Prometeo encadenado – Los obstáculos que confrontan los psicólogos para asumir una responsabilidad social alterna. *Revista Puertorriqueña de Psicología,* 3, p. 65-76.

MARÍN, G. (1985). Difusión internacional de la Psicología iberoamericana: dimensiones del problema. *Revista Mexicana de Psicología,* 2 (1), p. 12-19.

MARTÍN-BARÓ, I. (1989). Iglesia y revolución en El Salvador. *Boletín de la Asociación Venezolana de Psicología Social,* 12, p. 27-39.

_____ (1988). Los grupos con historia: un modelo psicosocial. *Boletín de la Asociación Venezolana de Psicología Social,* 11 (1), p. 3-19.

_____ (1987). Del opio religioso a la fe libertadora. In: MONTERO, M. (org.). *Psicología política latinoamericana.* Caracas: Panapo, p. 229-268.

_____ (1986). Hacia una Psicología de la liberación. *Boletín de Psicología,* 5 (22), p. 219-231.

_____ (1985a). El papel del psicólogo en el contexto centroamericano. *Boletín de Psicología*, 4 (17), p. 99-112.

_____ (1985b). *Conflicto social e ideología científica:* de Chile a El Salvador. Caracas: Conferência no XX Congresso Interamericano de Psicologia.

_____ (1985c). De la conciencia religiosa a la conciencia política. *Boletín de Psicología*, 4 (16), p. 72-82.

_____ (1983). *Acción y ideología:* Psicología Social desde Centroamérica. São Salvador: UCA.

MENJÍVAR, R. (1979). *Formación y lucha del proletariado industrial salvadoreño.* São Salvador: UCA.

OPPENHEIMER, R. (1956). Analogy in Science. *American Psychologist*, 11 (3), p. 127-135.

RAPPOPORT, L. (1986). Renaming the world: On Psychology and the decline of positive science. In: LARSEN, K.S. (org.). *Dialectics and ideology in Psychology*. Norwood: Ablex, p. 167-195.

REICH, W. & DILIGUENSKI, G. (1974). *¿Qué es la conciencia de clase?* México, DF: Roca.

RIVERA-MEDINA, E. & SERRANO-GARCÍA, I. (1985). *El desarrollo de la Psicología de comunidad en América Latina.* Guadalajara [Trabalho apresentado no Iteso].

RYCHLAK, J.F. (198). The unnamed teleology in the technology of behavioral conditioning. In: LARSEN, K.S. (org.). *Dialectics and ideology in Psychology*. Norwood: Ablex, p. 105-127.

SANTIAGO, B.; OCAIO, K.; ORTIZ, V.; SAN ANTONIO, I.; ALLENDE, M.; GONZÁLES, J.; MARTÍNEZ, M. & RIVERA, A. (1981). Actitudes de un sector de trabajadores puertorriqueños hacia la supervisión, ambiente físico de trabajo y el concepto de unión sindical. *Cuadernos de Investigación Científica*, p. 1-14.

SCHWARTZ, H. & JACOBS, J. (1984). *Sociología cualitativa:* método para la reconstrucción de la realidad. México, DF: Trillas.

SERRANO-GARCÍA, I. & ÁLVAREZ, S. (1985). *Análisis comparativo de marcos conceptuales de la Psicología de comunidade em Estados Unidos y América Latina (1960-1985).* Caracas [Trabalho apresentado no XX Congresso Interamericano de Psicologia].

SIECA-ECID (1980). *Ipro:* subsistema monitor de empleo en el salvador. São Salvador, 30/06/1980.

SLOAN, T. & SALAS, E. (1986). El papel de la Psicología Industrial en el Tercer Mundo: análisis y crítica. *Boletín de Psicología*, 5 (22), p. 241-245.

TOULMIN, S. (1969). Concepts and the explanation of human behavior. In: MISCHEL, T. (org.). *Human action:* Conceptual and empirical issues. Nova York: Academic Press, p. 71-104.

VELÁSQUEZ, R.M.; GARCÍA, G. & SÁNCHEZ, B.L. (1986). Efectos psicológicos del desempleo. *Boletín de Psicología*, 5 (22), p. 233-240.

WEXLER, P. (1983). *Critical social psychology.* Boston: Routledge and Kegan Paul.

ZÚÑIGA, R. (1976). La sociedad en experimentación y la reforma social radical. In: MARTÍN-BARÓ, I. (org.). *Problemas de Psicología Social en América Latina.* São Salvador: UCA, p. 21-51.

5
A PESQUISA E A MUDANÇA SOCIAL[19]

1) A situação do sistema educativo

Em El Salvador tem predominado, e ainda predomina em amplos setores da população, uma excessiva confiança nas possibilidades de se alcançar a mudança social por meio de mudanças na educação e, concretamente, por meio de reformas no sistema escolar. Esta confiança social é correspondida por uma confiança pessoal de muitos salvadorenhos na esperança de que a ascensão na escala do sistema escolar resultará em mudanças em seu futuro individual e familiar.

Frente a esta confiança, os teóricos sociais, sobretudo aqueles de orientação marxista, tendem a subestimar o que se pode conquistar por meio de mudanças no sistema escolar, já que a consideram uma superestrutura ideológica que possui um funcionamento com reduzida autonomia diante do determinismo do sistema socioeconômico estabelecido e que, portanto, não passa de um sistema subordinado aos interesses das classes dominantes.

A história recente de El Salvador parece dar, parcialmente, razão às duas visões e, portanto, também, negar a validade de uma e de outra. É um fato que o setor escolar tem sido um dos que mostrou maior dinamismo, especialmente entre 1960 e 1980. Significativas mudanças sociais estiveram associadas com a expansão do sistema escolar (RAMA, 1987) e com a reforma educacional estimulada a partir do fim da década de 1960 (EL SALVADOR, 1970; ESCAMILLA, 1975). Assim, por exemplo, a mobilidade social

---

19. Conferência proferida no *Primer Congreso Puertoriqueño de Investigaciones en la Educación*, realizado em 1987 na Universidad de Puerto Rico. O texto foi publicado pela primeira vez na *Revista Salvadoreña de Psicología* em 2010 [N.T.].

ascendente de setores operários e marginais foi ampliada. Também cresceu o tamanho do setor integrado à cultura dominante, que teve acesso a certos benefícios sociais e aumentou o nível de expectativas de amplos núcleos da população, sobretudo dos trabalhadores. Tudo isso como produto da expansão escolar. Sem dúvida, essas conquistas do sistema escolar contribuíram para gerar condições subjetivas que, junto com as condições objetivas de injustiça e opressão, desencadearam uma situação revolucionária no país. Mas é certo que nenhuma dessas mudanças sociais representaram uma mudança estrutural em El Salvador. No fundamental, as mesmas estruturas sociais injustas e discriminatórias que existiam há 30 anos seguem funcionando, alimentando uma prolongada e sangrenta guerra civil. Cumpre assinalar que não parece nada acertado afirmar que as mudanças propiciadas pelo sistema escolar desempenharam um papel determinante no desencadeamento do processo revolucionário no país.

Ora, quaisquer que tenham sido as mudanças sociais estimuladas a partir do sistema escolar, nenhuma das reformas escolares foi promovida pela pesquisa. Sem pretender um juízo absoluto, é necessário afirmar que, em El Salvador, a pesquisa sobre os processos educativos é mínima e, em geral, apenas elabora diagnósticos.

Nos últimos anos, e especialmente a partir do desencadeamento da guerra civil (jan./1981), o sistema escolar salvadorenho experimentou um processo de profunda deterioração e de perda de significado social. Antes mesmo da erosão provocada pela guerra – sobretudo os danos à cobertura do sistema de educação básica (destruição, fechamento ou abandono forçado de centenas de escolas nas zonas mais conflitivas do país; assassinato ou "desaparecimento" de centenas de professores) – foi produzida uma acelerada e gravíssima deterioração da qualidade da formação oferecida pelos três níveis do sistema: primário, secundário e superior. Um dado simbólico é o fechamento, em 1980, da Escola Normal, onde se formava o magistério nacional, e que se tornou um quartel. Outro dado não menos significativo é o fato de que em um intervalo de 2 anos (1981-1982) – durante a ocupação militar e o desmantelamento da Universidade de El Salvador, quando muitos intelectuais e pesquisadores foram assassinados por uma onda de terrorismo de estado ou tiveram que sair do país para salvar suas vidas – foram fundados mais de vinte novos centros ou "universidades". No entanto, no melhor dos casos, essas instituições poderiam ser equiparadas mais a academias de bairro ou estabelecimentos comerciais que vendem títulos do que a centros universitários.

Esta deterioração do sistema escolar pode ser interpretada como a resposta estrutural dos setores dominantes que, por este meio, conseguiram neutralizar a dinâmica de mudanças sociais gerada pela difusão da educação, enquanto, paralelamente, criavam um sistema escolar elitista à sua disposição e enviavam seus filhos para centros universitários estrangeiros.

Da mesma forma, e em um movimento inverso ao que ocorreu durante a década de 1960, esse sistema escolar foi se desconectando da realidade nacional, das necessidades específicas do povo salvadorenho, das exigências colocadas por sua história particular e sua evolução. Assim, o sistema escolar foi perdendo seu significado social e ficando reduzido a um mundo de rituais que, no melhor dos casos, tem uma incidência muito limitada sobre os conflitos e os problemas do país.

2) Relação entre pesquisa e mudança educativa

Apresentaremos, de forma esquemática, três pontos: (1) como a pesquisa pode se relacionar com mudanças educativas; (2) em que aspectos ambas podem se relacionar; (3) com que objetivos devem se relacionar. Tratarei de remeter as reflexões ao caso concreto de El Salvador.

Como podem se relacionar a pesquisa e a educação

Um primeiro tipo de relação concebe a pesquisa como uma fonte de inspiração para mudanças na educação. Não existem muitos exemplos desse tipo de relação em El Salvador. Um caso concreto pode ser representado pela introdução massiva da televisão educativa: a análise do êxito conquistado em um primeiro momento, sobretudo em certas áreas, contribuiu para que o sistema escolar adotasse o uso intensivo da televisão.

Um segundo tipo de relação faz da própria pesquisa um elemento de mudança educativa. Talvez o melhor exemplo seja a exigência, estabelecida pela última reforma educacional, de que os estudantes realizariam pequenas pesquisas ou certos trabalhos de campo que os colocassem em contato direto e pessoal com os problemas mais agudos da realidade salvadorenha. Por exemplo, a visita e a análise dos bairros marginais, a realização de entrevistas com desempregados ou crianças abandonadas, a verificação das condições reais de vida do campesinato. O contato reflexivo direto constituiu um dos aspectos que mais contribuiu para dinamizar o sistema escolar, propiciando, sobretudo, o desenvolvimento da capacidade crítica das pessoas e a vinculação entre estudo e práxis.

Um terceiro e último tipo de relação entende que a pesquisa deve avaliar as mudanças educativas, isto é, deve examinar em que medida se realizam mudanças e se estas realizam os objetivos almejados. Um caso interessante é a avaliação sobre as mudanças realizadas por um dos colégios privados católicos mais prestigiados de El Salvador, que buscou concretizar a orientação do Concílio Vaticano II de se fazer da educação um agente de mudança para a justiça (BEIRNE, 1985).

Em geral, a pesquisa tendeu mais a cumprir um papel de inspiração ou de instrumento de avaliação das mudanças educacionais do que ser, em si mesma, um elemento de mudança. Isto é um problema para nossos países, já que os pressupostos a partir dos quais se pesquisa, e, portanto, a partir dos quais se influencia ou se avalia a educação, têm sido alheios aos problemas de nossa realidade. Assim, muitas das mudanças introduzidas nos currículos e nas práticas didáticas não consideraram a especificidade da situação salvadorenha. O caso mencionado, a introdução da televisão salvadorenha, me parece um bom exemplo.

Em nossa opinião, a pesquisa que se envolve nos próprios processos de mudança educativa é a mais importante para o momento atual de nossos países, porque permite, precisamente, atacar dois aspectos da deterioração do sistema escolar que foram destacados antes: a deterioração da qualidade e a perda de contato com a realidade social. Somente um contato crítico com os problemas da realidade possibilitará que a educação se oriente para o seu enfrentamento e busque os recursos necessários. O modelo de "pesquisa-ação" proposto por Fals-Borda (1986) é um excelente exemplo desse tipo de pesquisa que é pertinente para a realidade atual de El Salvador. Trata-se, em poucas palavras, de um tipo de pesquisa comprometida com aquilo que pesquisa e, sobretudo, com quem a pesquisa pretende trabalhar. Consequentemente, é uma pesquisa que não pretende ser asséptica e que não esconde sua opção axiológica, buscando intencionalmente converter o conhecimento em instrumento de poder a serviço das causas populares.

No que a pesquisa e a educação podem se relacionar

A pesquisa pode afetar a totalidade de um sistema educativo ou apenas alguns de seus elementos ou aspectos. Em um recente trabalho, Cecilia Braslavsky (1986) argumenta que a educação latino-americana atual perdeu sua bússola, isto é, seu sentido global. Em períodos anteriores, a educação buscou a conquista de liberdade coletiva ou a construção de um estado nacional voltado ao progresso ou ao crescimento econômico. Mas, desde a década de 1970, foi perdida a crença de que a educação poderia contribuir para conquistar esses ideais, nacionais e pessoais. Ao mesmo tempo, também se perdeu a crença de que os mecanismos políticos e sociais disponíveis permitiriam resolver as necessidades e os problemas dos povos latino-americanos. Desse modo, segundo Braslavsky (1986), teria se produzido um verdadeiro suicídio na educação latino-americana: a escola atual ficou sem um eixo diretivo ao redor do qual poderia se articular. Portanto, para a autora, a pesquisa deveria contribuir para recuperar esse sentido global.

Como poderia a pesquisa ajudar a educação a recuperar esse sentido global? Talvez por meio da realização de um diagnóstico sobre a realidade nacional que explicite as grandes questões colocadas para nossos povos e que não necessariamente coincidem com as prioridades estabelecidas pelos regimes que hoje nos governam. O caso da reforma educativa peruana (PERU, 1970) me parece um excelente exemplo sobre um trabalho de diagnóstico que proporcionou uma mudança que reorientou globalmente o sistema escolar. Sem dúvida alguma, os revolucionários que hoje lutam em El Salvador por uma sociedade nova e diferente têm entre seus projetos, explícitos e implícitos, uma redefinição radical do sistema escolar salvadorenho. Seria necessário avaliar qual.

Todavia, nem sempre é possível buscar e nem todos buscam um objetivo tão ambicioso quanto dar um sentido novo para o sistema educativo; e um dos enganos mais paralisantes é o de acreditar que se não se muda tudo, não se muda nada. Entre o nada e o tudo há muitos passos que podem e devem ser dados. Mesmo aqueles que sustentam uma visão radical sobre o sistema social podem aceitar a ideia de que o acúmulo quantitativo de mudanças parciais pode precipitar, em um dado momento, uma mudança qualitativa do todo, o que nos leva ao próximo ponto.

A pesquisa pode buscar mudanças parciais nos conteúdos educacionais, nas reformas ou nos métodos didáticos empregados em qualquer um dos níveis escolares. Em geral, a pesquisa se centrou mais nas mudanças didáticas do que de conteúdo. Sabe-se, por exemplo, que há abundante pesquisa sobre as vantagens e as desvantagens da educação programada ou da educação personalizada sobre a educação tradicional ou, ainda, dos chamados métodos ativos frente aos passivos. Todavia, é questionável pensar que se pode realizar uma mudança de ordem didática que não contenha, de uma ou outra forma, uma mudança em algum aspecto contextual. Assim, por exemplo, tanto a educação programada, quanto a chamada atenção personalizada, carregam uma pesada carga de individualismo, assim como a educação passiva carrega o autoritarismo. Dificilmente, esses métodos didáticos podem ser compatibilizados com uma visão mais coletiva de existência social ou com uma postura crítica frente ao sistema estabelecido. Na minha opinião, a pedagogia proposta por Paulo Freire (1970, 1971) explicitou claramente esta necessária imbricação entre didática e conteúdo, assim como entre ordem social e formação pessoal, entre pedagogia e política.

A realidade popular como princípio na relação entre pesquisa e educação

No âmbito acadêmico norte-americano, existe o imperativo de que o professor universitário assuma a pesquisa como parte essencial de suas responsabilidades. Infelizmente, este não é o caso de nossos países: a maioria dos professores universitários se conforma com isso, ser professor. No melhor dos casos, os docentes não aspiram mais do que contar com seus próprios apontamentos de aula e estar relativamente atualizado em sua área de especialidade. Porém, também é verdade que o imperativo reinante no meio acadêmico norte-americano resulta, com excessiva frequência, na realização de pesquisas sem qualquer significado social, isto é, sem relação com os problemas reais da população; trata-se da realização de um ritual exigido, em última instância, pela espada de Dâmocles, o *"publish or perish"*. Nós necessitamos, urgentemente, fazer pesquisa, não tanto para ser publicada, mas para ser utilizada como instrumento de mudança social.

El Salvador, nos últimos anos, se converteu em uma espécie de laboratório vivo de uma sociedade que se desintegra e com formas de vida que lutam para se impor. Uma sociedade assim coloca problemas gravíssimos em todas as esferas de existência, que vão desde a simples sobrevivência física até o desenvolvimento de formas superiores de vida espiritual, passando pelo estabelecimento de uma ordem para a convivência que seja aceitável por poucos ou por muitos (dificilmente por todos). Se a educação, tal como ocorreu em El Salvador, não quer ficar marginalizada, então ela não pode permanecer à margem do mencionado conflito. Porém, dificilmente ela pode se vincular, de maneira produtiva, aos processos sociais sem incorporar, como parte essencial de sua aproximação, a pesquisa. Por isso, para concluir, apresentarei dois objetivos que, em minha opinião, são cruciais no momento atual da realidade social e educativa salvadorenha.

Um dos objetivos fundamentais da pesquisa educacional deve ser o de buscar a análise de todas as formas de educação que estão sendo praticadas nas zonas sob controle das forças insurgentes da FMLN, onde a carência de recursos didáticos é quase completa e as condições de vida são extremamente difíceis. O fato de existirem processos educativos que, em determinados casos, estão conquistando êxitos, é uma oportunidade excepcional para analisar formas criativas de resolver os problemas escolares – algo sempre aspirado pelas chamadas "tecnologias adequadas". É claro que não se pode pretender, com isso, transferir a educação que se dá em uma situação de guerra e carência extrema para outras circunstâncias menos desfavoráveis, mas é importante analisar os recursos que, mesmo nessas circunstâncias, podem ser usados com êxito.

Contudo, há um objetivo mais fundamental e que demanda uma estreita cooperação entre pesquisa e educação: trata-se do resgate educacional de todos os elementos constitutivos da identidade nacional do povo salvadorenho que facilitam a construção de uma sociedade nova, mais humana e justa. Sei que este é um tema polêmico e complexo, mas, como psicólogo social, penso que se trata de um problema crucial para o presente e o futuro da educação em El Salvador, em toda a América Latina e, é claro, em Porto Rico.

A identidade nacional de um povo, assim como a identidade nacional dos indivíduos, não é um simples dado abstrato, mas é, em cada caso, o produto histórico de certas realidades materiais e sociais, de certas formas de vida, de certas formas específicas de relações entre as pessoas e os grupos que habitam um determinado país, que os coloca frente a outros povos e os diferencia na medida em que a identidade nacional é uma construção que resulta de processos educativos. Resgatar o mais valioso da história de nossos povos e projetá-lo educativamente com o fim de construir uma nova história, me parece a forma de oferecer ao sistema escolar esse sentido que se perdeu em nossos países. Acima de tudo, parece ser a forma de se contribuir para que nossos povos insurjam em nossa história com voz própria e para que sua palavra não seja silenciada ou ignorada, mas escutada e respeitada pelos outros povos.

Referências

BEIRNE, C.J. (1985). Jesuit education for justice: The Colegio in El Salvador, 1968-1984. *Harvard Educational Review*, 55, p. 1-19.

BRASLAVSKY, C. (1987). Un desafío fundamental de la educación latinoamericana durante los próximos 25 años: construir su sentido. *La Educación* – Revista Interamericana de Desarrollo Educativo, 101, p. 67-82.

EL SALVADOR (1970). *Plan quinquenal de educación (julio 1967-junio 1972):* documentos de la reforma educativa. São Salvador: Ministerio de Educación.

ESCAMILLA, M.L. (1975). *La reforma educativa salvadoreña.* São Salvador: Ministerio de Educación.

FALS-BORDA, O. (1986). *Conocimiento y poder popular:* lecciones con campesionos de Nicaragua, México, Colombia. Bogotá: Siglo XXI.

FREIRE, P. (1971). *La educación como práctica de la libertad.* Montevideo: Tierra Nueva.

_____ (1970). *Pedagogía del oprimido.* Montevideo: Tierra Nueva [Trad. J. Mellado].

PERU (1970). *Reforma de la educación peruana:* informe general. Lima: Ministerio de Educación.

RAMA, G.W. (1987). Educación y sociedad en América Latina. *La Educación* – Revista Interamericana de Desarrollo Educativo, 101, p. 45-66.

Parte II
ESTUDOS DE PSICOLOGIA SOCIAL

6
ENTRE O INDIVÍDUO E A SOCIEDADE[20]

1) O que estuda a Psicologia Social?

Considerando a quantidade de edições lançadas no mercado nos últimos anos, pode-se afirmar que as obras de Psicologia possuem grande popularidade e aceitação. No entanto, é de se duvidar que tal processo de difusão tenha produzido melhor conhecimento das pessoas sobre si e os outros. Certamente, o que se produziu foi o enriquecimento de um vocabulário aparentemente esclarecedor no cotidiano e a consagração das tendências mais individualistas sobre as pessoas como ideal de vida humana. Assim, o indivíduo que ontem era qualificado como idealista passou a ser rotulado de "paranoide", o ato de exigir responsabilidades passou a ser qualificado como "projeção" e aspirações nada solidárias e egoístas de quem não quer renunciar aos seus privilégios se ampararam sob o colorido guarda-chuva das "necessidades de autorrealização".

Com exceção da chamada "dinâmica de grupos", os estudos de Psicologia Social tiveram uma difusão menor do que análises sobre personalidade individual, sexualidade ou problemas patológicos. No entanto, no último período, houve o crescimento da edição de obras dedicadas, inteiramente ou parcialmente, à Psicologia Social. Este crescimento atende mais as necessidades competitivas das editoras do que as necessidades objetivas dos leitores, já que os livros repetem os mesmos pressupostos com uma notá-

---

20. Tradução do primeiro capítulo do livro *Acción y Ideología*, publicado pela UCA Editores em 1983 e reeditado com pequenas alterações em 1985. Versões preliminares das ideias expressas neste capítulo aparecem, pela primeira vez, em 1975, nos escritos preparados para as aulas de Psicologia Social na UCA [N.T.].

vel monotonia e o desenho editorial tenta suprir a falta de originalidade do pensamento.

Esse defeito fica ainda mais claro quando os livros são analisados a partir da perspectiva latino-americana. O contraste entre a realidade vivida e a realidade dos livros é, no mínimo, chocante. Naquilo que é fundamental, o mundo descrito pelos psicólogos sociais parece ser outro mundo, outra sociedade. De fato assim é: o mundo apresentado pela maioria dos psicólogos sociais é o mundo dos Estados Unidos, especialmente o mundo do estudante universitário norte-americano, com os seus problemas de identidade sexual ou com sua capacidade de entrar em pequenos grupos que realizam tarefas sem sentido.

O leitor latino-americano não deixa de sentir que os aspectos mais básicos de sua existência, de sua própria história não são nem mesmo tangencialmente considerados e, muito menos, estudados em profundidade. Mesmo quando alguns dos seus problemas são analisados, o leitor sente que eles sofrem um esvaziamento semelhante ao esvaziamento da sexualidade que aparece em algumas representações artísticas de personagens religiosos. São problemas que se converteram em abstrações, que tiveram suas dolorosas arestas retiradas e os seus contextos de significação eliminados.

O grave nesse contraste entre a realidade histórica vivida em nossos países e a realidade apresentada nos textos de Psicologia Social é que parece existir mais coerência no mundo fantasmagórico dos livros do que no mundo dilacerado da vida cotidiana. Trata-se de uma lógica implícita, mas que interpela. Uma lógica alienadora porque produz a impressão de completar nosso universo de sentido. Após a leitura, o leitor pode, até mesmo, experimentar uma confiança ingênua no conhecimento adquirido. Todavia, os esquemas propostos, na maioria das vezes, resultam na aplicação de prismas assépticos que impõem camisas de força e barbarismos presunçosos frente aos acontecimentos, as pessoas e os processos da realidade social. O mundo desses textos de Psicologia Social é um mundo percebido, isto é, um mundo em que a realidade cotidiana parece depender mais dos esquemas perceptivos individuais do que dos processos objetivos de produção e reprodução social. As pessoas se guiam por pequenos indicadores estimulantes que observam no ambiente ou nas outras pessoas e não pelas necessidades fundamentais de se conseguir emprego, comida e um teto em uma sociedade opressiva e inóspita. Os grupos parecem elaborar suas normas de convivência com o fim de cada um encontrar sua função social em um universo harmonioso e não em um universo marcado pelos confrontos de uma estrutura social discriminadora que impõe pressões e aplica repressões a partir das exigências insaciáveis de quem controla o poder.

Isso é a Psicologia Social? Certamente, é *uma* Psicologia Social Adequada para o consumo massivo de estudantes universitários ou empresários capitalistas "dinâmicos". Infelizmente, para muito esta é *a* Psicologia Social. Em nossa opinião, ela não é a única e nem a melhor – pelo menos, não para nós – e, de modo algum, o quefazer do psicólogo social precisa assumir seus fundamentos.

O problema central da Psicologia Social em voga não reside tanto nos seus resultados ou em suas proposições específicas, mas sim no enfoque global sobre o seu objeto de estudo. Dito de outra maneira, o problema reside mais em seus pressupostos, na maioria das vezes implícitos, do que em seus resultados finais, cuja avaliação objetiva só pode ser efetivada a partir de uma perspectiva histórica e não da aplicação dos esquemas que os produzem. Examinemos esta afirmação de uma forma concreta.

A maior parte dos autores de textos de Psicologia Social apenas dedicam um ou dois parágrafos à definição de Psicologia Social e preferem descrever seu objeto enumerando os temas que foram estudados e que serão examinados em sua obra (cf., p. ex., a interessante discussão de BROWN, 1972). Esta postura lembra a resposta de Binet à pergunta sobre o que era a inteligência. Ainda que o criador do primeiro teste contemporâneo tenha apresentado definições mais eruditas (cf. BINET, 1903), conta-se que preferia definir a inteligência como "aquilo que é mensurado pelo meu teste". O problema dessas definições é que elas tomam o conhecido como realidade e confundem ideologicamente o factual com o possível. É bem sabido que o conhecimento é parcial, relativo e limitado e que a perspectiva de quem conhece determina o que pode ser apreendido. Não passa pela cabeça de qualquer astrônomo sensato afirmar que o universo espacial termina nos astros e nos planetas que foram detectados por seus telescópios e ninguém afirma que os astros e planetas não são mais do que a imagem que foi produzida por seus instrumentos de observação. A identificação da inteligência com o que é medido pelos testes de inteligência resultou na crise atual do conceito de "quociente de inteligência" e nos questionamentos sobre a validade de todas medidas correlatas (MARTÍN-BARÓ, 1977; LIUNGMAN, 1972; SALVAT, 1972).

Reduzir a Psicologia Social ao que os psicólogos sociais estudaram e ao como estão estudando significa aceitar que uma ciência é definida por aqueles que contam com poder econômico e social para determinar os problemas que devem ser estudados e as formas pelas quais os problemas devem ser resolvidos. Sabe-se que os problemas atuais tratados nos textos de Psicologia Social são, fundamentalmente, os problemas que os centros de poder da sociedade norte-americana definiram para os seus acadêmicos. Da mesma forma, as respostas que os psicólogos sociais norte-americanos deram para os problemas estavam mais voltadas à garantia de espaço para a Psicologia Social no interior do mundo científico dos Estados Unidos (DANZIGER, 1979). Obviamente, essas respostas são adequadas para o contexto do sistema social e da estrutura produtora de conhecimento vigentes nos Estados Unidos. No entanto, o alcance e o sentido das perguntas estão determinados pelos interesses da classe que tem o poder para apresentá-las. Assim, o problema não deve ser buscado na lógica interna das respostas dadas pela Psicologia Social, mas no sentido das perguntas; não se deve olhar tanto para a validade da solução elaborada no interior de um esquema, mas sim se o esquema é historicamente aceitável.

O caso da "dinâmica de grupos" é paradigmático (cf. DELEULE, 1972). O próprio nome conduz ao engano. Grupo nessa abordagem significa pequeno grupo (microgrupo) e não grupos mais amplos ou classes sociais. Pior ainda, a maior parte do conhecimento existente sobre os grupos não foi produzida pelo estudo de pequenos grupos importantes e estáveis, como a família, mas pelo estudo de agrupamentos circunstanciais, como reuniões de estudantes ou de homens de negócios que realizam tarefas insignificantes voltadas ao alívio de tensões internas. Além disso, por "dinâmica" entende-se forças e processos produzidos no interior do grupo, na interação dos membros, como se o pequeno grupo fosse uma entidade fechada e independente do mundo.

O problema não é que muitos dos processos descritos e analisados pelos pesquisadores da "dinâmica de grupos" careçam de validade ou que os métodos propostos para o trabalho com pequenos grupos não produzam resultados. Como afirmamos, os resultados têm ou podem ter sentido quando se compreende a lógica de seus pressupostos implícitos. O problema está no enfoque global que almeja reduzir a essência do grupo humano à realidade factual de certos grupos analisados a partir da perspectiva de quem busca fazer com que o grupo aceite metas convenientes para aqueles que possuem poder social (LEWIN, 1943, 1951) ou, ainda, aliviar tensões e conflitos existentes nos grupos que estão enraizados na macroestrutura social (cf. MORENO, 1962). Lembro que, em certa ocasião, assisti uma reunião em que seriam expostos importantes conflitos de uma instituição acadêmica. Ao saber dos exercícios de "dinâmica de grupos", um dos participantes comentou publicamente seu receio: "A experiência me diz que esses exercícios nos amansam e que, quando vamos discutir os problemas, ficaremos mais preocupados em não ferir ou ofender os outros membros do grupo do que com a resolução dos problemas reais da instituição".

É difícil afirmar que neste trabalho conseguiremos superar os limites e os condicionamentos que as pautas e as elaborações dos centros de poder acadêmico e científico impõem à Psicologia Social. Mas, certamente, nosso ponto de partida será a realidade cotidiana, tal como ela é vivida pela maioria da população centro--americana e, especialmente, salvadorenha. Não pretendemos ser imparciais na escolha ou na abordagem dos temas, adotando uma suposta assepsia de quem seleciona por inércia sem examinar os critérios que, consciente ou inconscientemente, estão determinando a escolha. Escolhemos situações, processos e fenômenos que parecem refletir melhor os conflitos básicos que o povo centro-americano enfrenta hoje.

Ora, muitas são as ciências que afirmam estudar a realidade social. Qual é a perspectiva específica da Psicologia Social? Existe algum aspecto dessa realidade social que é um objeto específico de estudo para a Psicologia Social? Ou a Psicologia Social estuda os mesmos fenômenos que outras ciências, mas adotando uma perspectiva específica? Examinaremos esta questão a partir de três exemplos concretos.

Sabe-se que a tortura de inimigos capturados é uma triste realidade, quase tão antiga quanto a humanidade. Todavia, no último período, a tortura sistemática de inimigos políticos alcançou, em nossos países, cotas de crueldade repugnante e um caráter institucional que contradiz abertamente a suposta "vocação democrática" defendida pelos governantes da vez. Existem provas contundentes de que a tortura é prática normal dos corpos de segurança em El Salvador. A declaração, sob judice, do réu político Reynaldo Cruz Menjívar (1978), quem conseguiu escapar do cárcere, é um testemunho aterrador sobre os níveis de selvageria e desumanidade alcançados (cf. quadro 1; CARPIO, 1979).

Quadro 1 Tortura

Quando ingressamos no mencionado corpo de segurança arrancaram, imediatamente e aos solavancos, toda a minha roupa me deixando nu. Em seguida, sempre vendado e algemado, fui submetido a um interrogatório [...]. Os interrogatórios duravam entre duas horas e meia até cinco ou seis horas seguidas e eu sentia o calor proveniente, possivelmente, de potentes lâmpadas e os tremores provocados pelos choques elétricos que recebia [...]. Quando viam que eu desfalecia, quase sem alento e desmaiado, ensanguentado e entorpecido pelos golpes e maus-tratos, me levavam como se fosse uma mala para a cela que foi atribuída a mim [...]. Nela, baratas, mosquitos, pernilongos, moscas, ratos e muitos outros insetos pululavam entre os excrementos e a urina, já que a cela não tinha qualquer orifício no solo para escorrer a sujeira [...]. Quando chegavam para me levar para outro interrogatório e eu não conseguia me mover por debilidade provocada pela fome e pela sede, assim como pelas lesões, me arrastavam pelos pés ou me despertavam com socos. No oitavo dia trouxeram uma lata suja com restos de tinta que continha um pouco de água e na qual estavam algumas baratas, mas a sede que me devorava era tão grande que peguei, como pude, com minhas mãos inchadas, essa lata e bebi avidamente o seu conteúdo, inclusive a barata, cuja existência eu descobri quando ela estava em minha boca. Este fato provocou o vômito imediato, expulsando, novamente, a água suja que acabava de ingerir e me deixando pior do que antes. Assim foi a rotina durante os primeiros vinte e seis dias (CRUZ MENJÍVAR, 1978).

Certamente, a tortura não foi um dos temas que preocupou as ciências sociais. Estas, no melhor dos casos, abordaram o tema tangencialmente. Essa falta de atenção se torna ainda mais problemática, quando se lembra que a Psicologia preferiu como métodos de pesquisa a punição por meio de pequenas descargas elétricas ou o isolamento sensorial – claras formas de tortura, ainda que em menor escala.

A Sociologia estuda a tortura desde a perspectiva do controle social, isto é, como característica necessária em qualquer sistema político. Que sistemas políticos e em que circunstâncias é necessário recorrer à tortura? A Sociologia também estuda a tortura e as formas gerais de repressão social como dimensões da luta de classes em uma sociedade concreta ou como expressões das contradições internas que surgem em uma determinada organização social. Por outro lado, a Psicologia estuda a personalidade de quem executa os atos de tortura, as formas psicológicas de tortura ou as reações psicossomáticas do torturado. Finalmente, a Psicologia Social estuda a tortura como uma forma de relação humana (por mais irônico que seja utilizar esta expressão para se referir à tortura) e, portanto, como um processo que não pode ser explicado simplesmente a partir da realidade dos indivíduos que estão participando dele. Como pode uma pessoa se converter mentalmente em um torturador? Qual é o significado social do processo de tortura? Como as pessoas reagem à tortura? Que efeitos transitórios e permanentes o perigo real da tortura produz sobre os grupos sociais?

A tortura é, infelizmente, um acontecimento cotidiano, mas afeta reduzidas parcelas da população. Já a habitação é um dos problemas fundamentais na vida de qualquer população. Segundo cálculos confiáveis, 50% da população salvadorenha carece de habitação adequada, isto é, de casas que ofereçam o mínimo de espaço, segurança, serviços e higiene. Uma das formas mais típicas de habitação popular em El Salvador é o chamado *mesón*[21]. O *mesón* cria um tipo de sistema social que constrange a vida dos inquilinos e que induz formas específicas de comportamento. A vida no *mesón* representa um dos capí-

---

21. Habitação popular semelhante ao cortiço brasileiro [N.T.].

tulos mais importantes ou, pelo menos, mais comuns da vida social salvadorenha (cf. quadro 2).

> **Quadro 2 A vida no *mesón***
>
> Angela se encarrega de atender as necessidades familiares. Às seis da manhã acorda e vai ao mercado comprar o café da manhã. Quando Carlos (seu marido) parte, lava o pátio e serve o café da manhã do filho. Em seguida, toma o café da manhã, arruma o aposento e fica lendo o jornal ou passando o tempo. Às onze horas, vai, novamente, ao mercado para comprar coisas para o almoço. Em seguida, descansa no aposento, cochila ou lê o jornal. Às três sai com o filho para caminhar no pátio. Algumas vezes, tomam um picolé onde a dona Lupita vê televisão e algumas vezes ficam no aposento dela. "Antes eu ia até o parque com o menino, mas, depois que soube dos rumores de Ana María sobre a esposa de José Luis ter saído uma manhã inteira para ficar com outro homem, já não gosto mais de sair. Saio apenas aos domingos com o Carlos." Angela é valorizada por seus vizinhos, ainda que ela evite conversar com outras mulheres para não ser chamada de "fofoqueira" (HERRERA MORÁN & MARTÍN-BARÓ, 1978).

A Sociologia estuda a vida no *mesón* abordando o problema da habitação, sua oferta e sua demanda, assim como movimentos migratórios, econômicos e trabalhistas vinculados a ela. Também estuda as formas de organização familiar e comunitária produzidas nessas circunstâncias, as classes sociais envolvidas, o surgimento de economias marginais e os processos de delinquência e anomia que aparecem no *mesón*.

A Psicologia Social, por sua vez, também analisa muitos aspectos estudados pela Sociologia, mas foca especificamente a vida do *mesón* como sistema de interação humana, com mecanismos e processos peculiares de comunicação, em que as necessidades de uns e outros criam normas explícitas ou implícitas de convivência e onde as forças dos membros dão sentido aos conflitos e à estruturação das relações e dos comportamentos.

Nos momentos de intensificação dos conflitos sociais, os processos grupais adquirem especial importância. As manifestações de rua (cf. quadro 3), as greves trabalhistas e políticas, as ocupações de edifícios e outras ações semelhantes alteram a evolução normal do cotidiano estabelecido. Os grupos (e as pessoas) precisam tomar decisões em situações que não possuem normas claras e, algumas vezes, não oferecem critérios orientadores. Em um dos múltiplos conflitos trabalhistas que ocorreram em São Salvador em 1979, os trabalhadores de uma fábrica nacional ocuparam as instalações e ficaram com um bom número de reféns, sobretudo supervisores. Os proprietários e administradores da fábrica, em reunião, analisaram as demandas dos grevistas – uma pauta razoável e que facilmente poderia ser atendida pela fábrica. Enquanto o gerente da fábrica defendia atender as demandas dos grevistas e ocupantes, o principal acionista adotou a dura postura de não negociar enquanto os reféns não fossem liberados. Os dias passaram sem que o grupo de proprietários flexibilizasse sua postura. Após um mês de ocupação e minutos antes de as forças de segurança tomarem violentamente a fábrica, os operários a abandonaram e – não se sabe se por casualidade ou se intencionalmente – as instalações foram incendiadas, deixando a fábrica totalmente destruída.

Quadro 3 Uma manifestação popular

> Contra a vontade da extrema-direita e do setor pró-oligarquia das Forças Armadas, apesar da supressão do transporte público, apesar das barreiras nas cidades do interior do país, apesar de ameaças e rumores e apesar da agressão aberta contra comunidades rurais para impedir sua participação: é possível escutar as vozes dos organizadores e ver a manifestação dar os primeiros passos... o desfile começou! Para o leste, sobre a rua Rubén Darío, milhares de simpatizantes e observadores se amontoam para ver passar e cumprimentar as organizações. O espetáculo é épico. Uma verdadeira manifestação popular, com cores, palavras de ordem e canções. Povo que luta, triunfa! Povo que luta, triunfa! O povo unido, jamais será vencido! O povo unido, jamais será vencido! O primeiro a avançar é o partido UDN, que, mobilizando, entre bandeiras vermelhas e amarelas, mais de 25.000 pessoas, carrega faixas aludindo à Unidade, exigências pelo fim da repressão e pela liberdade dos presos políticos. Enormes cartazes avançam fazendo chamados de solidariedade. Entre os grupos que desfilam sob as bandeiras do partido UDN, estão o Partido Comunista Salvadorenho, a Juventude Comunista, a Associação de Estudantes Salvadorenhos, a Frente de Ação Universitária e uma delegação da Confederação Unitária de Trabalhadores Salvadorenhos. Povo: uni-vos! Povo: uni-vos! Povo: uni-vos! (ANDRÉS ESCOBAR, 1980).

As greves e a sua resolução são acontecimentos de grande importância para as ciências sociais, ainda que, lamentavelmente, a corrente dominante entre os cientistas sociais tenha evitado estudar profundamente as formas concretas de conflito social. A Sociologia se interessa em compreender como a greve expressa as áreas problemáticas no funcionamento de uma estrutura social e como ela revela os dinamismos que alteram uma ordem social concreta. Já a Psicologia Social se interessa pela interação de pessoas e grupos produzida durante o processo conflitivo. Como são tomadas decisões em situações que não oferecem claras prescrições? Como e por que os trabalhadores tomaram a decisão de entrar em greve ou de radicalizar sua decisão ocupando a fábrica? Como e por que a direção da fábrica decidiu adotar uma postura intransigente e, apesar dos óbvios perigos, a sustentou até o final? Como as distintas personalidades e os distintos fatores atuaram nos processos decisórios que resultaram em consequências tão desastrosas? Houve algum tipo de liderança nas decisões dos trabalhadores e dos proprietários? O que determinou essa liderança e como ela foi exercida?

Uma análise dos três casos apresentados – a tortura de um prisioneiro, a vida diária em um *mesón* urbano e o desenvolvimento de uma greve – e do tipo de perguntas formuladas pela Psicologia Social permite chegar a uma delimitação provisória sobre o objeto da Psicologia Social.

Em primeiro lugar, é claro que a Psicologia Social não é o mesmo que Psicologia de grupos (pequenos ou grandes). A Psicologia Social certamente analisa processos grupais como, por exemplo, a tomada de decisões em uma greve. Mas a Psicologia Social também estuda a ação de pessoas individuais, como o ato de torturar ou a jornada de uma mulher em um *mesón*. Social não é o mesmo que grupal, ainda que todo grupo humano tenha natureza social. O social é uma categoria mais ampla que também se aplica aos indivíduos humanos (pessoas sociais). Nos exemplos, a característica comum, ou seja, o que é específico das análises da Psicologia Social é a atenção à ação de indivíduos ou grupos e como ela relaciona-se com ou é influenciada por outros indivíduos ou grupos. A ação não é algo que pode ser explicado adequadamente a partir do próprio sujeito, mas é algo que se refere, explícita ou implicitamente, em sua forma ou seu conteúdo, em sua raiz ou em sua intenção, ao outro e aos outros. Assim, se a ação é social, então ela deve ser analisada pela Psicologia Social.

As pessoas não somos seres lançados no vazio, mas fazemos parte de uma história, nos movemos em uma situação e em uma circunstância, agimos nas redes de múltiplas vinculações sociais. A Psicologia Social busca desvelar a constituição da atividade humana tal como ela é forjada em uma história, em uma situação e relacionada com o ser e fazer das pessoas. Assim, sua pergunta central buscaria analisar em que medida uma determinada ação foi configurada pela influência de outros sujeitos, de que maneira o seu sentido integral resulta de sua relação essencial com o ser e fazer dos outros. Aqui temos uma primeira aproximação ao objeto de estudo da Psicologia Social: a ação humana, individual ou grupal, e sua relação com os outros.

A maioria dos autores utiliza variações desse tipo de definição. Em uma síntese histórica sobre a Psicologia Social, Gordon W. Allport (1968, p. 3) afirma que "com raras exceções, os psicólogos sociais consideram que sua disciplina busca compreender e explicar como pensamentos, afetos e comportamentos dos indivíduos são influenciados pela presença real, imaginária ou implícita de outros seres humanos". Em nosso meio, a Psicologia Social foi definida por Jesús Arroyo (1971, p. 16) como:

> o ramo da Psicologia que estuda o comportamento em sua relação com os outros: se o comportamento é estimulado/reage frente ao outro, se o comportamento produz consciência social de acordo com as múltiplas situações metaindividuais, se o comportamento requer associações motivadas por necessidades individuais ou grupais.

Essa primeira aproximação ao objeto da Psicologia Social concebe o comportamento como relação, isto é, nos conduz à influência interpessoal. A partir daí, torna-se importante perguntar qual é a essência última da influência interpessoal, não em um sentido metafísico, mas em um sentido empírico. Em outras palavras, o que é a influência interpessoal quando ela é reduzida aos seus elementos mínimos?

Esta pergunta foi uma das primeiras que receberam uma formulação experimental. Em 1897, Triplett buscou averiguar se a presença de observadores influenciava competições ciclísticas e certos exercícios. De alguma maneira, todos já passamos pela experiência de sermos estimulados a correr mais ou ter um desempenho melhor quando sabemos que alguém está nos observando.

Também já passamos pela experiência de sentir certa vergonha ou limitação quando tivemos que falar para um público numeroso ou executar uma tarefa difícil na presença de "olhares" (ou, pior ainda, na presença de um supervisor). Como os outros influenciam nosso comportamento? A presença de espectadores ou companheiros é um estímulo positivo ou um obstáculo para a atividade humana? Em outras palavras, realizar uma ação isoladamente e realizar uma ação com outras pessoas presentes produz resultados diferentes? A execução da ação melhora, piora ou continua da mesma maneira?

Muitos autores pesquisaram essas perguntas experimentalmente. Em 1924, Floyd Allport publicou os resultados de experimentos que comparavam a realização de tarefas em isolamento ou em companhia de outros. As tarefas analisadas eram relativamente simples: associar palavras, realizar operações aritméticas ou distinguir pesos e odores. Allport (1924) concluiu que, em geral, a presença de outras pessoas influenciava positivamente a execução de tarefas, com exceção de atividades voltadas à solução de problemas. Por isso, Allport (1924) destacou que a presença de outros era um estímulo "facilitador" do comportamento e chamou esta influência de "facilitação social". Os resultados estavam de acordo com o modelo behaviorista proposto por Watson (1925/1972). Segundo este modelo, pode-se explicar todo comportamento como um encadeamento de estímulos e respostas sem ser necessário abordar o interior inacessível das pessoas. Segundo Allport (1924) a presença de outros era um estímulo facilitador na execução das respostas das pessoas. A qualificação "social" aparecia porque o "estímulo facilitador" era formado por outras pessoas. Atualmente, psicólogos sociais de orientação behaviorista afirmam que a Psicologia Social deve estudar "as reações de um indivíduo aos estímulos socialmente relevantes" (BERKOWITZ, 1975, p. 8). Nesse sentido, a influência interpessoal não passa de uma mera influência externa, de natureza quase mecânica.

Em 1928, L.E. Travis repetiu alguns dos experimentos de Allport (1924), mas com sujeitos gagos. Os resultados obtidos diferiram daqueles encontrados por Allport: o rendimento das pessoas era melhor quando elas estavam isoladas. Assim, uma das características mais interessantes nos experimentos sobre "facilitação social" é a aparente inconsistência dos resultados. A execução de certas respostas motoras ou associações parece melhorar com a presença de outras pessoas, enquanto a aprendizagem de sílabas sem sentido ou de certas tarefas de memorização piora quando há espectadores.

Em 1965, buscando um princípio explicativo para as diferenças nos resultados, Zajonc (1971, p. 80) afirmou que "a presença de espectadores facilita a emissão de respostas já aprendidas e dificulta o aprendizado de novas respostas", ou seja, "a presença de espectadores facilita a execução e dificulta o aprendizado". Segundo o autor, este efeito pode ser explicado da seguinte maneira: a presença de outras pessoas é um estímulo que excita ou ativa o sujeito; este, frente ao estímulo, incrementa, na situação em que está, a emissão da resposta dominante. Portanto, se a resposta dominante do sujeito é a resposta correta (como ocorre em tarefas já aprendidas), a execução melhora; mas se a resposta dominante é errônea (como ocorre quando ainda não se aprendeu a executar um exercício ou a desempenhar uma tarefa), a excitação incrementa a emissão de respostas erradas.

A solução de Zajonc ao problema da facilitação social se fundamenta no modelo de aprendizagem de Hull (1943). Segundo esse autor, o potencial de reação em um momento determinado depende da interação entre força do hábito e pulsão: $E = f(D \times H)$*. Segundo Zajonc (1971), a presença de outras pessoas é uma fonte de incremento pulsional para o indivíduo. Mas, como tal, é uma energização ou ativação genérica que, por si só, não determina a direção específica do comportamento. Em cada caso, o que é ativado é a resposta dominante, isto é, o que é "facilitado" socialmente é a resposta dominante.

Apesar da aparente elegância desta conclusão, o problema sobre o efeito da presença de outros sobre o comportamento de um indivíduo está longe de uma resolução definitiva. Três anos depois da apresentação da solução de Zajonc ao problema, Nickolas B.

---

* E significa potencial de reação (energia); D significa pulsão (*drive*); e H significa hábito.

Cottrell (1968, 1972) destacou que a mera presença física não parece ser suficiente para explicar o fenômeno da facilitação. Segundo o autor, o incremento pulsional é mediado pela consciência do sujeito que sente ansiedade com a possibilidade dos presentes avaliarem seu comportamento. O indivíduo experimenta, usando o termo de Cottrell, um "temor da avaliação", porque a presença de outros faz com que ele antecipe as eventuais consequências negativas que seu comportamento pode provocar. Nesse sentido, a presença de outros é um sinal que desencadeia o temor da avaliação.

Seguindo a mesma linha de raciocínio, Henchy e Glass (1968) opinaram que o incremento pulsional é mediado pelo medo do julgamento dos indivíduos. Assim, se a audiência não é tomada como pessoas que avaliam o comportamento, a resposta dominante pode não ser significativamente "facilitada". Já Weiss e Miller (1971) ampliaram esse ponto de vista afirmando que o temor à avaliação só existe quando o sujeito espera ou antecipa resultados negativos produzidos pela presença de outros.

Esses autores confirmam o que há de fundamental na solução de Zajonc (1971) e sustentam os pressupostos do modelo de Hull (1943). Todavia, levam o problema para um nível mais complexo e, com certeza, mais realista ou mais humano. O que é questionado é o fato de a presença dos outros provocar mecanicamente ou automaticamente um efeito sobre o comportamento do indivíduo. De fato, dois aspectos parecem mediar o efeito provocado pela presença de outros: a consciência dessa presença e o seu significado específico. Por um lado, é evidente que a presença de outros só pode afetar o sujeito quando ele tem consciência da presença, caso contrário seríamos obrigados a considerar a existência de influências parapsicológicas. O próprio Zajonc (1972) indicou que o indivíduo só se sente afetado pela presença de outros quando sai de um ambiente relativamente sereno e precisa prestar atenção no fato de que há uma audiência ou pessoas presentes. Dito de outra maneira, a influência da presença dos outros depende do filtro do próprio indivíduo que processa essa presença. Por outro lado, a consciência sempre é uma consciência de algo; os outros presentes têm um significado para o sujeito, quem considera a presença positiva ou negativa e antecipa as consequências boas ou más que a presença pode produzir. Assim, a presença de outras pessoas pode aumentar o nervosismo ou a tranquilidade do indivíduo, pode ser estimulante ou não, pode agradar ou não.

Recentemente, Zajonc (1980) retomou o tema e definiu mais precisamente sua posição. O autor reconhece que falar da "mera presença" de outras pessoas é uma abstração que não existe na realidade. Na vida, toda presença tem algum sentido, por menor que seja, e esse sentido é a principal fonte de estimulação social. No entanto, Zajonc (1980) argumenta que há efeitos produzidos pela presença dos outros que podem não ser atribuídos ao sentido da presença, mas à "mera presença" (abstratamente concebida, no sentido de variável experimental independente) e que esses efeitos se manifestam pelo incremento pulsional não diretivo do indivíduo. Recentes revisões sobre o tema (GEEN, 1980; GEEN & GANGE, 1977) tendem a sustentar a visão de Zajonc.

Contudo, a postura de Zajonc (1980) continua insatisfatória, não porque nega como a presença do outro pode ser uma influência ativadora para o sujeito, mas porque toda influência social é necessariamente produzida em um contexto mais amplo. O esquema de Zajonc esvazia o que há de especificamente social no processo de relação ou na influência social. Mesmo no caso da "mera presença", isto é, de uma presença passiva na qual não há nenhum outro tipo de ação interpessoal, a influência produzida é especificamente social porque ocorre por meio do significado que certos sujeitos possuem para outro sujeito. Ao se aceitar a ideia de que a "mera presença" é uma abstração que nunca ocorre na realidade, se reconhece que as pessoas se ativam mutuamente por meio da consciência que umas possuem das outras, isto é, por meio dos significados que as vinculam, indo além do pressuposto de que há uma presença passiva de alguns frente aos outros. Nesse sentido, Borden (1980) propôs, recentemente, uma modificação no esquema de facilitação social: o sujeito interpreta ativamente a situação dos outros presentes e busca alcançar a melhor avaliação possível sobre o seu próprio comportamento. Para Borden (1980) este esforço por conquistar uma avaliação ótima é tanto maior quanto mais o sujeito conceber a sua ação como importante ou socialmente significativa.

Fora do laboratório, na vida real, as coisas são menos "puras", mas, talvez, mais claras. A influência interpessoal não é algo mecânico. A excitação de uma pessoa pela presença de outros não resulta unicamente do fato de que se domina ou não uma ação ou tarefa: o domínio da tarefa pode nem ser a principal variável em jogo. Em um nível mais básico, o que influi a excitação é o tipo de tarefa realizada e o significado da tarefa para as pessoas presentes (o ator e os observadores). A influência da presença de outros varia de acordo com o tipo de atividade que executo: se estou realizando minhas atividades de higiene, se vou torturar outra pessoa, se estou representando uma obra teatral ou se estou resolvendo um complicado problema matemático. Obviamente, todas essas tarefas demandam aprendizagem, mas mais importante é o conteúdo axiológico dessas tarefas, o seu significado social. Além disso, o produto dessas atividades provoca efeitos muito distintos em mim mesmo e na sociedade em que vivo. Toda tarefa, aprendida ou não, sendo "resposta dominante" ou não, tem um significado social que é destacado, positiva ou negativamente, pelo fato de a sociedade se expressar por meio da presença do outro. Um guarda pode ser estimulado pela presença de outros guardas para torturar um prisioneiro (cf. CARPIO, 1979), mas pode se sentir totalmente coibido para realizar a mesma tarefa diante de seus pais ou de seus filhos. O outro não é meramente "uma pessoa presente", mas é um espectador, um crítico, um amigo, um chefe, um professor ou uma esposa.

A influência interpessoal, isto é, tudo aquilo que constitui uma ação como social e que é estudado pela Psicologia Social, não é um processo que se reduz à mera conexão externa entre um estímulo e uma resposta que já estão dados. Ela é um elemento interno da própria ação, que adquire significado transindividual na relação com os outros e por meio desse significado pode ser um impulso estimulante ou impulso inibidor. O problema fundamental sobre a "facilitação social" consiste em analisar o que é facilitado e o que é dificultado em uma sociedade ou em um grupo social em um momento histórico específico para uma pessoa específica. Somente em segundo lugar interessa perguntar como, por meio de que processos e mecanismos concretos, esta influência ocorre.

Há quatro elementos essenciais para existir a influência interpessoal: um sujeito, os outros, uma ação concreta e um sistema ou rede de significados que caracteriza uma sociedade ou um grupo social. Toda ação é realizada nesse sistema de significados, ou seja, trata-se de um elemento interno da ação. Assim, a influência interpessoal, a relação do quefazer de uma pessoa com o de outra pessoa não é algo genérico ou abstrato no comportamento e também não é algo que se sobrepõe à ação já constituída. Pelo contrário: é algo bem concreto e algo constituinte. Concreto, pois a influência interpessoal sempre é esta ou aquela relação com uma pessoa ou um grupo específico nesta ou naquela situação. Constituinte, pois é algo intrínseco ao ato (seu significado) que funciona como a imagem com a qual o sujeito tenta atuar. Uma ação humana não é uma mera concatenação de movimentos, mas é a execução de um sentido: torturar um inimigo, castigar um subversivo, dar uma lição para um comunista imundo, mostrar que sou macho, demonstrar a minha superioridade para uma besta socialista.

A Psicologia Social estuda o comportamento humano tal como ele é significado e valorado e estuda como esta significação e valoração vincula a pessoa a uma sociedade concreta. Trata-se de encontrar as relações concretas entre cada ação e cada sociedade. Em suma, a Psicologia Social é uma ciência intermediária (*ciencia bisagra*) que tem como objetivo demonstrar a conexão entre duas estruturas: a estrutura pessoal (a personalidade humana e o seu quefazer concreto) e a estrutura social (cada sociedade ou grupo social específico). Em outros termos, a Psicologia Social pretende examinar a dupla realidade constituída pela pessoa que é a realização e concretização de uma sociedade e da sociedade que é uma totalidade de pessoas e relações. A Psicologia Social analisa esse momento em que o social se converte em pessoal e o pessoal em social, tenha esse momento um caráter individual ou grupal, seja ele uma ação que corresponde a um indivíduo ou a um grupo.

A partir do exposto, podemos, de forma mais aprofundada, definir a Psicologia Social como o estudo científico da ação como ideológica. Ao falar de ideológico, estamos expressando a ideia de influência ou relação interpessoal, de relação entre o pessoal e o social; mas também estamos afirmando que a ação é uma síntese de objetividade e subjetividade, de conhecimento e valoração que não é necessariamente consciente, ou seja, afirmamos que a ação é marcada por conteúdos que são valorados e historicamente relacionados com uma estrutura social.

Essa definição pode ser surpreendente, já que o termo ideologia é usado das mais diferentes maneiras para expressar realidades muito distintas. Em termos gerais, há duas concepções básicas de ideologia: uma de tipo funcionalista e outra de tipo marxista. A concepção funcionalista entende a ideologia como um conjunto coerente de ideias e valores que orienta e dirige a ação de uma determinada sociedade e, portanto, cumpre uma função normativa sobre a ação dos membros dessa sociedade. A concepção marxista (que tem suas raízes em Maquiavel e Hegel) compreende a ideologia como falsa consciência, como uma imagem que não tem correspondência na realidade e, assim, encobre e justifica o existente a partir dos interesses da classe social dominante.

Essas duas concepções partem de noções diferentes de sociedade e de ser humano. A visão funcionalista supõe que a sociedade é um sistema coerente e unitário, regido por um esquema único de valores e normas e no qual o sujeito atua principalmente como indivíduo. A visão marxista afirma que a sociedade é configurada pelo conflito entre grupos com interesses antagônicos e que o indivíduo é fundamentalmente um representante de sua classe social. A corrente do estruturalismo marxista, especialmente aquela proposta por Louis Althusser (1968), concebe a ideologia como um sistema ou uma estrutura que se impõe e atua por meio dos indivíduos, mas sem que os indivíduos, por sua vez, configurem a ideologia. Trata-se de uma totalidade atuante, mas sem sujeito propriamente dito, pois na ideologia o sujeito atua na medida em que é atuado:

> os homens *vivem* as suas ações, comumente relacionadas pela tradição clássica à liberdade e à "consciência", na ideologia, *através e pela ideologia*; em suma, que a relação "vivida" dos homens com o mundo, inclusive a História (na ação ou inação política), passa pela ideologia, ou melhor, é *ela própria a ideologia* (ALTHUSSER, 1979, p. 206).

O interessante neste enfoque é que a ideologia, concebida dessa maneira, não é algo externo ou complementar à ação (individual ou grupal). A ideologia é um elemento essencial da ação humana, já que a ação se constitui em relação com uma realidade significada e esse significado está dado por interesses sociais determinados. Assim, a ideologia pode ser compreendida a partir da totalidade de interesses sociais que a criam, ao mesmo tempo em que ela dá sentido para a ação pessoal e, consequentemente, para os esquemas cognitivos e valorativos das pessoas. Esses esquemas são pessoais e é o indivíduo que os efetiva, mas a sua explicação não reside no indivíduo, mas na sociedade em que o indivíduo é membro e nos grupos em que o indivíduo se enraíza.

No entanto, o enfoque estruturalista de Althusser elimina na prática o papel do sujeito. Isto parece absurdo, ainda mais em uma perspectiva psicológica. O indivíduo atua na ideologia, mas não se reduz a ela; dito de outra maneira, a pessoa não se reduz à ideologia e pode, até mesmo, superá-la ao tomar consciência. Concebida dessa maneira, a ideologia é o conjunto de pressupostos ou os "pré-supostos" da vida cotidiana de cada grupo social, pressupostos triviais ou essenciais para os interesses do grupo dominante. Na medida em que uma ação é ideológica, ela se relaciona com uma classe social e com certos interesses, ou seja, é influenciada por interesses grupais que dão sentido e significado social para a ação. Obviamente, nem toda ação é igualmente ideológica. Respirar, dormir ou caminhar não possuem o mesmo caráter social que entrar em greve, transmitir um rumor sobre um golpe de estado ou torturar uma pessoa.

Afirmou-se que a ideologia cumpre uma série de funções: oferece uma interpretação da realidade; fornece esquemas práticos de ação; justifica a ordem social existente; legitima essa ordem como válida para todos, isto é, converte em natural o que é histórico; efetiva uma relação de domínio existente; e reproduz o sistema social estabelecido. Mas também é preciso perguntar o que há de psicológico em todas essas funções. Em outras palavras: se a Psicologia Social estuda a ação como ideológica e aquelas são as funções da ideologia, o que há de psicológico nas citadas funções? A resposta é clara, ainda que o seu desdobramento resulte no desenvolvimento de toda a Psicologia Social: na ideologia, as forças sociais se convertem em formas concretas de viver, pensar e sentir das pessoas, isto é, a objetividade social se converte em subjetividade individual e, ao atuar, a pessoa se realiza como sujeito social. Quando se analisa os temários conservadores dos manuais de Psicologia Social que estão em voga, nota-se que eles coincidem parcialmente com as funções da ideologia.

a) Em primeiro lugar, o tema da *percepção* busca explicar as causas e os mecanismos pelos quais se apreende e interpreta a realidade, especialmente as relações interpessoais e os processos sociais. Raramente a Psicologia Social aprofunda essa análise pelo exame dos processos de justificação e legitimação cognitiva da realidade. No entanto, a análise dos mecanismos perceptivos é enriquecida com a análise das causas, que devem ser buscadas no nível social e não no meramente individual, desses mecanismos. Se perceber é, de alguma maneira, configurar a realidade, então a Psicologia Social que estuda a percepção deve estudar a ideologia, isto é, as forças sociais que levam o indivíduo a apreender de uma forma ou de outra a realidade.

b) Seja pelo estudo das *atitudes*, seja pelo estudo dos *papéis*, a Psicologia Social tenta compreender, explicar e predizer os esquemas de ação dos indivíduos e grupos sociais, os mecanismos pelos quais se formam os padrões de comportamento, assim como os motivos e os objetivos que estão em sua base. A análise ideológica busca o mesmo, isto é, busca descobrir os esquemas de ação que brotam dos interesses grupais com o fim de exercer normativamente o domínio social e reproduzir o sistema estabelecido. É interessante observar que os psicólogos sociais, em sua maioria, se restringem a observar a consistência ou inconsistência dos esquemas atitudinais da ação e não analisam a causa social da consistência ou inconsistência, isto é, poucas vezes saem da análise positivista dos processos para uma análise de seu sentido histórico.

c) A Psicologia Social contemporânea dedica muita atenção aos processos de submissão, obediência e conformismo. De forma análoga, o estudo da ideologia se interessa pelas formas de atuação do domínio social e de reprodução do sistema estabelecido. É significativo que a Psicologia Social tenha adotado prioritariamente a perspectiva do dominador e apenas excepcionalmente tenha contemplado o processo a partir da perspectiva do dominado – isto é, a desobediência, o inconformismo e a mudança social (cf. MOSCOVICI, 1972).

Portanto, até mesmo o temário mais tradicional da Psicologia Social dá, parcialmente, respostas para o enfoque que adota como objeto o exame da ideologia e suas funções, isto é, do que há de ideológico na ação humana. Em grande parte, a dispersão que existe atualmente na Psicologia Social deve-se à carência de um marco conceitual adequado que unifica criticamente os diversos dados e pesquisas disponíveis. A proposta de que a Psicologia Social estude a ação como ideológica, oferece um marco teórico unificador que, além de tudo, exige da Psicologia Social um aprofundamento histórico e conceitual muito maior do que aquilo que usualmente é oferecido.

Essa definição de Psicologia Social também revela o maior problema dos enfoques dominantes: o esquecimento dos conteúdos da ação humana, de seu significado e de sua relação com as fontes que a produzem, ou seja, com as fontes sociais que configuram a ação de forma determinante (BRAUNSTEIN, 1975). Lamentavelmente, muitos estudos de Psicologia Social se contentam em verificar correlações e dependências entre formas de comportamento, sem analisar suficientemente a diferenciação radical produzida pelos conteúdos e pelos produtos da ação. Esta é a razão pela qual optamos por falar de "ação" e não de comportamento. Certamente, uma ação supõe um comportamento, isto é, uma resposta externamente verificável (no sentido behaviorista), mas supõe também a interioridade, um sentido e, acima de tudo, um produto. Toda ação consiste em um fazer, um produzir ou criar algo, e este produto afeta a totalidade social (SÈVE, 1973).

Ao analisar os casos de tortura, as decisões tomadas em um conflito trabalhista ou a prática cotidiana em um *mesón* entendemos a importância de ir para além do esquema estímulo-resposta adotado pelos estudos de facilitação social. As influências sociais não são estímulos assépticos, mas impactos valorativos que mudam de acordo com a atividade e os interesses em jogo. Se a presença real ou imaginária de outros excita ou inibe a ação do sujeito, isto ocorre porque ela provém dos outros e espera-se uma valoração ou uma reação. Portanto, não existe uma influência facilitadora ou inibidora meramente formal e externa, mas uma influência concreta que facilita ou dificulta determinados comportamentos, que potencializa ou impossibilita determinadas atividades, de acordo com as exigências do grupo social em que o indivíduo está inserido. A análise da facilitação social não é adequada ou completa enquanto não identificar a função ideológica, isto é, o determinismo exercido por interesses e valores sociais dominantes sobre as ações de pessoas e grupos reais. Quando se toma consciência da função ideológica, percebe-se a necessidade de situar cada processo ideológico no interior da totalidade dos processos sociais, superando a compreensão simplista de mecanismos parciais que impregna a Psicologia Social atual. Um problema como a facilitação social – especialmente se aplicado em processos concretos como a tortura, a greve ou as fofocas no interior de um *mesón* – ganha significados muito diferentes quando são considerados problemas contextuais mais amplos: desemprego, dissidência política, reprodução social da força de trabalho, organização social e os conflitos e lutas de classe (cf. quadro 4).

Quadro 4 Comparação entre definições de Psicologia Social

Objeto de estudo	Especificidade psicossocial
(1) O comportamento	**Interpessoal ou influência de outros**
• Resposta "vazia".	• Influência extrínseca à ação.
• Sucedido por reforços.	• Os "outros" como seres abstratos genéricos.
	• Supõe certa continuidade na influência e uma linearidade no vínculo (clareza).
(2) A ação	**Ideológico**
• Atividade e sentido.	• Influência é intrínseca à ação.
• Resulta em um produto.	• Refere-se a "outros" historicamente concretos, agrupados em classes por meio do exercício do poder.
	• Supõe a existência de níveis de influência aparentemente contraditórios e cuja relação real é ocultada pela relação aparente.

2) Perspectivas e modelos

Abordagens em Psicologia Social

Precisamente porque a Psicologia Social é uma ciência intermediária, abrangendo o que pertence à sociedade enquanto tal e o que é próprio do indivíduo como pessoa, há o permanente perigo de abandono da tensão interdisciplinar e absorção pela dinâmica de um dos polos. Nesse sentido, sempre existiu e continua existindo uma Psicologia Social, assim como sempre existiu e continua existindo uma Sociologia Psicológica. A decisão sobre qual é o substantivo e qual é o adjetivo no nome adotado não resulta da mera arbitrariedade linguística, mas de uma opção teórica.

A Sociologia Psicológica é, fundamentalmente, Sociologia e sua principal unidade de análise é de natureza coletiva: seja o sistema social, seja a ação social (PARSONS, 1968). Certamente, muitos temas que hoje são básicos para a Sociologia são explícitos estudos de Psicologia Social, ainda que nem sempre tenham sido realizados a partir de uma perspectiva de Sociologia Psicológica. Um exemplo típico é o tema da socialização.

Por sua vez, a Psicologia Social tende a ser Psicologia em um sentido restrito e, consequentemente, toma o indivíduo como unidade de análise central. Isso cria problemas, especialmente quando são estudados processos grupais ou fenômenos coletivos. Além disso, é raro encontrar nos textos de Psicologia temas de Sociologia Psicológica, a não ser quando são abordadas certas variações culturais ou raciais. O fato de adotarmos "Psicologia Social" como título genérico não significa que adotamos uma perspectiva mais psicológica. Usamos o nome simplesmente porque ele é o que se tornou o mais comum nas ciências sociais, independentemente de se adotar uma perspectiva mais sociológica ou psicológica (ROSENBERG & TURNER, 1981).

A vida cotidiana em um *mesón* (HERRERA MORÁN & MARTÍN-BARÓ, 1978) pode ser examinada a partir das duas perspectivas. Provavelmente, a Sociologia Psicológica partiria do pressuposto de que o *mesón* é um sistema social e examinaria o comportamento de seus habitantes como papéis regulados por normas explícitas ou implícitas. A perspectiva da Psicologia Social examinaria o comportamento dos indivíduos a partir de suas necessidades, sua percepção e sua consciência da situação e, portanto, buscaria analisar os aspectos mais importantes da situação do *mesón*, assim como os hábitos pessoais reforçados ou punidos no cotidiano.

Em princípio, as duas perspectivas são igualmente aceitáveis como ponto de partida. É perfeitamente lícito e até enriquecedor poder examinar o mesmo fenômeno a partir de diversos pontos de vista, mesmo que as possibilidades de compreensão variem de acordo com cada perspectiva. O problema surge quando a perspectiva perde seu caráter relativo e se absolutiza. Este é o perigo do reducionismo, psicológico ou sociológico. Os psicólogos sociais tendem a incorrer, mais frequentemente, no reducionismo psicológico (ou psicologismo) do que no sociologismo.

Resumidamente, podemos definir o psicologismo como uma compreensão que reduz e explica os fenômenos e os processos sociais como processos puramente psicológicos. Tal como outros "ismos", o psicologismo se expressa pela utilização de fórmulas como "isto não é nada mais do que..." que servem para transformar uma categoria (nesse caso, uma categoria social) em outra (de ordem psicológica). Um exemplo típico de reducionismo psicologista aprece no trabalho de Peter Homans (1967), autor que afirma que qualquer processo histórico e social pode ser explicado com categorias e princípios enunciados pelo behaviorismo operante de Skinner. O psicologismo é uma importante tendência cultural nos países capitalistas e em suas zonas de influência (LASCH, 1979). Zúñiga (1976) destaca três graves erros psicologistas comuns entre psicólogos sociais que utilizam análises "centradas na pessoa".

a) A transformação do objeto de estudo. A redefinição de um problema ou um processo social em termos psicológicos altera essencialmente o objeto de análise. Uma coisa é falar de mudança social, outra é falar de mudança de atitudes; ideologia é diferente de motivação e alienação é diferente de imagem de eu.

b) A abstração dos problemas sociais analisados em relação aos processos históricos concretos que os produzem. "Uma análise centrada na pessoa produz um sutil, mas significativo efeito de descontextualização e atemporalização que encobre as forças sociais em um momento histórico específico" (ZÚÑIGA, 1976, p. 36).

c) Em terceiro lugar, a análise centrada na pessoa tende a atribuir a causalidade dos fatos aos indivíduos e suas características, o que, ao fundo, é consequência da ideologia política liberal-burguesa. Assim, os problemas sociais convertem-se em problemas de pessoas e os problemas políticos em problemas de caráter ou personalidade. O personalismo se manifesta em todos os níveis, explicando o êxito e o fracasso – este especialmente. Os problemas não são os conflitos estruturais de fundo, mas a "vadiagem" dos camponeses, as tendências paranoicas dos políticos ou a sociopatia dos terroristas. As soluções sociais e políticas recomendadas por este tipo de análise tendem a assumir o sistema social como intocável e a estimular a docilidade do indivíduo frente às suas exigências.

O perigo do sociologismo é precisamente o oposto, isto é, reduzir todos os problemas a variáveis sociais, até a pessoa "não ser nada mais do que" mera expressão de forças estruturais ou sistêmicas. Este perigo se expressa claramente em autores influenciados por Louis Althusser, como é o caso de algumas análises de Verón (1972) sobre os processos de comunicação. Wilhelm Reich (1974) criticava o movimento socialista por não ter analisado suficientemente os fatores pessoais e subjetivos da consciência de classe no período de desenvolvimento do fascismo na Europa.

Sendo congruente com a definição apresentada de Psicologia Social, adota-se aqui uma perspectiva dialética. O termo dialética, muitas vezes, se converteu em expediente utilizado para dar respostas teóricas sem que aqueles que se apresentam como dialéticos se diferenciem concretamente dos psicologistas e, especialmente, dos sociologistas. Outros reduzem a dialética à interação, o que é uma compreensão muito superficial. O método dialético, tal como o compreendemos aqui, assume que o objeto é constituído pela mútua negação entre polos e que isto ocorre em um processo histórico. No caso concreto da Psicologia Social, aplicar o método dialético significa que o estudo dos problemas parte do pressuposto de que pessoa e sociedade não apenas interagem, mas se constituem mutuamente; que a mútua negação resulta na afirmação de cada um dos polos. O indivíduo é pessoa porque existe uma sociedade (não individual) que o torna pessoa; mas a sociedade é sociedade porque existem indivíduos (negação da sociedade) que representam-na e dão realidade a ela. No método dialético não podemos compreender os processos ideológicos das pessoas sem tomar a estruturação social como parte essencial. Nesse sentido, a ação humana é, por natureza, ideológica, já que ela é intrinsecamente configurada por forças sociais que operam em uma determinada história. A ação, cada ação concreta, traduz e configura simultaneamente as duas realidades, sociedade e pessoa, em um fazer que é fazer-se e ser feito (cf. tb. CASTILLA DEL PINO, 1968, 1976).

A Psicologia Social não pode abstrair seu objeto da história, pois é a história social concreta que dá sentido ao que há de ideológico na atividade humana. Isto não é o mesmo que afirmar que a Psicologia Social é ou deve ser simplesmente história (GERGEN, 1973). Claro que, de alguma maneira, o que se apresenta aqui é uma concepção sobre o que deve ser uma ciência e sobre a possibilidade de a Psicologia se tornar científica em um sentido restrito, uma vez que se aceita a necessária referência à história. Se a Psicologia Social analisa a ação como ideológica, não é possível evitar (precisamente para ser ciência) a necessária referência a um contexto concreto e uma situação concreta. Boa parte da Psicologia Social em voga consiste, precisamente, em organizar as "referências" históricas dos distintos comportamentos sociais. No entanto, na maioria das vezes, essas referências são desfiguradas e convertidas em meras "condições" assépticas que produzem ou não um processo, que fazem com que uma forma de comportamento social leve a um resultado ou outro (HOLLAND, 1978).

Utilizando um exemplo concreto, analisaremos as três perspectivas apresentadas aqui. Como o fenômeno da tortura seria analisado nas perspectivas sociologista, psicologista e dialética? Com o perigo de distorcer as contribuições de centenas de autores, tentaremos aplicar ao caso da tortura alguns estudos bem conhecidos.

Em uma visão de corte sociologista, pode ser aplicada ao caso da tortura uma concepção puramente sistêmica: é a estrutura de uma determinada organização penal e a adoção de certos papéis que prefiguram o que possibilita uma pessoa atormentar fisicamente outra pessoa. O estudo de Philip Zimbardo sobre a força condicionante do papel de carcereiro (ZIMBARDO; HANEY; BANKS & JAFFE, 1975) poderia ser generalizado para a condição do torturador. Certamente, o desempenho do papel de carcereiro ou, nesse caso, de torturador pelo sujeito pode depender, em grande medida, das ideias que existem em um determinado grupo sobre o que é ser carcereiro ou torturador (BANUAZIZI & MOVAHEDI, 1975). Além disso, pode-se deduzir dos conhecidos estudos de Milgram (1974) que o papel desempenhado no interior de uma instituição é marcado por uma intensa força limitadora, que pode forçar ações que contrariam os princípios do sujeito. A partir dos trabalhos de Zimbardo e de Milgram pode-se concluir que a estrutura institucional (por meio de mecanismos normativos do papel ou de obediência legitimada) basta para explicar o comportamento de um torturador, sem que sua personalidade, suas convicções ou suas experiências anteriores alterem fundamentalmente o processo de tortura. No entanto, algumas das condições dos experimentos de Milgram (perda da legitimidade institucional, fortes princípios éticos pessoais etc.), assim como a consciência das repercussões em longo prazo de coisas fundamentais (ao invés de uma mera situação de laboratório que se relaciona com aspectos relativamente transitórios ou de reduzida importância pessoal e social) levantam dúvidas sobre a explicação sistêmica da tortura.

Uma explicação de ordem psicologista buscaria as razões do comportamento nas características pessoais do torturador. Em outras palavras, não seria o papel que criaria o sujeito ou seu comportamento, mas o sujeito que, de uma forma ou de outra, terminaria ocupando um papel que se atende suas necessidades profundas e as características de sua personalidade. Esta foi a visão de alguns psicanalistas que explicaram a ação do torturador como comportamento de sujeitos profundamente sádicos e a existência de sistemas sociais que criam "estruturas" para responder as necessidades destrutivas dos indivíduos (BETTELHEIM e cols., 1973). Outro tipo de análise que também é de corte psicologista se limita a destacar o processo formal da tortura (ou de outras formas de violência abusiva), sem ver que o conteúdo da ação está essencialmente vinculado com determinadas forças sociais. Este é, ao menos parcialmente, o caso dos estudos sobre a "vítima inocente", que demonstram a necessidade do torturador de desvalorizar sua vítima e, assim, silenciar possíveis manifestações de sua consciência (cf., p. ex., LERNER & SIMMONS, 1966).

Um enfoque dialético examinaria a tortura como um processo interpessoal no interior de uma determinada estrutura sociopolítica. A análise de Milgram (1974) seria parcialmente aplicável, pois enfatiza mais o papel da pessoa concreta (sua consciência ética e política). Essa análise destacaria, também, as características específicas da situação que desencadeia a tortura. Não se trata de reduzir a situação ao dado imediato (o local em que ocorre a tortura, a proximidade entre torturador e torturado etc.), mas de destacar as características do grupo no poder e sua necessidade de utilizar a tortura como instrumento de controle social. Algumas das análises sobre os procedimentos utilizados em hospitais psiquiátricos podem ser um paralelo de como analisar dialeticamente o fenômeno da tortura (BASAGLIA, 1972; BERLINGUER, 1972).

Uma visão histórica da Psicologia Social

Se, em um sentido mais amplo, a Psicologia Social é compreendida como o estudo das relações entre indivíduo e sociedade, então há uma longa tradição filosófica. O fato de as primeiras análises terem sido elaboradas especulativamente e não empiricamente não retira o valor das perguntas que produziram a reflexão e as conclusões dos filósofos e nem das observações que realizaram para apoiar suas especulações. Não deixa de ser tristemente surpreendente que, após terem desprezado uma longa e rica tradição de filosofia psicológica, alguns psicólogos (sociais e gerais) tenham chegado a conclusões que foram muito melhor elaboradas em tempos passados pela filosofia (CHÂTEAU; GRATIOT-ALPHANDÉRY; DORON & CAZAYUS, 1979). Quando há uma confluência em que o enriquecimento empírico complementa a conclusão especulativa, então a ignorância fica, de alguma maneira, justificada. No entanto, normalmente este não é o caso e a recusa da "metafísica" teórica é sucedida por pobres receitas de filosofia caseira ocultadas pela aparência de sofisticados produtos de laboratório.

Ainda que este não seja o lugar para resgatar explicitamente a tradição filosófica da Psicologia Social (LANA, 1969), é necessário mencionar alguns autores que apresentaram elaborações que continuam, de alguma forma, vigentes na reflexão contemporânea sobre a ação social dos seres humanos. Uma das mais ricas tradições de pensamento sobre as relações entre homens e sociedade começa com os clássicos gregos. Sócrates, por exemplo, insistiu na importância de analisar a ação das pessoas em relação com as circunstâncias concretas. Um indivíduo separado de seu meio é uma abstração, é algo irreal. Mais ainda: "O que uma pessoa é pode explicar apenas parcialmente o que essa pessoa faz. Ninguém pode resistir às forças do seu meio ambiente. Ou o homem conquista o mundo ou o mundo conquista ele" (COLLINGWOOD, 1956, p. 40).

Platão aprofundou a visão socrática ao esboçar a estrutura de sua República (que não é concebida como forma absoluta de um estado ideal, mas como a melhor forma de estado em um período de crise social) e atribui diferentes tipos de pessoas às diferentes funções no sistema social. O homem necessita da estrutura social, mas o tipo de sociedade que existirá depende do caráter dos homens que a regem. Por isso, a educação é problema nuclear em uma sociedade. O ser humano é perfeitamente maleável e a função do educador é forjar o cidadão (hoje, diriam que a sua função é a socialização) e proporcionar o saber moral conhecido como senso comum. O fracasso dessa tarefa produz homens associais ou antissociais, isto é, "idiotas". O idiota (que em grego significa homem privado ou particular) é o indivíduo isolado, "que carece de laço interno, de um 'saber' sobre o sistema de normas da Sociedade em cujo seio vive (HOFSTATTER, 1966, p. 36).

Contrariando o relativo otimismo de Platão sobre a maleabilidade social do ser humano, Maquiavel concebe a natureza humana como algo mais fixo e entende que os homens são guiados por motivos e paixões parecidos, especialmente a busca por poder e a busca por segurança. Como todos buscam satisfazer seus desejos, as leis não bastam para regular a convivência social e os líderes políticos devem recorrer à força e à violência. Ainda que separados por muitos séculos, Platão e Maquiavel enfrentaram graves crises políticas em suas respectivas sociedades. No entanto, apresentaram soluções muito diferentes para o problema de como integrar o indivíduo na sociedade. Enquanto para Platão o indivíduo pode interiorizar a lei que o vincula aos outros e, assim, atuar moralmente por convicção pessoal, Maquiavel entende que, em última instância, o homem respeita a lei apenas por medo ou coação física impostos pela autoridade.

Um século mais tarde, Hobbes chegou a uma conclusão similar. Para Hobbes, o homem é antissocial por natureza e, como todos os homens compartilham os mesmos apetites, cada semelhante é um rival, um lobo contra outros lobos (*homo homini lupus*), contra os quais deve lutar em uma guerra de todos contra todos (*bellum omnium contra omnes*). Por isso, para se conviver sem a destruição mútua é necessário estabelecer um pacto ou um contrato social que regula a satisfação básica das necessidades de todos. Este contrato social só pode ser preservado por uma autoridade forte, seja o estado, seja o soberano absoluto: o Leviatã. Assim, o Leviatã é o poder comum da sociedade, que surge com a renúncia da tendência à aniquilação operada por cada indivíduo.

Um século depois, Rousseau também postulou a necessidade de um contrato social, mas a partir de premissas diferentes. Para Rousseau, o homem é fundamentalmente bom (o mito do "bom selvagem"), mas a sociedade corrompe seus sentimentos bondosos enquanto induz o desenvolvimento da razão e da consciência. Com o fim de promover o desenvolvimento das melhores potencialidades humanas em comunidade, é necessário estabelecer um contrato social, por meio do qual os indivíduos renunciam a uma atuação egoísta e aceitam respeitar os direitos dos outros. Por meio do contrato social, os homens se vinculam a uma sociedade concreta, na qual o controle exercido pelas leis da vontade geral possibilita a liberdade de cada pessoa.

Para Karl Marx a ideia de um contrato social é uma ficção enganosa que oculta a verdadeira relação de forças existentes em uma sociedade concreta. Há grupos com interesses antagônicos e uma sociedade cindida por um conflito que não surge dos apetites dos indivíduos, mas do pertencimento dos indivíduos a diferentes classes sociais (MARX & ENGELS, 1848/1969). Não há uma lei que surge do consenso da maioria, mas uma lei que é imposta pela classe dominante que canaliza seus interesses, executa o controle e reproduz a situação de dominação social. Os homens são forjados por forças que atuam sobre a posição em que estão inseridos socialmente, principalmente a classe social. Os homens interiorizam normas sociais que respondem aos interesses da classe dominante, normas que se impõem como uma estrutura não consciente que guia o processo de alienação e desumanização das pessoas.

Enquanto para alguns autores, o indivíduo e suas necessidades determinam, em última instância, o que é a sociedade, para outros é a sociedade que determina o que o homem concreto vem a ser. Portanto, enquanto para alguns a sociedade deve ser analisada a partir da análise do que é o indivíduo, para outros o que é o indivíduo só pode ser compreendido a partir da análise do que é cada sociedade histórica. Em suma, a mesma dualidade que encontramos na Psicologia Social contemporânea é um problema que dividiu os filósofos em suas reflexões sobre as relações entre indivíduo e sociedade. No entanto, entre a filosofia tradicional e a Psicologia Social moderna há diferenças importantes. Há quatro acontecimentos históricos que devem ser analisados para se compreender as especificidades e o nascimento da Psicologia Social (assim como das ciências sociais) em seu sentido moderno: maior consciência sobre as diferenças entre os grupos humanos; concepção secularizada de ser humano; revolução industrial; desenvolvimento de uma nova metodologia.

Seria ingênuo pensar que somente o homem moderno descobriu as diferenças entre os distintos grupos humanos. Desde a Antiguidade, os povos viajaram e emigraram de um lugar para outro e observaram a diversidade de línguas, raças, costumes e estilos de vida. O belo mito sobre a torre de Babel expressa, literária e teologicamente, a consciência da diversidade de povos e dos problemas que resultam dela. Apesar disso, a diversidade de grupos só se tornou uma problemática sobre a natureza humana na Modernidade. Para o conquistador ibérico era difícil aceitar o indígena como alguém que tinha alma, como um ser humano semelhante a ele. Quando, ao fim, a cabeça ibérica aceitou a humanidade do indígena, não veio a ideia de generalizar essa generosa concessão aos escravos negros. Obviamente, esta é uma visão etnocêntrica profundamente enraizada nos interesses materiais da conquista. Mas o fato é que se trata de uma concepção difundida entre os cultos povos europeus.

No período romântico, a diferença ganhou uma carta de cidadania humana. Quando Rousseau projetou sua imagem de "bom selvagem" como homem não corrompido pela sociedade egoísta, o autor, de alguma maneira, destacou as diferentes manifestações da potencialidade humana. Os românticos buscavam o mistério, a pureza e o natural por entenderem que tudo isso era sinônimo de descontaminação social. O principal avanço aqui é o de converter as diferenças entre os povos em um problema antropológico. Para o surgimento dessa concepção contribuíram as diversas viagens e as exóticas narrativas de terras estrangeiras que pululavam na Europa. Além disso, os permanentes conflitos entre os povos europeus, assim como o surgimento de novas unidades políticas facilitaram a consciência imediata sobre as diferenças culturais e raciais dos diversos grupos que, pela primeira vez, se sentiam membros de uma "nação".

Ao mesmo tempo, em meados do século XIX, a ideia sobre a evolução das espécies começa a se difundir nos círculos intelectuais. Ao se aceitar as teorias evolucionistas também se reconhece que o homem não é um ser absoluto e imodificável, mas é um animal entre outros (ainda que superior) e, como tal, está sujeito às influências e pressões do meio ambiente. Para a Psicologia Social, o pensamento de Herbert Spencer (1972) é especialmente importante, porque o autor não apenas expôs brilhantemente as ideias evolucionistas, mas porque utilizou essas ideias para analisar o social, concebido como um organismo vivo. De fato, a maior parte dos princípios do funcionalismo moderno nas ciências sociais já aparece nos escritos de Spencer.

Antes, o conhecimento sobre as diferenças humanas não se converteu em problema filosófico, em parte, pela intensa difusão da antropologia teocêntrica, cristã ou não. Certamente existiam diferenças entre os seres humanos, mas eram diferenças produzidas diretamente por Deus. Assim, a diversidade humana não era uma problemática histórica e social, mas algo que remetia ao mistério insondável de Deus e sua infinita sabedoria. No entanto, pouco a pouco, a sociedade moderna abandonou o teocentrismo. As perguntas humanas tinham que ser respondidas em termos humanos, isto é, com respostas compreensíveis para a inteligência humana. Em parte, o positivismo abriu caminho para a visão secularizada de ser humano, pois, junto com a crença na possibilidade de progresso sem fim, forjou a ilusão de que as ciências poderiam responder qualquer pergunta e resolver qualquer problema. Já não se podia explicar as diferenças entre os povos recorrendo ao mistério divino; era necessário explicar usando termos humanos. Mais ainda, a filosofia não era um instrumento adequado para resolver o problema; a ciência, em um sentido positivista, tinha que assumir a tarefa.

Um terceiro fator crucial para o nascimento das ciências sociais foi a revolução industrial do capitalismo. O processo de industrialização mobilizou toda a ordem social ocidental, juntando verdadeiros rebanhos de seres humanos em condições de grande miséria, mobilizando populações inteiras, minando todo tipo de estrutura comunitária ou familiar e alterando profundamente costumes, tradições e hábitos de comportamento (CASTELLS, 1976). De fato, a Revolução Industrial produziu uma nova forma de organização social, na qual os indivíduos eram meros números a serviço de um sistema produtivo insaciável que deu uma dimensão exasperante para a exploração humana e os contrastes sociais (que, obviamente, sempre foram grandes).

A comoção radical produzida pela Revolução Industrial colocava, mais do que nunca, a questão sobre a possibilidade de a sociedade humana continuar unida. As relações entre indivíduos e grupos – tanto no nível macrogrupal da cidade quanto no nível microgrupal da família – já não podiam se desenvolver por meio dos canais tradicionais e o sistema de produção capitalista imperante não possibilitava a formação de novos canais adequados. De fato, se afirmou (ASPLUND; DREIER & MORCH, 1975) que a Psicologia Social surgiu e se desenvolveu como uma disciplina importante quando a separação dos indivíduos em relação à sociedade se tornou problemática em um momento da evolução do sistema capitalista, especialmente quando este se transformou em um capitalismo de monopólios (cf. tb. ISRAEL, 1979).

Em parte, a Revolução Industrial foi possível graças ao progresso tecnológico. A máquina a vapor foi a parteira técnica da Revolução Industrial. A tecnologia capacitou as sociedades ocidentais para o enfrentamento de novos problemas. Consequentemente, difundiu-se uma postura prática que buscava resolver os problemas empiricamente. Desse modo, a tecnologia abriu caminho para a aplicação das ciências aos problemas cotidianos permitindo, inclusive, uma nova compreensão de antigos problemas. Contra a tradicional visão aristotélica, o conhecimento técnico começou a ser considerado superior.

A tecnologia não era um mero canal pragmático da ciência, mas era um novo enfoque metodológico na perpétua tarefa de resolver os problemas humanos. Foi esta nova metodologia que possibilitou os estudos sociais adquirirem a consistência formal exigida para serem considerados científicos segundo os cânones positivistas. Certamente, isto permitiu as ciências sociais conquistarem ferramentas de trabalho que possibilitaram enfrentar com confiança (possivelmente um tanto ingênua) antigas e novas questões sociais. Dessa forma, o que tinha sido, até então, ramos peculiares da grande árvore da filosofia, começou a atuar com uma crescente independência e a exigir uma autonomia que prometia frutos maravilhosos. Independentemente das pretensões e dos resultados finais, o fato é que a nova metodologia, requerida e promovida pelos avanços tecnológicos, permitiu aos cientistas sociais formularem importantes perguntas antropológicas em níveis diferentes daquele meramente filosófico.

Possivelmente existem outros antecedentes históricos das ciências sociais além dos quatro que foram indicados aqui. Todavia, estes quatro fatos – a nova consciência sobre a diversidade humana, a concepção secularizada de homem, a revolução industrial capitalista e um novo enfoque metodológico – são os fatores cruciais para o surgimento da ciência social moderna e, consequentemente, da Psicologia Social. Não é que estes quatro fatos sejam quatro causas distintas e independentes: foi a sua conjunção em um momento histórico específico (a segunda metade do século XIX) que, junto com outros fatores, possibilitou o surgimento da acepção moderna de ciências sociais.

Não é arriscado situar a origem da Psicologia Social moderna no fim do século XIX. De fato, os primeiros livros com o título *Psicologia Social* apareceram em 1908. Seus autores, William McDougall e Edmund A. Ross, são dois acadêmicos norte-americanos que expressam, em nível embrionário, o dualismo entre a ênfase no psicológico (McDougall) e a ênfase no social (Ross). Nos dias de hoje, o texto de McDougall (1908) seria mais considerado um livro de Psicologia Geral do que Psicologia Social. O autor afirma que todos os homens nascem com as mesmas tendências inatas e os mesmos instintos e que a tarefa da Psicologia Social é analisar como a sociedade "moraliza" o indivíduo, isto é, como a sociedade converte as tendências egoístas da pessoa em tendências socializadas. Por sua vez, Ross (1908) afirma que a Psicologia Social deve estudar a interação entre os seres humanos, especialmente os processos pelos quais alguns seres influenciam os outros, diferenciado as influências racionais e construtivas das influências irracionais e socialmente desintegradoras. Por isso, Ross (1908), reproduzindo um preconceito muito comum entre os sociólogos da época, se apresenta como um inimigo – ao menos teórico – da vida urbana, na qual os indivíduos seriam afetados por todo tipo de influência massificadora e irracional.

Com o fim de abarcar significativamente a evolução da Psicologia Social contemporânea, podemos sintetizar sua história em três períodos que foram caracterizados pelo predomínio de três perguntas ou perspectivas fundamentais. (1) O que mantém as pessoas unidas na ordem social estabelecida? (2) O que integra as pessoas na ordem social? (3) O que liberta as pessoas da desordem estabelecida? Obviamente, não são três períodos que se sucedem no tempo, mas três abordagens fundamentais que ganham corpo em circunstâncias e momentos históricos diferentes e que convivem, como alternativa acadêmica, com os outros enfoques.

- Primeiro período

O primeiro período é aquele em que aparece a pergunta primeira das ciências sociais sobre o que mantém as pessoas unidas em uma sociedade e, especificamente, em uma ordem social. Esta pergunta aparece para a moderna Psicologia Social na Europa durante a profunda crise social desencadeada pelo processo de industrialização capitalista. É uma pergunta funcional, elaborada a partir de uma perspectiva filosófica e deve ser respondida como parte de uma visão antropológica global.

Nesse enfoque, as respostas giram em torno do tema da "mente grupal": de uma ou outra forma, todos os membros de uma mesma sociedade participam de algo comum, algo que não é material, mas espiritual e é algo que mantém os membros unidos para além de diferenças e interesses individuais.

Esse tipo de resposta já aparece na obra de Wilhelm Wundt, que é visto pela Psicologia Experimental como fundador, mas cujas inquietudes intelectuais produziram uma volumosa "Psicologia dos Povos". Para Wundt (1904/1926), a Psicologia Popular foca produtos mentais criados por uma comunidade humana que não podem ser reduzidos à consciência individual, pois surgem pela ação recíproca de muitos indivíduos. Essa ação recíproca é histórica e, consequentemente, a Psicologia dos povos tem uma gênese que, em cada caso, dependerá de condições específicas. Os produtos da interação coletiva definem o caráter de um povo e mantêm os seus membros vinculados entre si.

A resposta de Durkheim (1985/1964) é bem similar: uma sociedade mantém sua unidade graças à existência de uma consciência coletiva. A consciência coletiva é um saber normativo, comum para os membros de uma sociedade e irredutível à consciência dos indivíduos, já que é um fato social. Como tal, não é apenas um fenômeno coletivo, mas transcende os indivíduos e se impõe de fora, como uma força coercitiva.

Enquanto Durkheim se esforça para esclarecer o caráter social da consciência coletiva, Max Weber (1904/1969, 1925/1964) destaca sua natureza psicológica. Para Weber, os interesses objetivos de um grupo social atuam nos indivíduos por meio da ideologia que expressa esses interesses como valores e objetivos existenciais. O caso clássico e bem conhecido é o da ética protestante, que serve para operacionalizar a dinâmica do incipiente capitalismo europeu ao converter os interesses burgueses em princípios religiosos de salvação individual.

Na mesma linha de pensamento pode ser situada a visão psicanalítica. Segundo Freud (1921/1972), o que mantém os membros de uma sociedade ou de um grupo unidos são os laços afetivos que vinculam diferentes pessoas a um mesmo dirigente ou líder por um processo de identificação coletiva. Na medida em que o objeto de identificação de todos os indivíduos é o mesmo, há entre eles uma comunidade de laços afetivos que os unifica. Por isso, a psicanálise concede grande importância para a liderança política, concebida como ponto essencial sobre o qual repousa a solidez das estruturas sociais.

Em conjunto, essa linha de pensamento psicossocial pressupõe a tese de que a sociedade é um todo comum e unitário que pode ser abalado pela evolução dos processos históricos. O problema fundamental é, portanto, articular as necessidades dos indivíduos com as necessidades da totalidade social e, para isso, é necessário analisar os vínculos entre a estrutura social e a estrutura da personalidade. Esse tipo de enfoque perdura até nossos dias e se expressa na maior parte dos estudos sobre cultura e personalidade que postulam a "personalidade de base" (KARDINER, 1939/1955; DUFRENNE, 1959), o "caráter social" (FROMM, 1971) ou alguma outra estrutura comum entre os membros de uma sociedade, como, por exemplo, os "motivos de realização" (McCLELLAND, 1968).

• Segundo período

O segundo período na história contemporânea da Psicologia Social começa com a americanização da Psicologia e das Ciências Sociais em geral. Os centros importantes saíram da Europa e foram para os Estados Unidos. Este segundo período está centrado na pergunta sobre a integração das pessoas na ordem social estabelecida. É uma sutil transformação da pergunta do primeiro período operada de acordo com as conveniências pragmáticas dos grupos sociais no poder.

Se no primeiro período da Psicologia Social a unidade da sociedade como um todo homogêneo era assumida como um fato real, o segundo período dá um passo adiante e aceita a ideia de inquestionabilidade da ordem social existente em um todo social. A pergunta funcional sobre o que mantém os membros de uma sociedade unidos se transforma em uma pergunta sobre o que se deve fazer para que qualquer indivíduo ou grupo seja integrado de forma harmoniosa na ordem social existente. Portanto, a questão não é analisar que função pode cumprir um determinado indivíduo ou um determinado grupo em uma sociedade dada, mas é olhar para quais são as necessidades da ordem social existente, quais são os requisitos para sua sobrevivência e, assim, assistir os indivíduos e os grupos a satisfazerem essas necessidades e esses requisitos, adaptando-os às formas existentes de vida.

Sem dúvida alguma, esta reorientação da Psicologia Social é um desdobramento de sua americanização. O fato das duas primeiras publicações com o título "Psicologia Social" terem sido elaboradas por acadêmicos norte-americanos (ainda que McDougall tivesse origem inglesa) é um indicador de que, desde o início do século XX, os Estados Unidos começaram a liderar a Psicologia Social, até chegar ao ponto de que o que é hoje conhecido como Psicologia Social seja um produto tipicamente norte-americano.

No início do século XX, os Estados Unidos enfrentavam dois grandes problemas sociais: por um lado, a integração de muitos e diversificados grupos de imigrantes; por outro, as crescentes exigências do capitalismo industrial e as pressões que essas exigências apresentam à vida social e comunitária.

A avalanche de grupos com línguas, crenças, tradições e formas de vida muito diferentes resultava em problemas imensos para a convivência norte-americana, que precisava desenvolver um marco comum que fosse suficientemente flexível para assimilar valores e seres humanos muito diferentes e que, ao mesmo tempo, fosse suficientemente unitário para que a divisão não impedisse o progresso social. Os norte-americanos gostam de pensar que sua sociedade foi e segue sendo um "caldeirão de culturas", ainda que hoje já não exista a segurança de que isso foi o ideal e de que, no processo de mistura, não se perdeu uma grande riqueza de tradições e diversidades culturais. O fato é que, no momento da avalanche imigratória, a exigência imediata era a de integrar os recém-chegados à ordem e ao sistema estabelecidos, era de adaptá-los à cultura e ao estilo de vida dominante, ou seja, aculturar primeiro e socializar depois. Assim, a Psicologia Social foi, eventualmente, um instrumento de grande valor para a tarefa de integração do indivíduo à ordem vigente.

Além do problema de integração dos grupos novos à sociedade norte-americana, o país também precisava atender as exigências postas pelo processo de acelerada industrialização. Enquanto o surgimento da industrialização contribuiu para o surgimento das ciências sociais, nos Estados Unidos a celeridade e a intensidade da industrialização colocou problemas críticos para indivíduos e para comunidades, o que obrigou as ciências sociais a afirmarem-se pela oferta de respostas prontas e práticas. Ofertar o máximo de benefício levava, também, à busca por um máximo de eficácia. A Psicologia Social poderia dar uma contribuição eficaz determinando quais eram os indivíduos mais adequados para as tarefas necessárias (processos de seleção) e ajudando no processo de adaptação dos indivíduos às exigências e condições das tarefas postas (processos de formação, mediação de conflitos, trabalho com "relações humanas").

As necessidades sociais dos Estados Unidos determinaram essencialmente o enfoque e o desenvolvimento específicos da Psicologia Social em seu segundo período. Desaparece, por opção consciente, qualquer resíduo de justificação ou preocupação filosófica, algo típico na Psicologia europeia. A preocupação fundamental é a de oferecer respostas práticas aos problemas concretos colocados pela estrutura social dominante. A teoria é, em boa parte, relegada ao âmbito da metafísica – este termo passa a ser considerado depreciativo no interior dos grupos de psicólogos. O produto prototípico desta concepção pragmática na Psicologia (ainda que não especificamente na Psicologia Social) é a obra de John B. Watson (1925/1972). Watson afirma que para a Psicologia se tornar científica deve abandonar todo lastro filosófico e metafísico e adotar com rigor os métodos das ciências físico-químicas. Esta redução metodológica produz um drástico reducionismo no objeto da Psicologia, que passa a se limitar ao estudo do "comportamento", compreendido, única e exclusivamente, como respostas ou movimentos de um organismo que são externamente observáveis. Watson não nega a existência da subjetividade e da interioridade das pessoas ou das intenções e do sentido dado aos atos; mas escolhe ignorar estes aspectos como algo que é inútil para a ciência.

Floyd Allport (1924) se encarregou de traduzir o enfoque behaviorista proposto por Watson para a Psicologia Social. O autor, considerado por muitos como pai da Psicologia Social experimental moderna, afirma explicitamente que seu trabalho se fundamenta no enfoque behaviorista e no método experimental, o que o obriga a reduzir a Psicologia Social a uma Psicologia Individual: "Não há Psicologia dos grupos que não seja, essencial e completamente, uma psicologia dos indivíduos" (ALLPORT, 1924, p. 4) e, consequentemente, "a consciência e o comportamento coletivos são, apenas, a soma dos estados e das reações dos indivíduos" (p. 6). Segundo Allport, a única diferença entre a Psicologia Social e uma psicologia estritamente individual é o fato de que aquela estuda como o comportamento dos indivíduos são estimulados por outros indivíduos. A diferença, portanto, não está na natureza do comportamento ou da resposta, mas no tipo de estímulo.

Com Allport (1924) aparece claramente a natureza da Psicologia Social norte-americana: a pretensão científica produz um reducionismo radical que elimina o social, enquanto a busca por respostas pragmáticas aos problemas da sociedade ianque resulta na priorização de fenômenos microssociais ou situações individuais, ignorando o contexto social mais amplo. O resultado é uma Psicologia Social positivista que não tem consciência de ou ignora os seus próprios pressupostos, que não enxerga a natureza histórica dos processos humanos e que, consequentemente, tende a converter em universais, elementos e processos que são circunstanciais ou características típicas de ambientes norte-americanos. Em boa medida, o projeto de Psicologia Social de Skinner (1976) em seu *Walden Two* – que descreve o que seria uma sociedade utópica construída a partir de pressupostos behavioristas – reflete pitorescamente os mecanismos e a ideologização que impregnam a maior parte da Psicologia Social desse período.

A Segunda Guerra Mundial foi a oportunidade para que a Psicologia Social norte-americana desenvolvesse todas suas potencialidades, tanto para o bem quanto para o mal. Como amostra desse desenvolvimento vinculado às necessidades e exigências da guerra mundial, três áreas se tornaram especialmente importantes: o estudo dos fenômenos grupais, especialmente as relações do indivíduo com os pequenos grupos e as relações interpessoais no interior dos pequenos grupos; a análise dos processos de formação e mudança de atitudes; e o estudo da personalidade como reflexo e motor de uma sociedade.

O estudo dos grupos era particularmente atrativo para os norte-americanos porque atendia o interesse pela integração de diversos grupos étnicos na mesma sociedade. A guerra produziu problemas específicos: a integração dos indivíduos nas unidades militares e as consequências das relações no interior dos grupos militares sobre a atuação e eficiência dos indivíduos. Essa mesma pergunta sobre integração grupal e eficiência foi formulada diversas vezes na Psicologia Industrial, demonstrando a convergência de interesses que potencializaram o estudo dos primeiros grupos.

Partindo da perspectiva psicanalítica, J.L. Moreno (1962) apresentou, em 1934, os fundamentos teóricos da "sociometria" com a finalidade de explicar a complexidade de estruturas informais de ordem afetiva que estavam ocultas sob a aparente unidade de um grupo social. Por sua vez, Muzafer Sherif (1936) demonstrou experimentalmente a origem das normas sociais que, tal como Durkheim tinha indicado, o indivíduo experimenta como externas e obrigatórias.

Contudo, foi o gênio e a liderança particular de um alemão emigrado nos Estados Unidos, Kurt Lewin, que deu nome e identidade definitivos para o estudo dos grupos, orientando a atenção dos pesquisadores para as forças que configuram a estrutura e o caráter de um grupo, tal como os físicos dirigiram sua atenção para as forças que configuram a estrutura e a natureza da matéria

(LIPPIT, 1969; DEUTSCH & KRAUSS, 1970). Desde 1945, Lewin dirigiu um programa de pesquisa sobre a dinâmica dos pequenos grupos que teve grande importância teórica e empírica. Lewin não só desenvolveu um rico arsenal de conceitos, princípios e dados empíricos, mas soube criar um notável entusiasmo entre seus discípulos, que continuaram seu trabalho e sustentaram sua contribuição até o presente.

Paralelamente, e a partir de uma perspectiva mais sociológica, uma equipe de pesquisadores encabeçada por Stouffer estudou os problemas do indivíduo no exército, abordando adaptação, eficiência, motivações e frustrações (STOUFFER e cols., 1979). A partir dessas pesquisas seminais, Merton e Rossi (1968) elaboraram uma teoria sobre os grupos de referência, isto é, grupos que funcionam como marco de normas e valores que o indivíduo utiliza para orientar seu comportamento e a evolução de suas atitudes sociais.

Houve enorme difusão dos modelos e estudos empíricos sobre os grupos (CARTWRIGHT & ZANDER, 1971; SHAW, 1980). Todavia, a área da dinâmica de grupos como um todo tinha duas gravíssimas limitações que condicionaram negativamente seu desenvolvimento. Por um lado, o estabelecimento de paralelos com as ciências físico-químicas – tanto do ponto de vista teórico quanto do ponto de vista metodológico – resultou na redução das pesquisas sobre os grupos em pesquisas sobre os pequenos grupos. Na maior parte das vezes, adotava-se o pressuposto implícito de que, apesar de pequenas variações, os grandes grupos são apenas versões ampliadas das microestruturas grupais. Outra limitação foi a adoção, desde o começo (ainda que não fosse de uma forma consciente), da perspectiva do poder estabelecido (social, industrial ou militar), o que fez com que a dinâmica de grupos fosse concebida como forças e processos que produziam a integração dos indivíduos nos grupos, mas não como forças e processos que poderiam fazer com que os indivíduos mudassem os grupos ou fazer com que certos grupos modificassem outros. Era uma perspectiva de adaptação individual e o seu pressuposto era de que, em caso de conflito, o indivíduo (não o grupo) deveria ser modificado.

Essas duas sérias limitações contribuíram para a crise da chamada "dinâmica de grupos", justamente quando ela foi mais influente, isto é, durante os anos de 1960. Brotaram, por todos os lados, nos Estados Unidos e em países europeus, inúmeros grupos que aplicavam os métodos e as recomendações da dinâmica de grupos com a finalidade de promover a compreensão interpessoal, criar um ambiente supostamente permissivo e melhorar a comunicação. Todavia, esse tipo de grupo não era aceitável na maior parte das organizações sociais norte-americanas, especialmente as mais importantes (nas esferas industrial, estatal, militar ou educacional). Além disso, apesar dos esforços individuais em promover compreensão ou aceitação incondicional dos outros, os problemas de fundo das organizações também não melhoravam. Assim, enquanto a Psicologia Social dedicava seus esforços no desenvolvimento das potencialidades do indivíduo e na comunicação interpessoal, havia uma intensificação social das diferenças intergrupais, da falta de comunicação e dos controles totalitários sobre as diversas comunidades.

Uma segunda área de estudo impulsionada pelas necessidades e pelos problemas colocados pela Segunda Guerra Mundial foi o campo de estudos sobre a mudança de atitudes. Já em 1918, dois autores norte-americanos, Thomas e Znaniecki (1918-1920), indicavam que a Psicologia Social deveria estudar as atitudes. As atitudes eram entendidas como predisposições adquiridas para atuar de certa maneira diante de determinado objeto. Assim, a atitude era uma unidade de análise que parecia satisfazer a tendência norte-americana a enfatizar os fatores ambientais e de aprendizagem no comportamento das pessoas sem ignorar os fatores genéticos. No entanto, o fracasso da propaganda norte-americana que buscava fazer com que os alemães mudassem suas atitudes, colocou em crise o conhecimento existente sobre o tema e fortaleceu a ideia de que as atitudes estariam, mais do que se imaginava, profundamente enraizadas nas pessoas e nos grupos.

Um grupo de psicólogos sociais (HOVLAND; JANIS & KELLEY, 1953; HOVLAND & ROSENBERG, 1960), sob a direção de Carl Hovland, iniciou um amplo projeto de pesquisa sobre mudança de atitudes, utilizando uma perspectiva que buscava integrar os princípios da teoria da forma (*Gestalt*) com os princípios da aprendizagem provenientes das propostas de Hull (1943). Até meados dos anos de 1960, os estudos sobre atitudes floresceram como um dos pilares básicos da Psicologia Social, com modelos se multiplicando e dados empíricos sendo acumulados. No entanto, além de inexistir uma visão sintetizadora, os estudos sobre as atitudes também foram mostrando sérias deficiências. O problema que os psicólogos mais destacaram no modelo das atitudes é a sua limitada capacidade de predizer um comportamento específico. Mas, possivelmente, um problema ainda mais grave é a sua tendência a ignorar a vinculação entre as estruturas pessoais (conceitualizadas como atitude ou alguma outra noção correlata) e os determinismos macrossociais, especialmente o poder social. Assim, o estudo das atitudes foi, em boa medida, uma análise ideologizada da ideologia de algum grupo específico.

Uma terceira área impulsionada pelos problemas da guerra foi o condicionamento social da pessoa humana, isto é, como o sistema social influencia as pessoas. A preocupação surgia do fato de que um dos povos mais cultos da época, o povo alemão, cometeu ou participou das atrocidades produzidas pelo regime nazista. Como era possível que o nazismo tivesse florescido na pátria de Goethe e de Beethoven? Associado a essa pergunta, havia um esforço em identificar se um processo similar não estaria ocorrendo em outros países aparentemente cultos e democráticos, como os Estados Unidos.

Essa pergunta, iniciada pelos trabalhos específicos da Escola de Frankfurt e impulsionada por cientistas sociais judeus emigrados nos Estados Unidos, produziu diversas propostas psicossociais. Sem dúvidas, a mais conhecida e influente é a que foi exposta por T.W. Adorno e colaboradores sobre o que se convencionou chamar de modelo da "personalidade autoritária" (ADORNO; FRENKEL-BRUNSWIK; LEVINSON & SANFORD, 1965). Essa visão representava uma modalidade interessante de freudo-marxismo e, consequentemente, recolocava o problema das relações entre estrutura social e personalidade. Contudo, o enfoque enfatizava excessivamente os aspectos psicológicos do problema, quase levando à conclusão de que a transição entre regimes políticos poderia ser compreendida por meio de categorias psicológicas.

O segundo período na história da moderna Psicologia Social foi o de maior vigor e entusiasmo. Todavia, o balanço final mostra que os erros de base do enfoque adotado, implícitos na pergunta que caracterizou este período, pesaram tanto ou mais que as importantes conquistas. Nesse sentido, o segundo período apresenta três constantes vinculadas ao processo de norte-americanização da Psicologia Social: o individualismo, o psicologismo e a perspectiva do poder estabelecido. No segundo período da Psicologia Social não houve apenas uma inclinação definitiva em favor de uma sociopsicologia, mas houve a opção por uma visão individualista, que aborda a realidade tomando o indivíduo como unidade de análise e como princípio epistemológico. Em outros termos, o social é visto e compreendido a partir do individual. Assim, boa parte da Psicologia Social da época margeou continuamente o psicologismo – enquanto alguns autores estiveram completamente mergulhados nele. Esse psicologismo, no último período, desembocou em um subjetivismo desenfreado, cuja semente já estava lançada nos trabalhos de dinâmica de grupos e sobre atitudes. Tudo isso ressalta ainda mais a terceira constante do período: a perspectiva do poder. O pressuposto implícito de que a sociedade é um dado prévio, um ponto de partida, resulta na ausência de questionamentos sobre ela. É o indivíduo quem deve se adaptar à estrutura social, militar ou industrial, não é a estrutura que deve mudar. Lamentavelmente, esta perspectiva permeou a maior parte dos trabalhos de Psicologia Social, fazendo deles instrumentos a serviço das necessidades do poder estabelecido: ajudando a mudar o indivíduo a conter seus protestos e sua rebeldia e fortalecendo a estrutura do sistema social capitalista, fundado na desigualdade e na exploração. Nem toda a Psicologia Social e nem todos os psicólogos sociais desse período podem ser acusados de terem sido instrumentalizados pelo poder; mas o que marcou o período foi o predomínio dessa perspectiva que marcou o quefazer teórico e empírico.

- Terceiro período

Nos últimos anos, um crescente desencanto em relação às conquistas obtidas pelo campo invadiu diversos psicólogos sociais, desencanto que produziu, em muitos, um forte ceticismo quanto às possibilidades da Psicologia Social. A crise estalou como um corolário da derrota militar e política da visão social norte-americana na Guerra do Vietnã. A derrota serviu para desmascarar a submissão do quefazer das ciências sociais às necessidades e perspectivas do poder estabelecido e para retirar sua manta de assepsia científica (como se a ciência pudesse ser alheia aos conflitos históricos e evitar opções por certos valores) e de pragmatismo (como se a ciência fosse mais valiosa quanto mais longe estivesse da teoria e focasse apenas problemas imediatos).

Com o questionamento do poder estabelecido e da submissão das ciências sociais aos ditames e interesses do poder, abre-se uma nova perspectiva sintetizada na pergunta que marcou o período: O que nos liberta da desordem existente? A mudança é radical em vários sentidos. Em primeiro lugar, a sociedade é aceita como um dado, mas criticável em sua facticidade e por negar possibilidades sociais distintas (MARCUSE, 1969). Consequentemente, ainda que a ordem social seja um marco de referência necessário, não deve ser tomada como um marco normativo para as pessoas e os grupos. Assim, mais importante do que saber como se dá a integração das pessoas à ordem social estabelecida, é saber como as pessoas podem mudar essa ordem, libertando-se de exigências e imposições e construindo uma ordem social diferente, mais justa e humana.

O novo enfoque não elimina os dois anteriores e nem chega a ser uma corrente central da Psicologia Social. No entanto, sua crítica atravessa praticamente todos os âmbitos explorados pela Psicologia Social e as contribuições mais originais são produzidas justamente por iniciativas críticas. Podemos destacar três revisões críticas que abrem importantes perspectivas para a pesquisa: a visão da realidade social como construção, a concepção de realidade social como conflitiva e o papel político da Psicologia Social.

A concepção de realidade social como uma construção histórica (ao invés de marco estrutural já dado) tem sido mais característica das abordagens de orientação marxista do que daquelas de orientação funcionalista. Assim, não é de se estranhar que a visão histórica de sociedade não esteve presente na Psicologia Social, especialmente nos Estados Unidos. Mesmo estudos, como o de Sherif (1936), que apenas apontavam o caráter dinâmico dos grupos sociais em relação à ordem social eram uma exceção em relação ao predomínio da visão reativa e adaptacionista.

A influência de vários autores europeus, muitos deles emigrados nos Estados Unidos por causa da guerra mundial, preparou o terreno para a crítica da visão imperante. O marxismo, mais influente entre os sociólogos, e a fenomenologia, mais influente entre os psicólogos, foram as duas correntes mais influentes. Os psicólogos sociais foram estimulados por uma obra sobre sociologia do conhecimento e que foi o fruto da colaboração entre um sociólogo norte-americano, Peter Berger, e um sociólogo alemão, Thomas Luckmann. Berger e Luckmann (1968) consideram a sociedade em sua dupla vertente de realidade objetiva e realidade subjetiva, de conjunto de papéis e de atitudes interiorizadas, de organização normativa e de contexto para a identidade pessoal. Os indivíduos, certamente, são produtos da sociedade, mas a sociedade, cada sociedade concreta, é produto do quefazer dos grupos e das pessoas. Assim, aparece a relatividade histórica da sociedade, entendida como produto de um processo humano e, por isso, suscetível de transformação e mudança. A dialética da realidade social contém três momentos, que Berger e Luckmann (1968) sintetizam em três afirmações: a sociedade é um produto humano, a sociedade é uma realidade objetiva e o homem é um produto social. Lamentavelmente, acrescentam os autores, a sociologia norte-americana – e, mais ainda, a Psicologia Social – tende a omitir o primeiro momento dialético da realidade social, incorrendo no que Marx chamou de reificação: enxergar a realidade social com categorias coisificadas que são adequadas apenas para o mundo da natureza.

Esta visão da sociologia do conhecimento foi apropriada, ainda que parcialmente, pelo enfoque conhecido como "etnometodologia" (TURNER, 1974). Essa abordagem defende como ponto central a tese de que os indivíduos aprendem a construir a estrutura social de valores e normas por meio de atividades rotineiras (GARFINKEL, 1967). Nesse sentido, a etnometodologia entende que a realidade social é, continuamente, criada pela atividade das pessoas e que os valores socais mais importante são aqueles subjacentes ao senso comum, as práticas rotineiras, a vida cotidiana. De maneira parecida, Goffman (1971) analisa a realidade social usando termos teatrais, pois as pessoas atuam desempenhando papéis que definem essa realidade.

A etnometodologia acerta ao enfatizar o papel do indivíduo como sujeito ativo na produção da sociedade. Sua debilidade reside na inclinação subjetivista que tende a predominar em seus estudos. Dessa forma, a realidade social se torna, em última instância, uma questão de perspectivas. Essa subjetivação é perceptível em áreas que hoje estão na moda, como os estudos de atribuição (JONES & DAVIS, 1965). O próprio interacionismo simbólico, corrente herdeira da visão de Mead (1972), tende a adotar uma postura subjetivista. Ao fundo, mostra-se um desencanto ideológico latente que emerge frente à incapacidade de se mudar a realidade social por meio da ação social (espírito kennediano, característico da década de 1960). Daí a tendência a buscar a mudança do indivíduo e de sua visão de realidade.

Apesar do subjetivismo, a concepção de realidade social como construção serve para dissipar o caráter absoluto e a reificação do reflexo. Também serve para desfazer o engano contido na ideia de unidade social, como se as forças sociais funcionassem uniformemente para todos os setores, se os interesses fossem os mesmos para todos os grupos e se os mesmos valores e normas regessem o comportamento de todas as pessoas. A realidade social é una e múltipla, existem contradições e diferenças que não podem ser assimiladas em uma estrutura uniforme e unitária.

Uma segunda perspectiva crítica que aparece nesse terceiro período da Psicologia Social questiona a concepção de realidade social como unidade harmoniosa, no interior da qual os grupos de indivíduos se adaptam ou não. Pelo contrário, a realidade social começa a ser vista como o produto de uma confrontação de forças sociais e a ordem social imperante passa a ser entendida como o resultado da imposição de certas forças sobre outras. A sociedade não contém uma população que é simplesmente distribuída ao longo de um contínuo de características, mas é constituída por grupos que se enfrentam entre si a partir de interesses contrapostos.

A visão conflitiva da sociedade também é uma visão preponderantemente marxista e foram, mais uma vez, os autores europeus que abriram espaço para essa ideia no âmbito da Psicologia Social. Mas neste caso não foram autores que emigraram para os Estados Unidos, mas autores que enfrentaram os problemas de suas próprias sociedades europeias. Uma longa experiência histórica e a mera evidência da realidade conflitiva em que viviam fez com que eles sentissem de forma mais aguda as limitações, teóricas e práticas, de uma Psicologia Social baseada na concepção de sociedade como totalidade harmoniosa. Essa consciência permitiu afirmar a parcialidade da análise focada na vida intragrupal que não analisa e conhece melhor a vida intergrupal. O ponto central não é examinar o indivíduo no interior do grupo, mas examinar as relações entre grupos e as relações entre as pessoas tomadas como membros de grupos e não simples indivíduos (BILLIG, 1976).

Uma das áreas em que a visão conflitiva teve repercussões foi a "antipsiquiatria", onde houve a confluência de múltiplas influências teóricas e experiências práticas. A psiquiatria foi um dos instrumentos tradicionais pelos quais a classe social dominante impôs seu poder e manteve a ordem social (BASAGLIA, 1972; BERLINGUER, 1972). Por isso, as instituições psiquiátricas cumpriram uma missão paralela à missão das prisões e foram elas mesmas que, por meio do seu poder exercido totalitariamente (GOFFMAN, 1970), geraram o mal que supostamente buscavam eliminar.

Os autores do movimento antipsiquiátrico talvez tenham sido aqueles que melhor explicitaram como a psiquiatria e as ciências psicológicas em geral foram instrumentos a serviço do poder estabelecido. Esse ponto é, precisamente, a terceira área crítica que define o novo enfoque da Psicologia Social. A Psicologia Social (e toda Psicologia), buscando adquirir estatuto científico e reconhecimento acadêmico, inclinou-se a: uma exagerada e radical cisão de suas raízes filosóficas; uma submissão excessivamente estreita às limitadas fronteiras do método experimental; uma pretensão de assepsia científica que a situa acima das preocupações e dos conflitos concretos da vida social, poupando o psicólogo da dolorosa necessidade de escolher entre diferentes valores.

Assim, a Psicologia Social se converteu em um ramo das ciências sociais marcado pela proliferação de modelos de curto alcance, teorizações que se referem apenas a casos específicos, e pela ausência de teorias ambiciosas que oferecem visões globais da realidade psicossocial. Quanto mais dados empíricos se acumulam, mais se nota a carência de uma teoria que sintetize e dê sentido aos achados. A situação chegou ao extremo de autores de textos acharem normal o fato de não poderem oferecer uma definição precisa de sua especialidade e, por isso, preferirem afirmar que a Psicologia Social é a ciência que estuda o que os psicólogos sociais estudam. Além disso, ao se submeter às estreitas exigências do método experimental, compreendido de modo restrito, o campo de estudo da Psicologia Social se tornou fechado, excluindo as perguntas mais importantes que podem ser apresentadas por pessoas e grupos. Como escreveu um crítico inglês: "Sentimos que a Psicologia Social deveria explicar, de alguma maneira, nossa própria experiência, mas ela não o faz e isso nos decepcionou" (ARMISTEAD, 1974, p. 7).

Todas essas limitações teóricas, axiológicas e práticas fizeram com que a Psicologia Social se limitasse ao estudo daquilo que o sistema exigia e da forma que o sistema exigia, reduzindo-se a um servilismo social que, por causa do âmbito em que se movia e dos instrumentos que utilizava, era incapaz de questionar. Ela estudava a submissão e o conformismo, não a independência e a rebeldia. Por isso, não é de se estranhar que tenha se chegado a pensar que a Psicologia Social não é nada mais do que uma forma de historicizar os processos sociais (GERGEN, 1973), a partir da perspectiva do poder estabelecido.

O questionamento sobre este enfoque genérico da Psicologia Social enfatiza a urgente necessidade de se voltar a teorizar e não apenas elaborar modelos de curto alcance (MOSCOVICI, 1972), assim como na necessidade de submeter os métodos às teorias e as técnicas aos problemas. Além disso, aparece a necessidade do psicólogo social, assim como outros cientistas sociais, tomar consciência de seu enraizamento social e, consequentemente, dos interesses históricos que, por opção ou inconsciência, está efetivando. O ideal não consiste em buscar a assepsia a todo custo, mas em adequar o próprio quefazer científico aos valores escolhidos por uma pessoa em sua vida. Não é uma mera questão de decisão subjetiva, mas é, primeira e fundamentalmente, uma tarefa objetiva, ou seja, cabe à ciência efetivar por meio de suas próprias virtualidades os valores escolhidos, independentemente da intenção subjetiva de cada cientista.

Apesar de muitos psicólogos sociais continuarem insistindo na necessidade de a ciência permanecer alheia à opção axiológica, a crítica formulada no terceiro período trincou a assepsia científica. Quem se atrincheira na negação da opção consciente sabe que, de fato, serve àqueles sob cujo poder opera, isto é, à classe dominante em cada sociedade e sabe que isto ocorre não somente nas aplicações práticas do seu quefazer, mas, fundamentalmente, na estruturação mesma de seu saber e fazer científicos.

O questionamento introduzido no terceiro período da história da Psicologia Social contemporânea modifica não apenas os pressupostos, mas o próprio objeto abordado pela Psicologia Social. Ao não aceitar a realidade social como ponto de partida imutável, o problema central já não é a adaptação ou o desvio do indivíduo em sua relação com a sociedade, mas a oposição entre grupos que criam uma ordem social concreta em cujo interior os indivíduos atualizam interesses, perspectivas e situações sociais distintas e conflitivas. Esta perspectiva pode ainda incorrer em alguma forma de psicologismo individualista ou subjetivista, mas certamente tende a atribuir valor fundamental para as influências objetivas e as forças grupais. Finalmente, é possível que algum psicólogo social escolha colocar-se a serviço da ordem estabelecida, seja por interesse de classe, por convicção ou simplesmente por interesse pessoal. Todavia, a opção pela postura oposta fica aberta, não somente no nível da intenção subjetiva ou das aplicações práticas, mas também na configuração mesma do saber e fazer científicos.

3) Objetivos da Psicologia Social

Definir o objetivo de uma atividade ou de um quefazer demanda diferenciar entre a finalidade almejada pelo sujeito e a finalidade objetivamente realizada ou possibilitada pela natureza específica da atividade ou do quefazer em questão. A vontade e a intenção do sujeito podem oferecer, em muitos casos, uma orientação definitiva para o seu quefazer; mas é importante destacar que a natureza objetiva dos processos não muda de acordo com a vontade e que, tal como se costuma dizer, "o inferno está cheio de boas intenções". Não realizar esta distinção entre a natureza objetiva de uma atividade e a intenção subjetiva do indivíduo que a realiza obscurece boa parte das discussões sobre os problemas éticos em Psicologia e sobre o que é eticamente aceitável ou reprovável no behaviorismo.

De uma forma um tanto estereotipada, costuma-se afirmar que o objetivo da Psicologia é "compreender, predizer e controlar" o comportamento dos indivíduos. Consequentemente, o objetivo da Psicologia Social deveria ser "compreender, predizer e controlar" o comportamento social, seja ele compreendido como interação, seja ele compreendido como resposta aos estímulos sociais. Esta definição do objetivo da Psicologia Social pressupõe uma concepção de ciência e um consequente objeto de estudo da Psicologia Social sumamente problemáticos. Trata-se de uma dificuldade objetiva, independente das boas ou más intenções do psicólogo social.

"Compreender" pode ser definido operacionalmente como encontrar a causa de algum comportamento. No entanto, a causalidade, tomada como determinação de algo a partir de algo, dos fenômenos naturais estudados pelas ciências físico-químicas não pode ser a mesma usada para se compreender os processos humanos (PETERS, 1960; TOULMIN, 1969). Na prática, o esforço para limitar a compreensão psicológica de um comportamento à definição de sua causa (eficiente em um sentido aristotélico) demanda a eliminação da interioridade desse comportamento, isto é, a eliminação da eventual intenção subjetiva da pessoa e do significado particular que um comportamento possui para cada sujeito em determinada situação. Essa visão do "compreender" usualmente se restringe à descrição, mais ou menos precisa, do comportamento, seus antecedentes e suas consequências externamente observáveis. Trata-se de um empobrecimento inadmissível da realidade psicológica, o qual se limita a considerar comportamentos insignificantes ou a considerar como insignificante os comportamentos (as ações) importantes da vida humana.

Questionar a noção específica de "compreensão" do comportamento, também é questionar o sentido que pode ser atribuído aos termos "predizer" e "controlar". A predição se fundamenta no conhecimento da causa de um comportamento e no pressuposto adicional de que na presença da causa conhecida, ocorrerá o comportamento esperado. Mas se essa causa é somente um dentre vários antecedentes – pois se ignora um elemento essencial na determinação da ação humana, seu sentido e sua intencionalidade – a predição não passa de um exercício probabilístico que, em muitos casos, possui valor questionável. A predição nas ciências naturais normalmente enfatiza certas condições ideais para que um determinado fenômeno seja produzido. Assim, a precisão dessas condições ideais é praticamente impossível no caso de fenômenos humanos e sociais, onde as variáveis são indefinidas. Por isso, há a tendência de muitos psicólogos sociais a reduzirem o campo de sua prática aos aspectos mínimos do comportamento humano, isto é, aspectos em que há a maior limitação possível do número de variáveis em jogo. Mas, quando o comportamento é reduzido aos aspectos mínimos, a pesquisa também se reduz a aspectos mínimos, isto é, socialmente insignificantes ou irrelevantes.

O controle sobre o comportamento depende de se ter sido capaz de compreender e predizer e, além disso, supõe a capacidade de influenciar o processo. Portanto, as dificuldades acumuladas na compreensão e predição do comportamento repercutem sobre a própria possibilidade de se conquistar o controle. Além disso, o controle pressupõe a presença de novas variáveis, em geral imprevisíveis. Assim, é compreensível que, de fato, não se tenha conquistado controle real fora dos laboratórios ou de utopias intelectuais (SKINNER, 1976). Finalmente, o termo controle é, no melhor dos casos, marcado por uma deplorável ambiguidade atravessada por uma forte carga de ideologia tecnocrática.

"Compreender, predizer e controlar" é um objetivo compreensível nos marcos de uma Psicologia Social que tem como objetivo estudar uma interação abstraída dos determinismos macrossociais e das concretizações históricas ou de uma Psicologia Social behaviorista que trata o comportamento como uma "coisa" sujeita à pesquisa experimental. Mas esse não pode ser o objetivo de uma

Psicologia Social que, tal como foi apresentado aqui, estuda a ação humana como ideológica. O objetivo não pode ser o mesmo, pois há um abismo conceitual que separa o comportamento e a ação e separa a interação e a dimensão ideológica da ação. A inclusão de intencionalidades, significados e processos de consciência, assim como das grandes variáveis históricas converte o "compreender" em um objetivo necessário, mas que é conscientemente entendido como algo aproximativo e parcial; a compreensão do ser humano como sujeito histórico que é produto e produtor, faz da "predição" um jogo enganoso; a necessária referência à vinculação dos atores sociais com os grandes interesses de classe converte, no melhor dos casos, o "controle" em um exercício de falsa consciência e, no pior dos casos, em um instrumento de políticas de dominação social.

Tal como foi definida aqui, a Psicologia Social deve possibilitar a liberdade social e individual. Se o objeto de estudo é a ação como ideológica, isto é, a ação determinada por fatores sociais vinculados aos interesses de classe dos diversos grupos, então busca-se a tomada de consciência desses determinismos pelo sujeito, quem pode se apropriar deles (aceitando-os ou recusando-os) por meio de uma práxis consequente. Assim, exercer a liberdade se torna, em muitos casos, um verdadeiro processo de libertação social. Por isso, o objetivo deve ser tornar possível a liberdade, já que efetivá-la é, por princípio, uma práxis social na qual não só o conhecimento é determinante. Esse objetivo mostra, por ele mesmo, a compreensão distinta que "compreender" ou "predizer" adquirem nesta perspectiva. Não se trata de antecipar mecanicamente o futuro, mas de colocar à disposição dos atores sociais os conhecimentos que possibilitam atuar de forma mais adequada em cada circunstância, em função de certos valores e princípios sociais. Quanto maior é o conhecimento, maior clareza há para o sujeito decidir e agir conscientemente, isto é, há um maior campo de possibilidades apresentado para sua verdadeira liberdade social.

Esse último ponto já indica que um objetivo como o que foi postulado aqui pressupõe uma opção axiológica e a recusa da pretendida assepsia científica. À Psicologia Social cabe desmascarar os vínculos que ligam os atores sociais aos interesses de classe, revelar as mediações pelas quais as necessidades de uma classe social concreta se tornam imperativos interiorizados pelas pessoas, desarticular a trama de forças objetivadas em uma ordem social que manipula os sujeitos por meio de mecanismos de falsa consciência. A Psicologia Social como ciência – e não apenas o psicólogo social como cientista – deve tomar posição diante dessa realidade, pois pressupostos, princípios e conceitos estão condicionados pelos interesses de classe que o psicólogo, como ator social, assume em seu quefazer. Se as ciências naturais são ou não alheias aos valores é uma discussão que não nos preocupa, pois, certamente, as ciências sociais não são alheias aos valores do cientista social e o seu quefazer é parte de seu objeto de estudo. Há uma inevitável imbricação entre sujeito e objeto, com o sujeito sendo objeto e o objeto sendo sujeito. Por isso, a compreensão das ciências sociais ocorre no interior do próprio processo social estudado e a opção axiológica se manifesta no quefazer científico independentemente de o cientista ter consciência ou não dessa opção.

A Psicologia Social que aqui se apresenta surge em uma situação muito concreta. A situação de El Salvador no momento em que todo um povo luta organizadamente para se libertar de uma opressão secular. Esta Psicologia Social toma partido por esse povo, por suas lutas e aspirações e pretende ser um instrumento para que a tomada de decisões do povo seja consciente, não sendo enganado por resquícios de sua consciência tradicionalmente manipulada. Não se trata de indicar ao povo o que deve fazer ou não; trata-se de incorporar o quefazer científico a uma práxis social libertadora, que desmascara e destrói a manipulação, promovendo uma sociedade baseada na solidariedade e na justiça.

Referências

ADORNO, T.W.; FRENKEL-BRUNSWIK, E.; LEVINSON, D.J. & SANFORD, R.N. (1965). *La personalidad autoritária*. Buenos Aires: Proyección [Trad. D. Cymbler e A. Cymbler].

ARMISTEAD, N. (1974). Introduction. In: ARMISTEAD, N. (org.). *Reconstructing social psychology*. Middlesex: Penguin.

ALLPORT, F.H. (1924). *Social Psychology*. Boston: Houghton Mifflin.

ALLPORT, G.W. (1968). The historical background of modern social psychology. In: LINDZEY, G. & ARONSON, E. (orgs.). *The handbook of social psychology*. Vo. 1. 2. ed. Reading: Addison-Wesley, p. 1-80.

ALTHUSSER, L. (1979). *A favor de Marx*. Rio de Janeiro: Zahar [Trad. D. Lindoso].

ARROYO, J. (1971). *Reflexiones sobre Psicología Social*. São Salvador: Departamento de Psicología/UCA.

ANDRÉS ESCOBAR, F. (1980). Em la línea de la muerte: la manifestación del 22 de enero de 1980. *Estudios Centroamericanos*, 35 (375-376), p. 21-35.

ASPLUND, J.; DREIER, O. & MØRCH, S. (1975). Socialpsykologi og social integration – en introduktion. *Udkast*, 1, p. 3-45.

BANUAZII, A. & MOVAHEDI, S. (1975). Interpersonal dynamics in a simulated prison: A methodological analysis. *American Psychologist*, 30 (2), p. 152-160.

BASAGLIA, F. (1972). *La institución negada:* Informe de un hospital psiquiátrico. Barcelona: Barral [Trad. J. Pomar].

BERGER, P. & LUCKMANN, T. (1968). *La construcción social de la realidad*. Buenos Aires: Amorrortu [Trad. S. Zuleta].

BERLINGUER, G. (1972). *Psiquiatría y poder*. Buenos Aires: Granica [Trad. F. Mazía].

BETTELHEIM, B.; GUITON, M.; BYDLOWSKI, R.; FORNARI, F.; MILHAUD-BYDLOWSKI, M. & VILENEUVE, R. (1973). *Psicología del torturador* Buenos Aires: Rodolfo Alonso.

BRAUNSTEIN, N.A. (1975). Análisis del encargo social en cada rama de la psicología: la Psicología Social. In: BRAUNSTEIN, N.A.; PASTERNAC, M.; BENEDITO, G. & SAAL, F. (orgs.). *Psicología:* ideología y ciência. México: Siglo XXI, p. 361-384.

BERKOWITZ, L. (1975). *A survey of social psychology*. Hinsdale: The Dryden.

BILLIG, M. (1976). *Social psychology and intergroup relations*. Londres: Academic.

BINET, A. (1903). *L'Etude experimentale de l'intelligence*. Paris: Schleicher.

BROWN, R. (1972). *Psicología Social*. México, DF: Siglo XXI [Trad. F. González e J. Morales].

CARPIO, S.C. (1979). *Secuestro y capucha*. Ciudad Universitaria Rodrigo Facio: Educa.

CARTWRIGHT, D. & ZANDER, A. (orgs.) (1971). *Dinámica de grupos*: investigación y teoria. México, DF: Trillas.

CASTELLS, M. (1976). *La cuestión urbana*. Buenos Aires: Siglo XXI.

CASTILLA DEL PINO, C. (1976). Para una sociogénesis del resentimiento. In: MARTÍN-BARÓ, I. (org.). *Problemas de Psicología Social en América Latina*. São Salvador: UCA, p. 110-116.

_____ (1968). *Dialéctica de la persona, dialéctica de la situación*. Barcelona: Península.

COLLINGWOOD, R.G. (1956). *The idea of history*. Londres: Oxford University Press.

COTTRELL, N.B. (1972). Social facilitation. In: McCLINTOCK, C.G. (org.). *Experimental social psychology*. Nova York: Holt, p. 185-236.

_____ (1968). Performance in the presence of other human beings: Mere presence, audience, and affiliation effects. In: SIMMEL, F.E.; HOPPE, R.A. & MILTON, G.A. (orgs.). *Social facilitation and imitative behavior*. Boston: Allyn & Bacon, p. 91-110.

CRUZ MENJÍVAR, R. (1978). Testimonio del reo politico Reynaldo Cruz Menjívar. *Estudios Centroamericanos*, 33 (360), p. 850-858.

DANZIGER, K. (1979). The social origins of modern psychology. In: BUSS, A.R. (org.). *Psychology in social context*. Nova York: Irvinton, p. 27-45.

DELEULE, D. (1972). *La psicología, mito científico*. Barcelona: Anagrama [Trad. N. Pérez e R. García].

DEUTSCH, M. & KRAUSS, R.M. (1970). *Teorías en Psicología Social*. Buenos Aires: Paidós [Trad. S. Zeigner].

DUFRENNE, M. (1959). *La personalidad básica:* un concepto sociológico. Buenos Aires: Paidós [Trad. J. García].

DURKHEIM, É. (1895/1964). *Las reglas del método sociológico*. Buenos Aires: Dédalo.

GARFINKEL, H. (1967). *Studies in Ethnomethodology*. Englewood Cliffs: Prentice-Hall.

GEEN, R.G. The effects of being observed on performance. In: PAULUS, P.B. (org.). *Psychology of group influence*. Hillsdale: Lawrence Erlbaum, p. 61-97.

GEEN, R.G. & GANGE, J.J. (1977). Drive theory of social facilitation: Twelve years of theory and research. *Psychological Bulletin*, 84 (6), p. 1.267-1.288.

GERGEN, K. (1973). Social psychology as history. *Journal of Personality and Social Psychology*, 26 (2), p. 309-320.

GOFFMAN, E. (1971). *La presentación de la persona en la vida cotidiana.* Buenos Aires: Amorrortu [Trad. H.B. Torres e F. Setaro].

_____ (1970). *Internados:* ensayos sobre la situación social de los enfermos mentales. Buenos Aires: Amorrortu [Trad. M.A. Oyuela].

FREUD, S. (1921/1972). *Psicología de las masas.* Madri: Alianza [Trad. de L. López-Ballesteros].

FROMM, E. (1971). *Psicoanálisis de la sociedad contemporánea:* Hacia una sociedad sana. México, DF: Fondo de Cultura Económica.

HENCHY, T. & GLASS, D.C. (1968). Evaluation apprehension and the social facilitation of dominant and subordinate responses. *Journal of Personality and Social Psychology*, 10 (4), p. 446-454.

HERRERA MORÁN, A. & MARTÍN-BARÓ, I. (1978). Ley y orden en la vida del mesón. *Estudios Centroamericanos*, 33 (360), p. 803-828.

HOFSTATTER, P.R. (1966). *Introducción a la psicología social.* Barcelona: Luis Mirable [Trad. Versum].

HOLLAND, J.G. (1978). Behaviorism: Part of the problem or part of the solution? *Journal of Applied Behavior Analysis*, 11, p. 163-174.

HOMANS, G.C. (1967). *The nature of social science.* Nova York: Harcourt, Brace & World.

HOVLAND, C.I.; JANIS, I.L. & KELLEY, H.H. (1953). *Communication and persuasion:* Psychological studies of opinion change. New Haven: Yale University Press.

HOVLAND, C.I. & ROSENBERG, M. (orgs.) (1960). *Attitude organization and change.* Haven: Yale University Press.

HULL, C. (1943). *Principles of behavior.* Nova York: Appleton-Century-Crofts.

ISRAEL, J. (1979). From level of aspiration to dissonance (or, what the middle class worries about). In: BUSS, A.R. (org.). *Psychology in social context.* Nova York: Irvington, p. 239-257.

JONES, E.E. & DAVIS, K.E. (1965). From acts to dispositions: the attribution process in social psychology. In: BERKOWITZ, L. (org.). *Advances in experimental social psychology.* Vol. 2. Nova York: Academic Press, p. 219-266.

KARDINER, A. (1939/1945). *El individuo y su sociedad.* México, D.F.: Fondo de Cultura Económica.

LANA, R.E. (1969). *Assumptions of social psychology*. Nova York: Appleton-Century-Crofts.

LASCH, C. (1979). *The culture of Narcissism:* American life in an Age of diminishing expectations. Nova York: Warner Books.

LERNER, M.J. & SIMMONS, C.H. (1966). Observer's reaction to the "innocent victim": Compassion or rejection? *Journal of Personality and Social Psychology*, 4 (2), p. 203-210.

LEWIN, K. (1951). *Field theory in social science:* Selected theoretical papers. Nova York: Harper.

_____ (1943). Forces behind food habits and methods of change. *Bulletin of the National Research Council*, 108, p. 35-65.

LIPPITT, R. (1968). Kurt Lewin. In: SILLS, D.L. (org.). *International encyclopedia of the social sciences*. Vol. 19. Nova York: Macmillan & Free Press, p. 266-271.

LIUNGMAN, C.G. (1972). *El mito de la inteligencia*. Barcelona: Martínez Roca [Trad. D. Persson].

MARCUSE, H. (1969). *El hombre unidimensional:* Ensayo sore la ideologia de la sociedade industrial avanzada. Barcelona: Seix Barral [Trad. A. Elorza].

MARTÍN-BARÓ, I. (1977). Del cociente intelectual al cociente racial. *Estudios Centroamericanos*, 32 (345), p. 485-494.

McCLELLAND, D.C. (1969). *La sociedad ambiciosa:* factores psicológicos em el desarrollo económico. 2 vols. Madri: Guadarrama [Trad. J. Cazorla].

McDOUGALL, W. (1908). *An introduction to social psychology*. Londres: Methuen.

MEAD, G.H. (1972). *Espíritu, persona y sociedad:* Desde el punto de vista del conductismo social. Buenos Aires: Proteo [Trad F. Mazía].

MERTON, R.K. & ROSSI, A.S. (1968). Contributions to the theory of reference group behavior. In: MERTON, R.K. (org.). *Social theory and social structure*. Nova York: Free Press, p. 279-334.

MILGRAM, S. (1974). *Obedience to authority:* An experimental view. Nova York: Harper and Row.

MORENO, J.L. (1962). *Fundamentos de la sociometría*. Buenos Aires: Paidós [Trad. J. García e S. Karsz].

MOSCOVICI, S. (1972). Society and theory in social psychology. In: ISRAEL, J. & TAJFEL, H. (orgs.). *The context of social psychology*. Londres: Academic Press, p. 17-68.

PARSONS, T. (1968). *La estructura de la acción social.* 2 vol. Madri: Guadarrama [Trad. J.J. Caballero e J. Castillo].

PETERS, R.S. (1960). *The concept of motivation.* Londres: Routledge & Kegan Paul.

REICH, W. (1974). *¿Qué es la conciencia de clase?* México, DF: Roca [Trad. P. García].

ROSENBERG, M. & TURNER, R.H. (orgs.) (1981). *Social psychology:* sociological perspectives. Nova York: Basic Books.

ROSS, E. (1908). *Social psychology:* An outline and source book. Nova York: Macmillan.

SALVAT, H. (1972). *La inteligencia:* Mitos y realidades. Barcelona: Península [Trad. C. Vilagnés].

SÈVE, L. (1973). *Marxismo y teoría de la personalidad.* Buenos Aires: Amorrortu [Trad. M.A. Payró].

SHERIF, M. (1936). *The psychology of social norms.* Nova York: Harper.

SKINNER, B.F. (1976). *Walden Two.* Nova York: Macmillan.

SPENCER, H. (1972). *On social evolution.* Chicago: The University of Chicago Press [Ed. J.D.Y. Peel].

STOUFFER, S.A.; LUMSDAINE, A.A.; LUMSDAINE, M.H.; WILLIAMS JR., R.M.; SMITH, M.B.; JANIS, I.L.; STAR, S.A. & COTTRELL, L.S. (1949). *The American soldier.* Princeton: Princeton University Press.

THOMAS, W.I. & ZNANIECKI, F. (1918-1920). *The Polish peasant in Europe and America* – Monograph of an immigrant group. 5 vols. Boston: Badger.

TOULMIN, S.E. (1969). Concepts and the explanation of human behavior. In: MISCHEL, T. (org.). *Human action:* Conceptual and empirical issues. Nova York: Academic Press, p. 71-104.

TRAVIS, L.E. (1928). The influence of the group upon the stutterer's speed in free association. *The Journal of Abnormal and Social Psychology,* 23 (1), p. 45-51.

TRIPLETT, N. (1898). The dynamogenic factors in pacemaking and competition. *American Journal of Psychology,* 9, p. 507-533.

TURNER, R. (org.) (1974). *Ethnomethodology.* Harmondsworth: Penguin.

VERÓN, E. (1972). *Conducta, estructura y comunicación.* Buenos Aires: Tiempo Contemporáneo.

WATSON, J.B. (1925/1972). *El conductismo*. Buenos Aires: Paidós [Trad. O. Poli].

WEBER, M. (1925/1964). *Economía y sociedad*. México, DF: Fondo de Cultura Económica [Trad. J. Medina, J. Roura, E. García, E. Imaz e J. Ferrater].

_____ (1904/1969). *La ética protestante y el espíritu del capitalismo*. Barcelona: Península [Trad. L. Legaz].

WEISS, R.F. & MILLER, F.G. (1971). The drive theory of social facilitation. *Psychological Review*, 78 (1), p. 44-57.

WUNDT, W. (1904/1926). *Elementos de psicología de los pueblos*. Madri: Daniel Jorro.

ZAJONC, R.B. (1980). Compresence. In: PAULUS, P.B. (org.). *Psychology of group influence*. Hillsdale: Lawrence Erlbaum, p. 35-60.

_____ (1972). *Animal social behavior*. Morristown: General Learning.

_____ (1971). Facilitación social. In: CARTWRIGHT, D. & ZANDER, A. (orgs.). *Dinámica de grupos* – Investigación y teoria. México, DF: Trillas [Trad. F. Patán López].

ZIMBARDO, P.J.; HANEY, C.; BANKS, W.C. & JAFFE, D. (1975). The psychology of imprisonment: Privation, power, and pathology. In: ROENHAN, D. & LONDON, P. (orgs.). *Theory and research in abnormal psychology*. Nova York: Holt, Rinehart & Winston, p. 272-287.

ZÚÑIGA, R. (1976). La sociedad en experimentación y la reforma social radical: El papel del científico social en la experiencia de la Unidad Popular de Chile. In: MARTÍN-BARÓ, I. (org.). *Problemas de Psicología Social en América Latina*. São Salvador: UCA, p. 21-51.

7
VOTAR EM EL SALVADOR: PSICOLOGIA SOCIAL DA DESORDEM POLÍTICA[22]

1) O ponto de partida para uma Psicologia Social da política deve ser desvelar a política da Psicologia Social

Se o objeto da Psicologia Social é o que há de ideológico na ação humana, isto é, que forças e interesses sociais determinam, em cada situação, o comportamento das pessoas e dos grupos (MARTÍN-BARÓ, 1983), então é fundamental começar essa tarefa analisando o quefazer dos próprios psicólogos sociais buscando, assim, esclarecer o que há de ideológico na própria Psicologia Social (BRAUNSTEIN, 1979). Esta autoanálise é um requisito particularmente importante para uma Psicologia Social da ação política, pois a perspectiva adotada é crucial para determinar o que se pode ver e como se pode ver. Por isso, com razão, pode-se esperar a produção de importantes orientações no estudo dos comportamentos políticos, terreno privilegiado dos interesses sociais e das racionalizações ideológicas.

Assim, devemos nos perguntar a partir de onde pretendemos analisar o quefazer político e isso exige revisar a partir de que pressupostos e de que perguntas iniciamos nossa análise, assim como com quais unidades de análise, conceituais e metodológicas, realizamos nossas reflexões. O questionamento deve estar mais direcionado aos esquemas de trabalho do que aos interesses pessoais, mais à intencionalidade objetiva do processo do que às intencionalidades subjetivas do psicólogo. Não se trata de negar a influência que o indivíduo pode ter sobre o objeto de análise, mas

---

22. Conferência pronunciada no *III Encuentro Nacional de Psicología Social de España* em setembro de 1983. Texto publicado, pela primeira vez, no *Boletín de la Avepso*, vol. 10, n. 2 [N.T.].

de questionar a suposta assepsia de sua bagagem conceitual e metodológica: a boa vontade subjetiva não modifica a natureza ou o alcance dos conceitos e, portanto, não alcança a ação subsequente que é possibilitada e exigida.

A questão não pode ser resolvida pela imposição de uma teoria única na análise psicossocial, pois no interior de marcos teóricos gerais podem aparecer importantes diferenças conceituais. Trata-se de destacar o papel determinante desempenhado, enquanto princípio epistemológico, pelo "desde quem" de nossa análise e de nossa atuação. Um bom exemplo, sem dúvida alguma, é oferecido pela psicanálise, a qual contém tanto a visão progressista de Wilhelm Reich (1933/1965) quanto a perspectiva conservadora de Talcott Parsons (1964). Enquanto Reich examinava os processos a partir de seu compromisso com as lutas operárias e antifascistas, Parsons contemplava o mundo a partir do Olimpo, isto é, de sua cátedra em Harvard.

Em 1969, dois psicanalistas franceses, usando o pseudônimo "André Stéphane", publicaram um estudo raivosamente fundamentalista, no qual interpretavam as revoltas estudantis de maio de 1968 como o sintoma de um Édipo malresolvido, como um esforço por moldar um mundo sem pais sob a inspiração narcisista da religião cristã. A partir do divã clínico de "Stéphane" (1969), a politização estudantil não seria nada mais do que uma forma de projetar os próprios conflitos pessoais e, assim, evitar sua resolução. Frente a este modelo conservador de psicanálise, outro psicanalista de fala francesa, Frantz Fanon (1952/1970, 1963, 1968), tinha escrito, poucos anos antes, algumas das obras mais lúcidas sobre a luta libertadora de um povo oprimido na Argélia, na qual esteve pessoalmente envolvido. Para Fanon, a luta revolucionária do argelino não era o produto da imaturidade edípica, mas do esforço para encontrar sua própria identidade histórica, expulsando violentamente do país e de seu psiquismo a presença opressiva do colonizador.

Na atualidade, os paradigmas dominantes em Psicologia Social provêm dos centros de poder acadêmico, refletindo, com bastante fidelidade, os interesses daqueles que financiam as pesquisas e que demandam respostas para suas inquietudes e seus problemas. Assim, não é de se estranhar que os estudos da Psicologia Social da política tenham se centrado no que Davies (1973) chamou de comportamento legítimo de corpos políticos "sãos", ignorando as áreas mais conflitivas e os processos anômalos. Mais ainda, não há apenas a adoção das preocupações e das perguntas daqueles que detêm o poder, mas também se assume a perspectiva deles como natural. Por isso, para citar dois exemplos, a principal referência, quando não a única, usada na análise da violência é o comportamento de opositores aos regimes sociais estabelecidos (LUBEK, 1979) ou o rótulo de "terroristas" é reservado apenas para aqueles que operam fora dos marcos legais ou que não detêm o poder (CHOMSKY & HERMAN, 1979).

Uma revisão das principais publicações científicas na Psicologia Social demonstra que o paradigma predominante na atualidade é o da análise de atribuição (REEVES; RICHARDSON & HENDRICK, 1979; SMITH; RICHARDSON & HENDRICK, 1980). A análise de atribuição surge da concepção de "psicologia ingênua" de Fritz Heider (1958), a qual considera o funcionamento do homem comum como a matéria e o critério dos processos psicológicos normais. Porém, esse "homem comum" que, muitas vezes, nos lembra as "maiorias silenciosas" de Richard Nixon é o produto de uma determinada ordem social. Assumir o seu funcionamento psíquico como referência significa aceitar as exigências ideológicas do poder estabelecido, universalizar sua visão específica de ser humano e, assim, isentar de análise, deixar de questionar a relação entre as formas e os conteúdos, entre os processos psíquicos e os interesses sociais. As normas e as regularidades existentes são um produto histórico e, portanto, sua afirmação positiva supõe a negação de outras normas e regularidades alternativas e possíveis.

A utilização predominante do modelo de atribuição, herdeiro extrínseco e intrínseco do modelo das atitudes, assim como a hegemonia atual da perspectiva cognitivista resultam na subjetivização e no esvaziamento histórico dos processos psicossociais. Esses passam a ser explicados apenas pela determinação de como as pessoas atribuem formalmente a causalidade dos atos percebidos ou pelo funcionamento de seus esquemas perceptivos (SAMPSON, 1981). Quando esse modelo é aplicado aos comportamentos políticos não se supera o primeiro nível fenomenológico, isto é, não se fazem perguntas ou questionamentos sobre as raízes do poder social.

Em síntese, se o que se busca é efetivar uma Psicologia Social da Política que ofereça uma contribuição significativa, então o ponto de partida é a compreensão da possível ideologização da própria Psicologia Social, dos interesses e das forças que distorcem a análise, mesmo que seja apenas para se tomar consciência das próprias limitações e, assim, não apresentar como história universal o que não passa de fofoca provinciana.

2) Para compreender o comportamento político em um país como El Salvador, a referência estrutural não pode ser uma ordem social, mas uma desordem determinada

Em geral, a perspectiva psicossocial assume a existência de uma ordem social mais ou menos estável, mais ou menos coerente, mais ou menos equilibrada. Todavia, esse tipo de perspectiva dificulta a compreensão dos comportamentos políticos que caracterizam a situação atual de El Salvador. Os comportamentos políticos aqui só se tornam inteligíveis quando analisamos não uma ordem social, mas uma verdadeira desordem determinada – o que exige uma compreensão distinta sobre as instituições sociais, sobre o confronto de forças sociopolíticas, sobre a estrutura normativa ou sobre os processos de socialização ou participação política.

Nos marcos do que chamo de desordem determinada, as relações entre a estrutura social e a personalidade dos indivíduos são múltiplas e diversas, tornando impossível pressupor qualquer tipo de linearidade e, muito menos, de unilateralidade causal. O próprio fato de El Salvador ser um país historicamente dependente e que, na atualidade, sofre com a intervenção norte-americana torna ainda mais complexo o sentido dos atos políticos de grupos e de pessoas. Isto pode ser facilmente comprovado destacando o comportamento repressivo das forças de segurança ou o sentimento da população frente aos movimentos insurgentes. Aqui tomaremos um exemplo cuja aparência parece contradizer nossa tese por sugerir que existe uma ordem política e social em El Salvador: a participação cidadã em um processo eleitoral. A análise é ainda mais significativa porque toda vez que a população salvadorenha se envolve em novas eleições, o mundo contempla extasiado, em seus televisores, possivelmente, via satélite, um povo analfabeto, faminto e em guerra civil participar com entusiasmo no principal ritual da democracia de tipo norte-americano.

Em 2 de março de 1982, após 2,5 anos do golpe de estado que derrubou o governo constitucional do general Carlos Humberto Romero, foram realizadas em El Salvador as eleições de uma Assembleia Constituinte. Dessa forma, esperava-se reestabelecer a legitimidade institucional dos poderes públicos. As eleições foram rejeitadas pelos movimentos populares, democráticos e revolucionários que, desde janeiro de 1981, tinham se levantado em armas. Apesar da oposição dos insurgentes e de suas ambições bélicas, no dia das eleições, segundo os dados oficiais, 1.551.687 salvadorenhos depositaram seu voto.

Para se apreciar a magnitude relativa desse número é preciso relembrar que a população total de El Salvador, em 1980, era de cinco milhões e que entre 1980 e 1982 quinhentos mil salvadorenhos fugiram do país e que mais de 50% da população é formada por menores de idade. Em outras palavras, levando em conta apenas os eleitores potenciais reais, por volta de 85% do eleitorado salvadorenho votou (CENTRO UNIVERSITARIO DE DOCUMENTACIÓN E INFORMACIÓN, 1982a). Esse cálculo é meramente hipotético, pois a votação ocorreu sem registro eleitoral. Em todo caso, o espetáculo de enormes filas de votantes nos poucos centros de votação distribuídos em diversas cidades, especialmente na capital, convenceu o mundo de que o povo salvadorenho tinha ido às urnas para eleger seus representantes. Poder-se-ia dizer que os olhos – e, logo em seguida, os dados – contrariavam o que parecia ser um argumento racional, isto é, que semelhante comportamento eleitoral seria impossível em um país em guerra civil. De fato, as versões oficiais apresentaram os resultados como uma recusa do povo salvadorenho aos movimentos insurgentes; observadores mais críticos interpretaram a votação como uma resposta ao que a propaganda oficial tinha repetido compulsivamente ("seu voto é a solução"). De qualquer forma, a massiva participação dos salvadorenhos nas eleições teria comprovado a vigência de um comportamento coerente com uma ordem social em crise que começava a se recuperar. O comportamento cívico do povo salvadorenho ficaria, assim, explicado como expressão de seus valores democráticos, como recusa da alternativa política radical e como vigência de uma ordem normativa interiorizada.

No entanto, é necessário questionar essa votação a partir de outra perspectiva. Antes de tudo, devemos questionar quantos e quem foram os votantes. Uma análise cuidadosa mostra que, dado o limitado número de mesas de votação e o tempo disponível para votar, o número oferecido pelos dados oficiais era fisicamente impossível. Se a este dado somam-se múltiplas falhas organizativas, erros técnicos, interrupções na votação por causa da violência, então é possível concluir que o resultado final foi inchado em, pelo menos, 450.000 votos, isto é, 30% (CENTRO UNIVERSITARIO DE DOCUMENTACIÓN E INFORMACIÓN, 1982a). Uma vez comprovada a "inflação" – algo que foi reconhecido em âmbito privado ou em público, de forma indireta, por representantes dos partidos políticos que participaram do processo eleitoral – o significado geral do processo é profundamente questionado.

Porém, a fraude não resolve o problema. Pois mesmo que o número de votantes não ultrapasse o número de um milhão ou mesmo meio milhão, ainda se trata de um número muito elevado para as condições do país (UCA, 1982). Quem votou em El Salvador? Certamente, membros de todas as classes sociais, pois não existem quinhentos mil burgueses adultos no país. Isto significa que a maioria dos que votaram pertencia aos setores dominados, o que contrasta com a conhecida verificação de que a participação em processos eleitorais se dá predominantemente entre os membros de classes superiores (ALFORD & FRIEDLAND, 1975; VERBA; NIE & KIM, 1971; VERBA & NIE, 1972). Sem negar a possibilidade dessa peculiaridade nos processos salvadorenhos, também é necessário analisar o abismo entre aparência e realidade na votação. Aceitando essa diferenciação, perceberemos que na votação operaram fatores distintos daqueles que atuam em outras situações sociais. O ato de votar dos salvadorenhos não somente corresponde a múltiplas motivações, mas possui sentidos diferentes que não permitem interpretar o espetáculo como um fenômeno político-eleitoral semelhante ao que se dá em países que possuem uma ordem social definida.

Por que os votantes, muitos ou poucos, votaram? Em primeiro lugar, deve-se lembrar que em El Salvador ocorrem votações periódicas há mais de 50 anos e que militares e políticos reconhecem que todos os processos eleitorais, sem exceção, foram fraudulentos. As fraudes mais explícitas e penosas foram as de 1972 e 1977. Sabe-se que a percepção de ineficácia e impotência conduz à alienação em relação aos sistemas políticos (SCHWARTZ, 1973). Assim, em El Salvador, podem os processos eleitorais ter, para a maioria das pessoas, algum sentido para além da ideia de que é um ritual periódico, pelo qual se referenda uma decisão definida anteriormente no poder e que não passa de uma festa dos ricos que distribuem *tamales*[23] e bebidas para os pobres?

Um mês antes das eleições realizei um levantamento de opinião com 1.842 estudantes pré-universitários (CENTRO UNIVERSITARIO DE DOCUMENTACIÓN E INFORMACIÓN, 1982b). Apesar de somente um quinto dos participantes acreditarem que as eleições poderiam ajudar a resolver o conflito e de 76% afirmarem que nenhum dos partidos existentes era satisfatório, somente um entre cada cinco estudantes afirmava que não iria votar. Entre aqueles que manifestavam a disposição de votar, 40% afirmavam que fariam isso pois temiam sofrer represálias. Obviamente, estudantes pré-universitários não representam toda a população salvadorenha, mas indicam uma forte discrepância entre o que pensam sobre o processo eleitoral e a disposição de votar. Se quase metade dos estudantes afirmava que votaria por temor, pode-se imaginar o que sentiram trabalhadores ou camponeses que estão submetidos ao controle de seus patrões e/ou ao controle repressivo das forças policiais. Não se pode esquecer que, durante os 3 últimos anos, pelo menos 40.000 salvadorenhos foram eliminados pela repressão militar ou paramilitar.

Mesmo assim, seria um erro atribuir o resultado da votação de 28 de março somente ao temor. Seria o mesmo que assumir

---

23. Comida típica na região feita com milho [N.T.].

uma causalidade linear em uma ordem ditatorial. De fato, muitas pessoas em El Salvador estavam cansadas da guerra e desejavam encontrar outra via para resolver o conflito. "O seu voto é a solução" era a afirmação da propaganda oficial e, de fato, não foram poucos que votaram buscando uma "solução". Na pesquisa citada anteriormente, 20% dos participantes que afirmaram que votariam, explicaram que buscavam a paz. Mesmo com o leque ideológico dos partidos participantes nas eleições incluindo apenas setores que vão desde a direita moderada até a extrema-direita, quase fascista, a dinâmica eleitoral criava a ilusão de que existiam alternativas. Com isso, é possível compreender como uma formação política de extrema-direita, Arena, baseada no grande capital, liderada por um ex-major do exército, com um estilo que transita entre a prepotência oligárquica e o machismo escancarado, foi capaz de capitalizar os votos daqueles que queriam canalizar o seu descontentamento com o governo (MARTÍN-BARÓ, 1982). Votar na Arena significava, ao mesmo tempo, uma opção contra o governo conservador, mas a favor da oligarquia mais reacionária; um voto contra aqueles que reprimiam, mas a favor de quem prometia uma repressão ainda maior.

Os resultados das eleições de 28 de março de 1982 mostram o caráter do processo: a Democracia Cristã, que obteve a maioria relativa dos votos, teve que curvar-se aos partidos restantes, pois, juntos, tinham maioria absoluta. Mas estes também não conseguiram impor sua vontade: a embaixada norte-americana, após fortes pressões e prolongadas negociações, impôs um presidente que considerava adequado e determinou a formação de um governo de "unidade nacional" (CAMPOS, 1982). Com fraude ou sem fraude, com participação popular ou sem ela, as eleições salvadorenhas não tinham como função primordial a delegação de um poder, inexistente ou alienado (cf. MONTES, 1982), e nem foram a atividade de uma ordem política unitária.

O que é possível concluir sobre o comportamento eleitoral da população salvadorenha em 28 de março de 1982? Com certeza não foi mera votação democrática, ainda que existissem partidos em disputa, discursos inflamados e votantes movidos pelo civismo e pela boa vontade. Também não é possível afirmar que foi um simples espetáculo voltado ao público internacional, ainda que tenha existido muito disso – o que repercutiu em perda de apoio aos insurgentes. E não se pode afirmar que foi somente o comportamento típico de uma população alienada e aterrorizada, ainda que houve muito de inconsciência e de temor entre grande parte dos votantes. Em última instância, a votação de 28 de março foi um gigantesco processo de desmobilização popular, que conduziu o comportamento político da população salvadorenha participante das eleições ao vazio de poder e de sentido. Nesse aspecto, o governo de Ronald Reagan, promotor inicial e principal propagandista destas eleições, acertou.

Que o comportamento de participação política possa ser um processo de desmobilização social é algo que só pode ser compreendido nos marcos de uma desordem determinada, na qual: as instituições políticas são armazéns esvaziados de poder real, inexiste um espaço público que possibilite a ação coletiva sob o abrigo de um "senso comum" normativo e o confronto de forças sociais perde qualquer significação diante dos desígnios de um poder estranho e todo-poderoso (a embaixada norte-americana). Assim, neste caso específico, a pergunta psicossocial sobre o que há de ideológico na ação de votar leva à descoberta de uma participação limitada e complexa por trás da aparência de votação massiva, assim como de um processo de desmobilização social acobertado pela participação eleitoral e de uma verdadeira alienação colonial ocultada por um aparente eixo de sustentação da ordem nacional.

Referências

ALFORD, R.R. & FRIEDLAND, R. (1975). Political participation and public policy. *Annual Review of Sociology*, 1, p. 429-479.

BRAUNSTEIN, N.A. (1979). Análisis del encargo social en cada rama de la Psicología: la Psicología Social. In: BRAUNSTEIN, N.A.; PASTERNAC, M.; BENEDITO, G. & SAAL, F. (orgs.). *Psicología:* ideología y ciencia. México, DF: Siglo XXI, p. 361-384.

CAMPOS, T.R. (1982). El "Pacto de Apaneca": un proyecto político para la transición. *Estudios Centroamericanos*, 37 (407-408), p. 865-878.

CENTRO UNIVERSITARIO DE DOCUMENTACIÓN E INFORMACIÓN (1982a). Las elecciones de 1982: realidades detrás de las apariencias. *Estudios Centroamericanos*, 37 (403-404), p. 573-596.

_____ (1982b). Elecciones: sondeo de opinión. *Proceso*, 53, p.7-9.

CHOMSKY, N. & HERRMAN, E.S. (1979). *The political economy of human rights:* The Washington connection and Third World fascism. Boston: South End.

DAVIES, J.C. (1973). Where from and where to? Em: KNUTSON, J.N. (org.). *Handbook of political psychology*. São Francisco: Jossey-Bass, p. 1-27.

FANON, F. (1968). *Sociología de una revolución*. México, DF: Olea [Trad. V. Flores Olea].

_____ (1963). *Los condenados de la tierra*. México, DF: Fondo de Cultura Económica [Trad. J. Campos].

_____ (1952/1970). *¡Escucha, blanco!* Barcelona: Nova Terra [Trad. A. Abad].

HEIDER, F. (1958). *The psychology of interpersonal relations*. Nova York: John Wiley & Sons.

LUBEK, I. (1979). A brief social psychological analysis of research on aggression in social psychology. In: BUSS, A.R. (org.). *Psychology in social context*. Nova York: Irvington, p. 259-306.

MARTÍN-BARÓ, I. (1983). *Acción e ideología*: Psicología Social desde Centroamérica. São Salvador: UCA.

_____ (1982). El llamado de la extrema derecha. *Estudios Centroamericanos*, 37 (403-404), p. 453-466.

MONTES, S. (1982). Las elecciones y el poder en El Salvador. *Estudios Centroamericanos*, 37 (399-400), p. 59-66.

PARSONS, T. (1964). *Social structure and personality*. Nova York: Free.

REEVES, R.A.; RICHARDSON, D.C. & HENDRICK, C. (1979). Bibliography of journal articles in personality and social psychology: 1978. *Personality and Social Psychology Bulletin*, 5 (4), p. 524-542.

REICH, W. (1933/1965). *Análisis del carácter*. Buenos Aires: Paidós [Trad. L. Fabricant].

SAMPSON, E.E. (1981). Cognitive psychology as ideology. *American Psychologist*, 36 (7), p. 730-743.

SCHWARTZ, D.C. (1973). *Political alienation and political behavior*. Chicago: Aldine.

SMITH, S.S.; RICHARDSON, D. & HENDRICK, C. (1980). Bibliography of journal articles in personality and social psychology: 1979. *Personality and Social Psychology Bulletin*, 6 (4), p. 606-636.

STÉPHANE, A. (1969). *L'univers contestationnaire ou les nouveaux chrétiens* – Étude psychanalytique. Paris: Payot.

UNIVERSIDAD CENTRO AMERICANA (1982). Las elecciones y la unidad nacional: Diez tesis críticas. *Estudios Centroamericanos*, 37 (402), p. 233-258.

VERBA, S. & NIE, N.H. (1972). *Participation in America:* Political democracy and social equality. Nova York: Harper and Row.

VERBA, S.; NIE, N.H. & KIM, J. (1971). *The modes of democratic participation:* A cross-national comparison. Beverly Hills: Sage.

8
O LATINO INDOLENTE: CARÁTER IDEOLÓGICO DO FATALISMO LATINO-AMERICANO[24]

> Queridos filósofos,
> queridos sociólogos progresistas,
> queridos psicólogos sociales:
> no jodan tanto con la enajenación
> aquí donde lo más jodido
> es la nación ajena.
> Roque Dalton. *Poemas Clandestinos*

1) A síndrome fatalista

O torpor latino-americano

No mundo latino-americano recriado por Gabriel García Márquez, os acontecimentos mais extravagantes parecem normais e os anacronismos mais pitorescos adquirem um caráter de cotidianidade atemporal. Tal como para o coronel que não tem quem lhe escreva, o tempo parece ter parado nesses povos, dispersos entre florestas tropicais e montes andinos. Povos sós e solitários, para os quais o amanhã já foi ontem e logo será tarde demais, sem que hoje ou agora possa ser feito algo para mudar esse destino fatal.

Novela de ficção? É claro. Mas uma ficção que aprende atentamente um mundo obrigado a viver de forma pseudomarginalizada em relação à história. Basta olhar para a vida latino-americana de cada dia, "desde o Rio Bravo até a Patagônia", para saber que a imaginação literária não fez mais do que depurar um fato essencial de nossa realidade. Em El Salvador, por exemplo, nada é surpreendente. Se a guerra civil que assola o país desde 1981

---

24. Trabalho publicado em 1987 no livro *Psicología política latinoamericana*, organizado por Maritza Montero [N.T.].

conseguiu algo, foi converter o insólito em cotidiano. Em 1981, os filhos de um dos membros da Junta de Governo estavam lutando na guerrilha, enquanto o chefe da Polícia Nacional, acusada de "abrigar esquadrões da morte" e de sistematicamente torturar e assassinar, foi nomeado membro da Comissão de Direitos Humanos. Um ministro do governo afirmou na TV que a revolução salvadorenha não tinha comparação em toda a história e que, talvez, somente a Revolução Francesa poderia ser equiparada a ela, enquanto, durante uma troca de prisioneiros, um Subsecretário de Relações Exteriores saudou um comandante guerrilheiro com a expressão "às suas ordens, meu comandante". No interior da igreja de Tenancingo, um povoado "fantasma", isto é, abandonado por causa da guerra, crescia uma grande árvore, enquanto o diretor nacional de turismo declarava que a guerra seria muito útil para o turismo do país, já que poderia mostrar para os estrangeiros os "tatus", isto é, as covas escavadas na terra pelas pessoas para se protegerem dos bombardeios das Forças Armadas.

A lista de absurdos históricos poderia se prolongar indefinidamente. Tal como no inconsciente freudiano, todas as contradições são possíveis no mundo latino-americano, já que a lógica parece não importar, pelo menos aquela lógica que está fundada na razão e não em interesses arquitetados. Parece que os povos latino-americanos estão imersos em um cochilo forçado, um estado de dormência que os mantém à margem de sua própria história, sujeitos confinados em processos que outros determinam, sem que a semiconsciência de sua situação permita criar outra coisa que não solavancos esporádicos, como quem se agita para não cair totalmente no sono. Os periódicos golpes de estado ocorridos em alguns destes países são parte constitutiva do "folclore latino" e representam apenas mudanças de lado na mesma moeda, isto é, um outro grupo minoritário assume a vez de desfrutar o bolo, enquanto para o povo tudo segue da mesma maneira.

Este aparente encantamento do tempo histórico para os povos latino-americanos parece converter as realidades sociais em natureza física. Cada objeto segue seu ciclo predeterminado, cujas mudanças são apenas aquelas impostas pelas mínimas exigências evolutivas. As coisas são como são, como foram ontem e como serão amanhã. Somente o presente importa e não pela plenitude vivencial que buscava o poeta latino (*carpe diem*), mas pelo estreitamento forçado das possibilidades de vida. Lançados aqui, sem memória histórica ou projeto de vida, parece que aos povos latino-americanos não resta nada mais do que a perspectiva de aceitação fatalista de seus destinos.

O fatalismo

O fatalismo é um termo que provém do latim, *fatum*, que significa fado, isto é, profecia, vaticínio e, portanto, destino inevitável. Algo é fatal quando é inevitável, mas também quando é trágico, infeliz. Em castelhano, portanto, fatalidade tem essa dupla conotação de futuro inevitável e trágico. O fatalismo é a compreensão da existência humana em que o destino de todos está predeterminado e todo fato ocorre de modo inescapável. Aos seres humanos não resta nada mais além de acatar seu destino e submeter-se à sorte que é prescrita por sua sina.

A compreensão fatalista sobre a existência é atribuída a amplos setores dos povos latino-americanos e pode ser compreendida como uma atitude básica, como uma maneira de se situar diante da própria vida. Nesse sentido, o fatalismo revela uma peculiar forma da pessoa de dar sentido à sua relação consigo mesma e com os fatos de sua existência (cf. MARTÍN-BARÓ, 1983, p. 281-282, 291-293). Isto se traduz em comportamentos de conformismo e resignação diante de qualquer circunstância, inclusive as mais negativas. Podemos analisar o fatalismo em seu triplo caráter ideacional, afetivo e comportamental.

As ideias mais comuns da atitude fatalista são:

1) Os principais aspectos da vida das pessoas são definidos pelo seu destino a partir do momento em que nascem; já está "escrito" o que as pessoas poderão ser e o que não poderão fazer; por isso, a existência individual não é mais do que o desdobramento desse projeto de vida predeterminado pela sina de cada um.

2) As pessoas não podem fazer nada para evitar ou mudar seu destino fatal; a vida dos seres humanos está regida por forças superiores, alheias ao próprio controle e poder.

3) No interior dos marcos de referência dos povos latino-americanos, predominantemente religiosos, a definição do destino das pessoas é atribuída a Deus; um Deus distante e todo-poderoso, frente ao qual toda oposição é inútil e cuja infinita sabedoria na criação do mundo e da sociedade não pode ser questionada por uma simples criatura.

Os três afetos ou elementos emocionais que, com mais frequência, aparecem na síndrome fatalista latino-americana são os seguintes:

1) Aceitação resignada do destino de cada um, isto é, a existência é aceita tal como ela foi imposta, sem ressentimento ou rebeldia, pois isto não leva a nada.

2) A inevitabilidade dos acontecimentos da própria vida reduz a importância de cada um deles, por isso sentir emoções intensas, como deixar-se levar pela alegria ou pela tristeza, carece de sentido, pois o que importa na existência é aceitar o próprio destino com coragem e conduzi-lo com dignidade.

3) A vida é tomada como uma provação exigente e dolorosa de caráter trágico, consequentemente, viver o sofrimento passa a ser o estado normal das pessoas e chega-se até a se identificar destino com sofrimento; "se nasce para sofrer".

Finalmente, apresentamos *as tendências comportamentais*, os três traços mais característicos do fatalismo latino-americano.

1) O conformismo em relação às exigências do próprio destino. Diante da inevitabilidade das circunstâncias em que se está e dos acontecimentos que ocorrem, não resta alternativa senão a de se conformar. A única forma adequada de aceitar a própria sorte e evitar problemas adicionais é se submeter às imposições do destino e realizar, o mais fielmente possível, o que é exigido e da maneira exigida.

2) A passividade diante das circunstâncias da vida. Posto que nada pode ser feito para mudar o próprio destino ou para evitar que os acontecimentos mais significativos da existência

ocorram, não tem sentido se esforçar para melhorar a própria sorte, tomar iniciativas ou se empenhar na alteração do curso das coisas. A passividade representa a forma racional mais conhecida de adaptação ao destino fatal.

3) A redução do horizonte vital ao presente. A única coisa que conta é o aqui e o agora, tanto para o bem quanto para o mal. O conhecimento do passado ou a predição do futuro servem somente para confirmar a inevitabilidade do destino. Posto que nada essencial pode ser alterado, é inútil planificar ou aspirar diante de algo que já está predestinado. É preciso responder às exigências imediatas da vida, buscando fazer com que sejam menos negativas e extraindo, ao máximo, suas possibilidades positivas.

O quadro 1 sintetiza os traços do fatalismo latino-americano. Este é definido como uma atitude. Ainda que esteja implícito, é importante destacar que os afetos, ideias e tendências comportamentais enumerados representam uma divisão analítica de uma forma de ser, de uma maneira como certas pessoas se relacionam consigo mesmas e se posicionam diante de seu mundo. Isto quer dizer que é possível encontrar uma forma distinta de analisar essa realidade existencial e, portanto, que as características destacadas não devem ser coisificadas como entidades em si mesmas. Elas devem ser compreendidas fazendo-se referência à totalidade pessoal (as pessoas "fatalistas"); são características que se apresentarão mais ou menos claramente em cada indivíduo e seu sentido deve ser analisado no contexto de cada circunstância histórica.

Quadro 1 Elementos mais característicos do fatalismo latino-americano

Ideias	Sentimentos	Comportamentos
• A vida está predefinida.	• Resignação frente ao próprio destino.	• Conformismo e submissão.
• A própria ação não pode mudar o destino fatal.	• Não deixar-se afetar, nem emocionar pelas circunstâncias da vida.	• Tendência a não fazer esforços, à passividade.
• Um Deus distante e todo-poderoso decide o destino de cada pessoa.	• Aceitação do sofrimento causado pela dureza do próprio destino.	• Presentismo, sem memória do passado e nem planejamento do futuro.

A partir desta caracterização da síndrome fatalista, surge uma imagem estereotipada que pode ser atribuída ao latino-americano, ultrapassando distinções nacionais ou grupais. Essa imagem não existe em outros países da América do Norte ou da Europa e constitui um esquema de referência incorporado na própria pauta do pensamento cultural nos países da América Latina. O latino-americano preguiçoso, inconstante, irresponsável, folião e muito religioso. Sobre esta "matriz estereotípica" surgem vários tipos: o oligarca, cosmopolita e esbanjador, "filhinho de papai" ou parente de algum ditador; o militar, golpista, meio populista e meio gorila, subornável em tudo, menos em seu machismo, visceral e fundamental; o indígena, vago e simplista, de aparência obsequiosamente submissa, mas teimoso, rancoroso e vingativo.

É importante distinguir o fatalismo como atitude diante da vida do fatalismo como estereótipo social atribuído aos latino-americanos, mesmo quando este estereótipo é atribuído pelos próprios latino-americanos. Em outras palavras, é preciso examinar se o fatalismo corresponde a uma atitude real dos latino-americanos ou se é uma caracterização atribuída a eles e que, dessa maneira, tem um impacto sobre sua existência, ainda que seu comportamento real não tenha correspondência com a caracterização.

Estudos sobre o fatalismo latino-americano

Apesar da difusão do estereótipo sobre o fatalismo latino-americano, não existem muitos estudos empíricos que analisam este tema diretamente. A maior parte das análises encontradas são reflexões teóricas sobre a natureza do fatalismo, o qual, frequentemente, é definido como um traço do "caráter latino-americano" ou do caráter específico dos habitantes de algum dos países latino-americanos. Em outros casos, o fatalismo é assumido como um ponto de partida, como um dado cuja evidência torna desnecessário realizar uma análise ou uma verificação empírica. Por isso, surpreendentemente, não há apenas poucos estudos sobre o fatalismo, mas o tema é estudado apenas indiretamente, em pesquisas que abordam alguns dos problemas dos setores populares e marginalizados. Podemos citar alguns dos estudos mais significativos.

Em seus trabalhos antropológicos, construídos a partir das próprias palavras usadas pelas pessoas entrevistadas, Oscar Lewis conseguiu transmitir as formas características de pensar, sentir e agir de setores populares mexicanos (1961), porto-riquenhos (1965) e cubanos (LEWIS; LEWIS & RIGDON, 1977a, 1977b, 1978). Muitas das hipóteses sobre a textura mental do machismo surgiram ou encontraram sua confirmação nos relatos de Lewis. Assim, nessas narrativas autobiográficas aparecem alguns dos traços característicos do fatalismo: uma crença, mais ou menos explícita na inevitabilidade do destino das pessoas, a resignação diante do inevitável, a passividade e o presentismo como formas de adaptação às exigências da própria vida. É particularmente interessante observar a diferença desse tipo de esquemas mentais nos cubanos antes e depois do triunfo da revolução.

De um ponto de vista sociológico, o fatalismo tende a aparecer nos resultados de quase todos os estudos sobre as atitudes e opiniões dos setores populares latino-americanos. Podemos tomar como exemplo um estudo realizado por Reinaldo Antonio Téfel em 1972 com 450 chefes de famílias dos bairros marginais de Manágua. 79,7% dos entrevistados concordaram que "fazer planos traz somente a infelicidade porque é difícil realizá-los" (*inutilidade de todo planejamento*); 66,8% aceitava que "uma pessoa deve se preocupar com as coisas de hoje e deixar as de amanhã para amanhã" (*presentismo*); finalmente, 93,0% consideravam que "o segredo da felicidade está em não esperar muito da vida e estar contente com o que ocorre com as pessoas" (*conformismo e resignação*) (TÉFEL, 1972, p. 118-119).

Uma das primeiras análises psicossociais que abordou o tema do fatalismo latino-americano é o estudo realizado por Erich Fromm e Michael Maccoby entre 1957 e 1963 em um pequeno povoado mexicano de 162 famílias utilizando a tipologia de Fromm sobre o caráter social (FROMM, 1941/1969, 1947/1969). Segundo Fromm e Maccoby (1970, p. 37), os aldeões estudados:

> são melindrosos, suspeitos dos motivos mútuos, pessimistas quanto ao futuro e fatalistas. Muitos se mostram submissos e insatisfeitos com eles mesmos, ainda que sejam capazes de se rebelar e iniciar a revolução. Sentem-se inferiores, mais estúpidos e menos educados

do que os habitantes da cidade. Existe um sentimento opressivo de impotência para influenciar a natureza ou a máquina industrial que os domina.

Assim, entre esses camponeses, aparecem os traços típicos do fatalismo: o pessimismo quanto ao futuro, a submissão e a impotência em relação ao mundo e a sociedade. É claro que esses traços não são absolutos, já que, por exemplo, estão misturados com sementes de rebeldia. Contudo, é importante indicar que a tendência à rebelião não é, por si só, uma negação do fatalismo, mas pode, até mesmo, ser sua confirmação: o fatalismo afirmado no dia a dia somente é posto em questão pela rebeldia violenta e circunstancial que, em geral, termina retornando ao canal da "normalidade fatal".

Utilizando um questionário original sobre a "filosofia de vida" e outros instrumentos de mensuração, Rogélio Díaz-Guerrero (1973, 1975) chegou à conclusão de que, diferentemente da sociedade anglo-saxã, a sociedade mexicana tende a reforçar padrões de adaptação de caráter passivo e conformista. Entre oito tipos característicos de mexicanos, Díaz-Guerrero (1985) considera que o tipo "passivo, obediente afiliativo" seria o mais comum. Esse tipo não deve ser identificado com o fatalista que descrevemos, mas demonstra alguns de seus traços, sobretudo o conformismo e a submissão frente à ordem social estabelecida. Os traços fatalistas estariam, portanto, vinculados com as condições econômicas, políticas e culturais de cada sistema social. Estudos mais recentes, comparando populações equivalentes de mexicanos nos Estados Unidos e no México, confirmam essa relação entre meio social e fatalismo. Catherine E. Ross, John Mirowsky e William C. Cockerham (1983), por exemplo, compararam um grupo de 330 residentes de El Paso (Estados Unidos) com 138 residentes de Juárez (México), com idades entre 18 e 65 anos, e concluíram que os mexicanos dos setores socioeconômicos mais baixos eram mais fatalistas do que os dos setores mais altos e que os mexicanos em geral eram mais fatalistas do que os norte-americanos.

Os estudos sobre a imagem que os diversos grupos sociais têm de si mesmos são, sem dúvida, aqueles que melhor permitem analisar a presença do esquema fatalista. Esses estudos foram realizados especialmente na Venezuela, graças ao impulso dado pelo trabalho pioneiro de José Miguel Salazar. Como nesse livro há um capítulo inteiro dedicado ao tema[25], apenas mencionaremos brevemente esses estudos. Na imagem que o venezuelano tem de si mesmo, aparecem, frequentemente, traços como "a fraqueza", a passividade, a irresponsabilidade, o pessimismo e a ausência de sentimento histórico (SALAZAR, 1970; SANTORO, 1975; SALAZAR & MARÍN, 1981; SALAZAR & RODRÍGUEZ, 1982; MONTERO, 1984). Os estudos demonstram que a autoimagem do venezuelano não é rígida e nem é uniforme na população, mas que está relacionada com as condições socioeconômicas de cada grupo; contudo, os estudos confirmam que um dos elementos mais constantes na imagem que o venezuelano tem de si mesmo é o de se enxergar a partir de um marco de passividade natural diante da realidade.

Cabe perguntar em que medida os estudos empíricos existentes confirmam a validade da síndrome fatalista latino-americana. Com a provisoriedade exigida por uma revisão incompleta dos estudos e pela ultrapassagem dos resultados dos estudos citados, podem ser propostas três conclusões preliminares:

a) Ainda que não existam estudos confirmando a presença de todos e de cada um dos traços que configuram a síndrome fatalista tal como a apresentamos, os estudos disponíveis comprovam que diversos setores da população latino-americana mantêm uma atitude fatalista frente à vida, cuja importância varia de acordo com as circunstâncias históricas e sociais.

b) Vários dos principais traços do estereótipo sobre o latino-americano fatalista residem nas imagens que diversos grupos sociais atribuem aos membros de seus próprios países e, até mesmo, de todos os países latino-americanos.

c) A atitude fatalista tende a ser observada especialmente entre os setores socioeconômicos baixos, os camponeses e os

---

25. Martín-Baró, está fazendo referência ao seguinte capítulo, publicado no mesmo livro em que este ensaio foi originalmente publicado: SALAZAR, J.M. (1987). El latinoamericanismo como uma idea política. In: MONTERO, M. (org.). *Psicología política latino-americana*. Caracas: Panapo, p. 203-228 [N.T.].

marginalizados, isto é, entre os setores populares majoritários dos países latino-americanos, enquanto que o estereótipo sobre o fatalismo latino-americano existe não somente nesses setores, mas, também, em outros grupos.

2) A psicologização do fatalismo

Analisado friamente, o fatalismo é uma visão de mundo contraproducente, já que tende a bloquear todo esforço por progresso e mudança, pessoal e social. Em outras palavras, o fatalismo é uma dessas profecias autorrealizadoras (*self-fulfilling prophecy*), já que provoca aquilo que postula: a impossibilidade de alterar o rumo da própria existência ou de controlar as circunstâncias que determinam a vida real de cada um. Por isso, é necessário perguntar como surge o fatalismo. Por que as pessoas e, sobretudo, os grupos assumem uma atitude fatalista diante da vida? Como explicar que as maiorias populares latino-americanas aceitem como concepção de vida uma visão que os condena ao imobilismo e à desesperança?

A maior parte das explicações oferecidas sobre o fatalismo latino-americano tende a enfatizar o papel determinante dos fatores psicológicos, seja como parte dos traços de um suposto caráter latino-americano, seja como parte das características de personalidade que se desenvolvem no interior da cultura latino-americana. Examinemos estas explicações.

O caráter latino-americano

Entre os traços que o grupo de Berkeley atribui à *personalidade autoritária* aparece a superstição.

> A superstição indica uma tendência a converter a responsabilidade do indivíduo em forças externas ingovernáveis; destaca que o Eu já se "deu por vencido", isto é, renunciou à ideia de que poderia determinar o destino do indivíduo vencendo as forças exteriores (ADORNO e cols., 1965, p. 241).

Trata-se de um traço tipicamente fatalista, como se revela no principal item em que a Escala F busca medir a superstição: "Todos devemos ter fé absoluta em um poder sobrenatural, cujas decisões devemos acatar".

A ideia de que a concepção de existência fatalista é um traço típico do caráter dos povos latino-americanos aparece como explicação da frequência do fatalismo nos diversos países que formam o continente. Esta explicação foi proposta a partir de diversas perspectivas teóricas. Possivelmente, a formulação mais influente e com maiores pretensões científicas provém da visão desenvolvimentista proposta pelo Centro para el Desarrollo Económico y Social de América Latina (Desal).

O interesse do Desal é o de explicar o fenômeno da dualidade das sociedades latino-americanas e em buscar a melhor maneira de integrar a população marginalizada do sistema social, mudando seus valores e atitudes fundamentais (VEKEMANS & SILVA, 1969). O fatalismo seria uma das atitudes características da população marginalizada, impedindo sua integração ao mundo moderno e contribuindo para sua manutenção na miséria e na impotência social (SILVA, 1972).

Um exemplo típico deste enfoque é a proposição de Fernando Durán. Segundo Durán (1978, p. 98-100), a maioria da população latino-americana apresenta os seguintes traços de caráter: (1) autoritarismo, "no sentido de que se tende a confiar na autoridade para fundar as ações e os juízos"; (2) "identificação do indivíduo com um microcosmo de relações sociais"; (3) conformismo; e (4) "inclinação a considerar o passado e o presente como o foco temporal da vida humana, sem deter a atenção sobre o período futuro". A partir desses traços de caráter poderiam ser compreendidos fenômenos como o caciquismo, o qual se assenta sobre o conformismo da população frente ao autoritarismo ou "a falta de responsabilidade e de iniciativa", que se fundamenta na mesma dependência da autoridade e no presentismo provinciano.

Segundo Durán (1978, p. 100-105), além desses quatro traços de caráter, considerados comuns para a maioria dos latino-americanos, existiriam outros traços diferenciais que configuram cinco tipos de caráter social: (a) o citadino, de mentalidade moderna, dinâmica e técnica; (2) o provinciano, apegado às tradições e ao ritualismo; (c) o camponês, resignado e opositor a qualquer mudança; (d) o caribenho, caracterizado pelo "tropicalismo", isto é, por comportamentos desmesurados e irresponsáveis; e (e) o indígena, em geral, isolado, passivo, fatalista e inclinado ao mágico. De acordo com Durán (1978), estes cinco tipos de caráter social coexistiriam simultaneamente em cada uma das nações do continente latino-americano.

Esse enfoque sobre o fatalismo contém os mesmos problemas da definição do Desal sobre o subdesenvolvimento dos países latino-americanos (SOTELO, 1975; MARTÍN-BARÓ, 1984, p. 73-75). Atribui-se à herança colonial o fato de que amplos setores da população latino-americana estejam "ainda" marginalizados no mundo moderno, capitalista e anglo-saxão. A sobreposição entre cultura hispânica e culturas indígenas estaria na raiz da desintegração cultural e normativa da personalidade do marginalizado, quem careceria de atitudes necessárias para enfrentar adequadamente as exigências de uma sociedade moderna. A dicotomia social seria produzida por esta deficiência psicossocial dos setores marginalizados, submissos, presentistas e receosos de toda mudança: o psíquico seria o fundamento da estruturação social e não o inverso. A incorporação ou não das pessoas ao sistema estabelecido dependeria, portanto, de seus traços de caráter, não da natureza do sistema social.

Uma forma mais sutil de atribuir o fatalismo ao caráter ou à personalidade dos indivíduos é aquela que o vincula com uma baixa *motivação de realização*. Dizer, por exemplo, que o operário ou o camponês latino-americanos, diferentemente dos norte-americanos, não progridem porque carecem dessa ambição e ímpeto, é uma forma aparentemente mais "técnica", mas não menos psicologista, de atribuir à vítima a culpa por sua situação.

Todavia, a experiência das populações marginalizadas demonstra claramente a falsidade desta tese. Não é vontade, desejo, ímpeto e nem mesmo flexibilidade o que falta para muitos marginalizados. Em uma série de estudos sobre as atitudes frente ao trabalho, Goodwin (1972) percebeu que não havia diferença entre a "ética do trabalho" ou as aspirações vitais das pessoas pobres e das pessoas não pobres. No caso do povo salvadorenho, sua laboriosidade e tenacidade são tão reconhecidas, que essas virtudes se converteram em um estereótipo folclórico. A guerra entre El Salvador e Honduras em 1969 estava relacionada com o progresso e o poder socioeconômico que os emigrantes salvadorenhos conquistaram em terra hondurenha. Em contraste, no interior do país, tão pequeno ou inexistente é o progresso conquistado pelo marginalizado que se esforça quanto por aqueles que se deixam levar pelo "destino", de forma que não há qualquer correlação entre ímpeto e realização. Possivelmente, para explicar e, ainda, justificar esta falta de progresso, ao "estereótipo folclórico" do salvadorenho é acrescentada a qualificação de *"guanaco"*, um pássaro simplório e crédulo. Se setores cada vez mais amplos das maiorias latino-americanas não conseguem "se integrar" ao sistema dominante e nem mesmo desfrutar de benefícios mínimos, isto não se dá por falta de esforço ou por insuficiente motivação ou, pelo menos, nem sempre ou necessariamente por isto. O problema radica no próprio sistema social que está estruturalmente estabelecido de forma a impossibilitar a satisfação das necessidades fundamentais da população majoritária. O paradoxo reside no fato de que as maiorias "marginais" estão sim integradas no sistema, mas como marginalizadas, e isto se dá não porque possuem ou não os valores e as atitudes necessários ou porque estão motivadas ou não para realizar grandes coisas em suas vidas, mas porque carecem de oportunidades sociais mínimas ou de poder para realizá-las.

A cultura da pobreza

Uma vertente diferente sobre o fatalismo latino-americano atribui esta síndrome ao desenvolvimento de certas pautas culturais necessárias em certos momentos para se sobreviver, mas que, ao serem reproduzidas, tendem a perpetuar as condições que as produziram, gerando um círculo vicioso. Trata-se da chamada "cultura da pobreza".

O termo foi cunhado por Oscar Lewis (1969) e foi imediatamente assumido por cientistas sociais, já que refletia perfeitamente o fato de que "os pobres" viviam em um mundo diferente, com normas e valores próprios, comportamentos e hábitos característicos. Segundo Lewis (1969), a família desta subcultura é caracterizada por uniões livres, matricentrismo, inexistência de infância como um período prolongado de proteção, abandono paterno frequente, forte predisposição para o autoritarismo e ênfase verbal na solidariedade familiar. Os indivíduos são caracterizados por fortes sentimentos de marginalidade, impotência, dependência e inferioridade; carecem de controle adequado sobre seus impulsos, têm forte orientação presentista, são resignados, fatalistas, provincianos e não têm uma consciência de classe mínima. De acordo com Lewis, o que faz desses traços uma subcultura não é sua mera presença isolada, mas sua combinação funcional. Daí que "provavelmente os perfis da subcultura da pobreza diferirão de forma sistemática de acordo com as diferenças nos contextos culturais nacionais dos quais fazem parte" (LEWIS, 1969, p. 193).

A cultura da pobreza é algo mais que a pobreza; é um estilo de vida que floresce em um determinado contexto social. De fato:

> a cultura da pobreza é tanto uma adaptação quanto uma reação dos pobres diante de sua posição marginal em uma sociedade estratificada em classes, individualista e capitalista. Representa um esforço para lidar com os sentimentos de impotência e desespero que se desenvolvem diante da comprovação de que é improvável ter êxito seguindo os valores e as finalidades da sociedade mais ampla (LEWIS, 1969, p. 188).

Portanto, o fatalismo seria uma forma adaptativa: dobrar-se às forças dominantes, deixar-se levar para onde impõem os poderes estabelecidos, seria a única forma de sobrevivência possível para a grande maioria das pessoas dos setores marginalizados das sociedades latino-americanas. A inevitabilidade histórica se torna mais aceitável quando se percebe o destino como natural; a necessidade se converte em virtude e, assim, se faz limonada com o fatídico limão da vida.

Ainda que a cultura da pobreza apareça como um mecanismo adaptativo frente às condições de marginalização, uma vez consolidada, se torna mais difícil eliminar a pobreza, a qual tende a se perpetuar pela família. Dessa forma, o fatalismo se converte em uma espécie de profecia que realiza o que anuncia (*self-fulfilling prophecy*), já que leva o indivíduo a não fazer esforços para sair da pobreza.

Recentemente, alguns psicólogos associaram o processo de aquisição da cultura da pobreza com o desenvolvimento da impotência ou do "desamparo aprendido" (*learned helplessness*) (ARDILA, 1979). A partir de uma perspectiva relativamente distinta, de base psicanalítica, Francisco González Pineda (1971, p. 42) afirma que a submissão do indígena mexicano foi uma atitude extrema que serviu para evitar sua destruição. Santiago Ramírez (1971, p. 76), também utilizando termos psicanalíticos, afirma que esse indígena "não se rebela contra a pobreza porque, graças a ela, conseguiu conservar certo grau de independência". Assim, aparentemente, confirma-se que as vantagens secundárias obtidas pelo fatalismo tendem a perpetuá-lo como elemento cultural e traço psicológico.

Tal como no caso do "caráter latino-americano" a pretensão explicativa da cultura da pobreza para a síndrome fatalista incorre em uma sutil psicologização. Afirma-se que, uma vez estabelecido o traço ou o estilo de vida, o fatalismo adquire uma autonomia funcional que o mantém e reproduz. O pressuposto implícito é o de que, mesmo quando evoluem as condições sociais, o indivíduo manterá sua indolência fatalista. Em outras palavras, uma vez estabelecida "a cultura da pobreza", ela será a causa do fatalismo da população, independentemente das condições sociais mudarem ou não. O fatalismo teria suas raízes mais no psiquismo das pessoas do que no funcionamento das estruturas econômicas, políticas e sociais.

É um fato que na população marginal latino-americana existem os traços da cultura da pobreza; o problema é se, esses traços, uma vez estabelecidos, adquirem autonomia funcional. Os dados empíricos disponíveis não confirmam a permanência da subcultura própria dos pobres de forma a perpetuar sua situação, funcionando como um mecanismo autônomo em relação ao sistema social global. Assim, por exemplo, em um estudo realizado com norte-americanos pobres de raça negra, Coward, Feagin e Williams (1974) concluíram que os únicos aspectos da cultura da pobreza que seus dados confirmavam eram aqueles que poderiam ser tomados apenas como indicadores alternativos sobre a situação de pobreza e não como representações de um estilo próprio de vida, de uma cultura ou de uma orientação psicológica diferente do resto da população. Da mesma forma, a evolução observada por Lewis em Cuba após a revolução, contradiz a tese de que a cultura da pobreza perdura quando são produzidas mudanças macrossociais que atingem as raízes sistemáticas da pobreza.

Se a síndrome fatalista é produzida nos setores majoritários dos povos latino-americanos, não é porque se reproduz por meio das normas culturais e de um estilo de vida próprios dos pobres e que independem das mudanças que ocorrem no sistema social mais amplo; o fatalismo é um processo que dá sentido à relação entre as pessoas e um mundo que, para elas, está fechado e fora de controle, isto é, trata-se de uma atitude continuamente causada e reforçada pelo funcionamento opressivo de estruturas macrossociais. A criança das *favelas* ou dos *barracos* (*champas*) marginais introjeta o fatalismo não como herança paterna, mas como fruto de sua própria experiência na sociedade: dia após dia aprende que seus esforços na escola não servem para nada ou quase nada, que a rua recompensa mal seu trabalho prematuro como vendedor de jornais, vigilante de carros ou engraxate e, por isso, é melhor não sonhar ou traçar metas que nunca poderão ser alcançadas. A resignação submissa é aprendida não como fruto de uma transmissão de valores em uma subcultura fechada, mas sim como verificação cotidiana da inviabilidade ou inutilidade de qualquer esforço para mudar significativamente sua própria realidade em um meio que é parte de um sistema social opressivo. Assim como a marginalização é gerada por um sistema socioeconômico excludente do qual os marginalizados fazem parte como marginalizados, as atitudes e os valores próprios da cultura da pobreza são continuamente causados e reforçados pelo funcionamento normal desse sistema social do qual os pobres participam. Mesmo admitindo, como afirma Lewis (1969, p. 197), que "é muito mais difícil eliminar a cultura da pobreza do que a própria pobreza", mais difícil ainda é eliminar a cultura da pobreza enquanto se mantém a pobreza e as estruturas socioeconômicas que a produzem e perpetuam.

3) A funcionalidade política do fatalismo

A verdade do fatalismo: impossibilidade da mudança social

Assim como há um elemento de falsidade no fatalismo, há um elemento de verdade. O falso do fatalismo é a atribuição da falta de progresso a um destino fatal determinado pela natureza e, ainda, por Deus. O verdadeiro do fatalismo consiste na verificação de que é impossível para as maiorias populares latino-americanas realizarem, pelos seus esforços, uma mudança de sua situação social. O fatalismo detecta acertadamente o sintoma, mas erra no diagnóstico.

A história de qualquer povo latino-americano pode corroborar o núcleo de verdade do fatalismo. Hoje, o nível de vida das maiorias salvadorenhas não é melhor do que era há 50, 30 ou 10 anos, apesar de a renda *per capita* do país ter seguido uma curva ascendente. E se, tal como afirma o que chamamos de "estereótipo folclórico", o salvadorenho é tão trabalhador, não se pode atribuir a falta de progresso ao seu caráter ou à ausência de esforços. Em um estudo realizado em 1978 em um *mesón*[26] de São Salvador, isto é, em uma habitação coletiva popular, onde cada família dispõe de um ou dois cômodos e compartilha áreas comuns, foi observado que os inquilinos aceitavam viver nessas condições lamentáveis porque as consideravam transitórias e pensavam que, logo, poderiam conseguir uma habitação própria mais digna (HERRERA & MARTÍN-BARÓ, 1978). Todavia, muitos deles já estavam nessa situação há vários anos e tudo permitia predizer que a maioria, se não a totalidade, dos inquilinos passaria o resto de suas vidas em uma habitação assim, possivelmente apenas mudando para outros *mesones* equivalentes ou levantando um "barraco" em algum bairro marginal. Diferentemente do que se pensaria adotando a perspectiva da cultura da pobreza, psicologicamente, quase todos os inquilinos do *mesón* aspiravam por e apostavam em uma situação econômica e habitacional melhor. No entanto, o que barrava suas aspirações e seus sonhos, era o funcionamento inexorável do

---

26. Habitação popular que, tal como o texto expõe mais adiante, é muito semelhante ao cortiço brasileiro [N.T.].

sistema social, do qual os habitantes faziam parte como marginalizados, mantendo-os na mesma situação.

Da mesma forma, politicamente, as maiorias salvadorenhas buscaram abrir caminho para a mudança social. Mas os esforços políticos não tiveram um destino melhor que os esforços trabalhistas. Em 1932, um levante popular foi sufocado de forma sangrenta (ANDERSON, 1976). Em 1974, um amplo setor camponês aceitou participar em um projeto de "Transformação Agrária" que o governo da época apresentou como caminho para a mudança social. No entanto, dois meses depois de seu anúncio, o projeto não só foi cancelado como sucedido pela repressão aos camponeses que demandavam sua implementação. Dessa forma, os camponeses pagaram com suas vidas por terem confiado na palavra do governo e terem ousado buscar uma mudança em seu destino (ECA, 1976[27]; MARTÍN-BARÓ, 1977). Mais recentemente, em 1980, o governo salvadorenho iniciou um novo projeto de Reforma Agrária, com a vontade expressa de "eliminar as reivindicações dos movimentos revolucionários" e melhorar algumas das condições sociais mais explosivas do país. Ainda que o programa tenha permanecido mais como uma fachada requerida pelo projeto de exterminar militarmente os grupos revolucionários, suas possibilidades foram bloqueadas pela falta de apoio real e pela própria Constituição política elaborada em 1982. De fato, as condições reais dos beneficiários continuaram tão precárias, e em certos casos piores, quanto aquelas do resto do campesinato salvadorenho (DISKIN, 1985; OLANO & ORELLANA, 1985).

---

27. A referência é o editorial publicado pela *Estudios Centroamericanos* em que se criticava o cancelamento do projeto de "Transformação Agrária". De fato, o editorial foi escrito por Ignacio Ellacuría (reitor da Universidad Centroamericana "José Simeón Cañas" e um dos seis jesuítas mortos na mesma noite em que Martín-Baró foi assassinado). O texto identifica o cancelamento da lei como uma manifestação das lutas de classes em El Salvador e da busca da oligarquia por manter, a qualquer custo, sua hegemonia político-econômica. Após a publicação do editorial, a UCA foi objeto de um atentado, com cinco bombas, realizado pelo grupo paramilitar Unión Guerrera Blanca [N.T.].

Pode-se dizer que, como afirma a Teoria da Dependência, a situação produzida internacionalmente entre países ricos e países pobres se reflete no interior de cada país entre as minorias ricas ou estabelecidas e as maiorias pauperizadas e marginais. O empobrecimento crescente que torna impagável a dívida externa contraída pela maior parte dos países latino-americanos, parece se reproduzir no empobrecimento progressivo dos setores majoritários de seus respectivos povos. Assim como o caráter impagável da dívida é consequência de um ordenamento econômico e financeiro internacional que favorece os países industrializados, a imutabilidade da situação das maiorias populares latino-americanas é o resultado de estruturas sociais exploradoras e marginalizantes.

Chegamos assim à consequência de que o fatalismo, mesmo sendo uma síndrome pessoal, representa um correlato psíquico de estruturas sociais determinadas. Assim, reaparece a velha tese psicossocial que postula uma correlação entre estruturas objetivas e subjetivas, entre as exigências dos regimes sociais e dos traços caracterológicos dos indivíduos. Não é uma questão de supor uma relação mecânica de causa-efeito ou de postular uma "personalidade de base"; trata-se de verificar o óbvio fato de que a ordem e o funcionamento de cada regime social promovem certas atitudes e dificultam outras, premiam certas formas de comportamento e proíbem ou castigam outras.

Um dos erros cometidos na concepção clássica sobre a relação entre estruturas sociais e estruturas da personalidade está no pressuposto implícito de que há harmonia e unidade cultural entre os setores que compõem uma sociedade, suposição característica da visão funcionalista de sociedade, segundo a qual o pertencimento a um mesmo sistema social implica comunidade de valores e normas. Se, ao contrário, é comprovado que as sociedades latino-americanas são baseadas no domínio opressivo de algumas classes sobre outras, então é de se esperar que as estruturas afetem as pessoas de acordo com o seu pertencimento de classe. Assim como os teóricos da aprendizagem social verificaram que existem comportamentos sexualmente tipificados, isto é, as respostas diferem pelo fato de serem provenientes de homens ou mulheres (MISCHEL, 1972), é razoável supor que existem também esquemas comportamentais classistas, isto é, esquemas em que os estímulos e os reforços se diferenciam de acordo com o pertencimento a uma classe social ou outra.

A óbvia consequência não é secundária: o fatalismo é um dos esquemas comportamentais que a ordem social dominante nos países latino-americanos promove e reforça naqueles estratos da população para os quais o funcionamento da ordem estabelecida nega a satisfação das necessidades mais básicas, enquanto possibilita a satisfação opulenta das minorias dominantes. O conhecimento da realidade segue a práxis social: as classes sociais se apropriam de seu destino histórico e o interpretam ideologicamente a partir de sua perspectiva alienada. Por isso, enquanto as classes dominantes desenvolvem alta "motivação de realização" e alcançam "controle interno" sobre os reforços, as classes dominadas demonstram-se passivas, assumindo com fatalismo que o destino é decidido pelo "controle externo".

Obviamente, o modelamento diferencial dos membros das classes dominantes e dominadas não é um processo mecânico e uniforme, mas histórico, isto é, determinado pela especificidade de cada situação e de cada circunstância concreta. Por isso, não se pode esperar encontrar um fatalismo homogêneo e total em todos os grupos e pessoas das classes dominadas. Há diversas gradações e modalidades de fatalismo. Portanto, é necessário perguntar qual é a forma que, em cada caso, o fatalismo adquire, assim como perguntar quais são os processos específicos pelos quais o fatalismo foi conformado e transmitido e quais são os comportamentos com os quais se materializa e se realiza. Como demonstraram os estudos já citados de Lewis, em alguns casos os principais mecanismos de socialização fatalista são as pautas de formação e educação; em outros, as influências podem vir das ações educativas da escola ou das igrejas; em muitos outros casos, sobretudo no campesinato que constitui uma porcentagem muito elevada da população latino-americana, a experiência no trabalho, a vivência de relações entre trabalhador e patrão no campo, é a principal fonte do fatalismo. Em todo caso, o fatalismo pode ser transmitido em várias e diversas circunstâncias institucionais, já que o determinante último da fatalidade é a própria estruturação social dos países latino-americanos. De antemão, esse determinante último condena ao fracasso os esforços de superação das pessoas. Assim, os membros das classes dominadas aprenderão que o "seu lugar" na sociedade será como pobres, ignorantes, camponeses ou indígenas.

O fatalismo como interiorização da dominação social

A realidade estrutural de uma sociedade não é um dado natural, mas histórico. Sua construção e seu funcionamento envolvem a intersubjetividade dos grupos e das pessoas que formam a sociedade. Por isso, a ideologia não é uma mera superestrutura que é somada às sociedades já constituídas, mas é um importante elemento na configuração social. Certamente, não são determinadas concepções que, em última instância, causam os processos de dominação, mas o que permite um grupo impor sua vontade e seus interesses sobre os demais é o poder adquirido por meio de relações sociais que efetivam a apropriação dos recursos mais necessários para a vida humana. Todavia, esta dominação não se torna estável, enquanto não se converter em concepção de vida e, ainda mais, em *senso comum*. A colonização social somente consegue se enraizar quando é articulada ideologicamente na mentalidade de pessoas e grupos, ficando, assim, justificada, isto é, ganhando a aparência de uma realidade que não é histórica, mas natural. Parte importante desta colonização ideológica é o mito do "nativo preguiçoso" (ALATAS, 1977).

Frantz Fanon, quem acompanhou como psiquiatra os processos de libertação do povo argelino, aprendeu a profundidade alcançada pela colonização na estrutura somato-psíquica do colonizado. A violência imposta pelo colonizador é introjetada pelo colonizado, ficando ancorada em sua musculatura como uma tensão reprimida e em sua mente como culpa assumida. O colonizado vive a submissão como um estado de inibição que, como compensação psíquica, conduz aos "sonhos musculares, sonhos de ação, sonhos agressivos" (FANON, 1972, p. 45) ou às explosões periódicas de violência contra seus iguais. Sua culpa "não é uma culpabilidade assumida, mas uma espécie de maldição, uma espada de Dâmocles" (p. 46) que continuamente pende sobre sua cabeça e bloqueia seus impulsos libertadores.

As análises de Fanon demonstram, por um lado, a penetração da dominação no próprio dominado, mas, também, mostram que a manutenção deste domínio introjetado requer o exercício externo do poder dominante. A negação de sua própria existência como pessoa é o que, em última instância, impede que o colonizado assuma totalmente as estruturas colonizadoras. No entanto, enquanto o colonizado não refletir conscientemente sobre a contradição presente em sua existência, a inibição corporal e a culpabilidade psíquica manterão seu comportamento dentro dos marcos exigidos pela ordem colonial.

Nos países latino-americanos, as relações sociais estão estruturadas de tal maneira, que despojam a maioria da população dos recursos mínimos indispensáveis para configurar e conduzir sua vida. A propriedade privada, enquanto um dos princípios máximos de convivência, consagra o despojamento permanente das maiorias, as quais não encontram possibilidade real de controlar seu próprio destino. O lugar de nascimento converte-se, assim, em lugar de destino. Por isso, o fatalismo é uma realidade social, externa e objetiva, antes de se converter em uma atitude pessoal, interna e subjetiva. As classes dominadas não têm possibilidade real de controlar seu próprio futuro, de definir o horizonte de sua existência e de moldar sua vida de acordo com o que definirem. Por meio do fatalismo, é possível dar sentido, por mais deplorável que seja, à inevitabilidade de condições que não abrem qualquer alternativa para a vida das pessoas para além da submissão ao seu destino.

Paulo Freire (1970) mostrou o papel que o fatalismo desempenha como parte da ideologia do oprimido. O oprimido encontra-se imerso em uma realidade de despojamento e impotência, que aparece como uma situação limite que não pode ser superada. Nessas condições, ao não conseguir apreender as raízes de sua situação, sua consciência hospeda a atitude fatalista, transformando a história em natureza. Mais ainda, diante deste destino fatal, o oprimido interpreta sua impotência como evidência de que ele mesmo carece de valor pessoal, diferentemente da figura poderosa do opressor, para quem tudo parece ser possível. Por isso, o oprimido experimenta uma atração irresistível pelo opressor, quem se converte em seu modelo de identificação e cujos imperativos são respondidos com uma docilidade quase total. Dessa forma, não apenas a história se consagra como destino, mas são asseguradas as vias para sua reprodução e permanência: por meio da atitude fatalista e do comportamento submisso, o oprimido contribui para a manutenção de condições de opressão. A expressão "pobre de quem..." dos camponeses ou dos marginalizados salvadorenhos era, até pouco tempo, utilizada para racionalizar sua situação ou justificar a moderação de suas aspirações vitais e revelam a naturalização que viabiliza o próprio sistema em que surge.

O caráter ideológico do fatalismo

Se, com o fatalismo, as pessoas das classes oprimidas encontram um sentido para sua vida, então é um valioso instrumento ideológico para as classes dominantes. A aceitação ideológica do fatalismo produz aceitação prática da ordem social opressiva. O fatalismo é um poderoso aliado do sistema estabelecido constituído, pelo menos, por dois aspectos cruciais: (a) justifica a postura de conformismo e submissão diante de condições sociais que são impostas às pessoas como se fossem determinismos da natureza, o que reduz a necessidade das classes dominantes recorrerem aos mecanismos de coerção repressiva, facilitando, assim, o domínio social; (b) induz a um comportamento dócil diante das exigências daqueles que têm o poder, contribuindo para o reforço e a reprodução da ordem existente. Facilitando a opressão e reproduzindo as condições de domínio social, o fatalismo das maiorias populares canaliza os interesses das classes dominadas, isto é, articula no próprio psiquismo interesses que contribuem para sua alienação e bloqueiam sua humanização.

O fatalismo supõe a mistificação das forças históricas como natureza ou como Deus. Como destaca Freire (1970, p. 63):

> Dentro do mundo mágico ou místico em que se encontra a consciência oprimida, sobretudo camponesa, quase imersa na natureza, encontra no sofrimento, produto da exploração em que está, a vontade de Deus, como se Ele fosse o fazedor desta "desordem organizada".

A alienação da consciência no fatalismo é perpetuada pela referência a símbolos absolutos, inalcançáveis e imutáveis, que entranham, inclusive, a manipulação ideológica da simbologia cristã. Possivelmente, aqui reside, ao menos parcialmente, a chave do êxito atual das seitas fundamentalistas entre os setores oprimidos centro-americanos. Convencidos uma vez mais da imutabilidade de seu destino, atemorizados pelas consequências produzidas pelas tentativas históricas de mudar essa condição, muitos encontram sentido nas crenças milenaristas, consolo em liturgias catárticas, tranquilidade no pietismo individualista. O milenarismo quase cristão dessas seitas remete à salvação imediata do mundo a Deus e não resta ao homem qualquer outro papel que não seja rogar pela efetivação do desígnio divino final. O destino fatal que a própria existência confronta é subordinado à ação, provavelmente não menos fatal, com que Deus dará fim à sociedade humana. O importante, portanto, não é mudar a ordem social; o importante é preparar o indivíduo para receber a salvação de Deus.

Dada a religiosidade dos povos latino-americanos, a confluência entre fatalismo e crenças religiosas é um dos elementos que mais contribui para assegurar a estabilidade da ordem opressora. Quando a submissão frente às condições de vida é interpretada como obediência à vontade de Deus e a docilidade social é convertida em virtude religiosa, tudo aquilo que poderia modificar os núcleos fundamentais do ordenamento social é excluído como objeto de mudança. Desse modo, o fatalismo proporciona às classes dominantes uma eficaz ponta de lança para a defesa de seus interesses de classe.

4) A ruptura do fatalismo

Segundo Fanon (1972, p. 46), a dominação psicológica do colonizado nunca é completa: "no mais fundo recesso de seu ser, o colonizado não reconhece nenhuma jurisdição. Está dominado, mas não domesticado. Está inferiorizado, mas não convencido de sua inferioridade"[28]. A culpabilidade que pende sobre ele como

---

28. Nesse caso, foi utilizada a tradução disponível na edição brasileira do texto. A referência é: FANON, F. (1968). *Os condenados da terra*. Rio de Janeiro: Civilização Brasileira [Trad. J.L. Melo] [N.T.].

uma espada de Dâmocles está pronta para se virar contra o colonizador; e a violência física, ancorada em sua musculatura, está prestes a se organizar e se manifestar como violência libertadora. A semente de rebeldia, de recusa a um destino injusto, não necessita ser semeada; encontra-se no espírito do colonizado e demanda apenas encontrar uma circunstância propícia para brotar.

Essa observação de Fanon possibilita pensar que a atitude fatalista não é questão de tudo ou nada, mas que se apresenta com diversas gradações e com vários matizes. A crença na fatalidade imutável do próprio destino sempre surge de acordo com o domínio que, de fato, cada pessoa tem de sua própria existência. Por isso, cabe hipotetizar que quanto maior o controle que as pessoas e os grupos, de fato, possuem sobre sua realidade presente, menor será a convicção fatalista, mesmo quando continuarem utilizando os mesmos esquemas para explicar o desenvolvimento de sua vida. Em última instância, a raiz do fatalismo não está na rigidez mental das pessoas, mas na imutabilidade das condições sociais nas quais as pessoas e os grupos existem e se formam.

Assim, a eliminação do fatalismo não pode ser definida em termos alternativos: mudar o indivíduo ou mudar suas condições sociais. A questão é mudar a relação entre a pessoa e seu mundo, o que supõe tanto mudança pessoal quanto mudança social. Para que as maiorias latino-americanas possam eliminar o fatalismo não basta apenas modificar suas crenças sobre a natureza do mundo e da vida, mas também é necessária uma experiência real de modificação de seu mundo e de determinação de seu próprio futuro. Trata-se de um processo dialético em que a mudança das condições sociais e a mudança das atitudes pessoais vão se possibilitando mutuamente.

De fato, os acontecimentos que se desenvolveram em El Salvador, a partir da década de 1970 e que ganharam particular virulência na guerra civil vivida desde 1981, possibilitaram que boa parte da população rompesse com esquemas fatalistas tradicionais. Se ainda há setores camponeses que preferem se submeter a uma situação de exploração opressiva, não é tanto porque enxergam nisso seu destino fatal ou a vontade de Deus, mas porque temem (e com razão!) as consequências decorrentes da recusa às condições existentes, temem ser rotulados como "subversivos" ou, simplesmente, não enxergam alternativas realistas melhores. Mas a expressão "pobre de quem...", com a qual tradicionalmente demonstravam sua submissão fatalista, desapareceu de seu vocabulário e, provavelmente, de seu psiquismo.

O processo dialético pelo qual as maiorias latino-americanas poderão eliminar sua atitude fatalista envolve três importantes mudanças: (a) a recuperação de sua memória histórica; (b) a organização popular; e (c) a prática de classe.

a) O primeiro elemento para a eliminação do fatalismo é a *superação do presentismo,* não somente abrindo a mente para o futuro, mas também *recuperando a memória* do passado, pessoal e coletivo. Somente na medida em que as pessoas e os grupos adquirirem consciência sobre suas raízes históricas sobre todos os fatos e as condições que configuraram sua realidade poderão se situar em uma perspectiva adequada para avaliar sua própria identidade. Saber quem você é significa saber de onde você vem, de quem ou do que você depende. Não há verdadeiro conhecimento de si mesmo que não seja um reconhecimento das próprias origens, da própria identidade comunitária, da própria história. Os povos latino-americanos necessitam de uma clara memória histórica para rastrear os dinamismos de sua história, para saber onde buscar as causas de sua opressão secular e de sua situação presente. Tal como afirma Fals Borda (1985, p. 189), necessitam "descobrir, seletivamente, pela memória coletiva, elementos do passado que foram eficazes para defender os interesses das classes exploradas e que possam outra vez ser úteis para os objetivos de luta e conscientização". Esta memória é particularmente importante nas circunstâncias atuais, em que as forças dominantes realizam um grande esforço propagandístico para atribuir as causas dos problemas latino-americanos ao confronto entre o Ocidente e o Oriente e, mais concretamente, à "subversão comunista", como se os males latino-americanos derivassem do expansionismo soviético ou começassem com a chegada de Fidel Castro ao poder. A consciência histórica necessita de uma capacidade crítica particular para discernir, a partir dos fatos e das realidades concretas, a validade das propostas ideológicas que hoje são apresentadas aos povos latino-americanos, desmascarando o caráter orwelliano da linguagem dominante.

b) Um dos pontos cruciais para a eliminação do fatalismo é a *organização social das maiorias populares* em função de seus próprios interesses. Somente dessa maneira será superado o individualismo, isto é, a concepção de que cada um deve enfrentar isoladamente suas condições de vida, que o êxito ou o fracasso é algo que depende somente de cada indivíduo particular, sem que o destino de um tenha relação com o destino dos demais. A organização popular supõe a consciência de que existe uma profunda comunidade de interesses entre todos os membros das classes oprimidas e que a imutabilidade do mundo se deve, em boa medida, à divisão e ao isolamento individualista. Em El Salvador foi possível avaliar o importante papel das organizações populares como elemento dinamizador da iniciativa dos oprimidos e, ainda – como alternativa à oferta tradicional dos partidos políticos – para emergirem de sua marginalização histórica e representarem seus interesses contra outras instâncias sociais (ELLACURÍA, 1983).

c) O aspecto fundamental para a superação do fatalismo das maiorias latino-americanas é sua *prática de classe*. Não tem qualquer sentido uma consciência histórica que não se operacionaliza na busca de uma nova identidade social ou uma organização que não se materializa em atividades que possibilitam a ruptura dos setores populares com o círculo vicioso que produz passividade e marginalização. Mais ainda, é difícil pensar em desenvolver verdadeira consciência histórica ou conquistar organização popular fora do contexto de uma prática popular que, por necessidade, deve ser uma práxis de classe, isto é, deve estar articulada em torno dos interesses populares. Em última instância, a superação do fatalismo das maiorias populares latino-americanas requer uma mudança revolucionária, isto é, uma mudança nas estruturas políticas e econômicas e, também, psicossociais, sobre as quais está assentado um ordenamento que marginaliza e dociliza, que fundamenta o bem-estar de alguns poucos na exploração opressiva de muitos. Somente a prática revolucionária permitirá aos povos latino-americanos romperem a inflexibilidade de estruturas sociais congeladas em função de interesses minoritários e superar os "cem anos de solidão" que os mantêm à margem da história, atrelados ao julgo de um destino fatal.

Referências

ADORNO, T.W.; FRENKEL-BRUNSWIK, E.; LEVINSON, D.J. & STANFORD, R.N. (1965). *La personalidad autoritaria*. Buenos Aires: proyección [Trad. D. Cymbler e A. Cymbler].

ALATAS, S.H. (1977). *The myth of the lazy native*. Londres: Frank Cass.

ANDERSON, T.P. (1976). *El Salvador, 1932:* Los sucesos políticos. Ciudad Universitaria Rodrigo Facio: Educa [Trad. J.M. Castellanos].

ARDILA, R. (1979). Psicología social de la pobreza. In: WHITTAKER, J.O. (org.). *Psicología Social en el mundo de hoy*. México, DF: Trillas, p. 399-418.

COWARD, B.E.; FEAGIN, J.R. & WILLIAMS, J. (1974). The culture of poverty debate: Some additional data. *Social Problems*, 21, p. 621-634.

DÍAZ-GUERRERO, R. (1985). *Psicología del mexicano*. México, DF: Trillas.

_____ (1975). *Psychology of the Mexican:* Culture and personality. Austin: University of Texas Press.

_____ (1973). Interpreting coping styles across nations from sex and social class differences. *International Journal of Psychology*, 8 (3), p. 193-203.

DISKIN, M. (1985). *Agrarian reform in El Salvador:* An evaluation. São Francisco: Institute for Food and Development Policy.

DURÁN, F. (1978). *Cambio de mentalidad* – Requisito del desarrollo integral de América Latina. Barcelona: Desal/Herder.

ELLACURÍA, I. (1983). *Los modos sociales de participación política*. São Salvador [Mimeo.].

ESTUDIOS CENTROAMERICANOS (ECA) (1976). A sus órdenes, mi capital. *Estudios Centroamericanos*, 31 (337), p. 637-643.

FALS BORDA, O. (1985). *Conocimiento y poder popular* – Lecciones con campesinos de Nicaragua, México y Colombia. Bogotá: Siglo XXI.

FANON, F. (1972). *Los condenados de la tierra*. México, DF: Fondo de Cultura Económica [Trad. J. Campos].

FREIRE, P. (1970). *Pedagogía del oprimido* Montevideo: Tierra Nueva [Trad. J. Mellado].

FROMM, E. (1947/1969). *Ética y psicoanálisis*. México, DF: Fondo de Cultura Económica [Trad. H.F. Morck].

_____ (1941/1969). *El miedo a la libertad*. Buenos Aires: Paidós [Trad. G. Germani].

FROMM, E. & MACCOBY, M. (1970). *Social character in a Mexican village:* A sociopsychoanalytic study. Englewood Cliffs: Prentice Hall.

GONZÁLEZ PINEDA, F. (1971). *El mexicano:* su dinámica psicosocial. México, DF: Pax-México.

GOODWIN, L. (1972). *Do the poor want to work?* – A social-psychological study of work orientations. Washington, DC: Brookings Institution.

HERRERA, A.M. & MARTÍN-BARÓ, I. (1978). Ley y orden en la vida del mesón. *Estudios Centroamericanos*, 33 (360), p. 803-829.

LEWIS, O. (1969). The culture of poverty. In: MOYNIHAN, D.P. (org.). *On understanding poverty:* perspectives from the social sciences. Nova York: Basic Books, p. 187-200.

_____ (1965). *La vida* – A Puerto Rican family in the culture of poverty: San Juan and New York. Nova York: Random House.

_____ (1961). *The children of Sánchez*. Nova York: Random House.

LEWIS, O.; LEWIS, R.M. & RIGDON, S.M. (1978). *Neighbours, living the revolution:* An oral history of contemporary Cuba. Urbana: University of Illinois Press.

_____ (1977a). *Four men, living the revolution:* An oral history of contemporary Cuba. Urbana: University of Illinois Press.

_____ (1977b). *Four women, living the revolution:* An oral history of contemporary Cuba. Urbana: University of Illinois Press.

MARTÍN-BARÓ, I. (1984). *Psicología Social:* sistema, marginalidad y poder. São Salvador: Universidad Centroamericana José Simeón Cañas [Mimeo][29].

---

29. Esta referência é uma brochura que, posteriormente, foi publicada no livro *Sistema, grupo y poder*. Na biblioteca da Universidad Centroamericana José Simeón Cañas existem várias brochuras que, em realidade, são textos

_____ (1983). *Acción y ideología* – Psicología Social desde Centroamérica. São Salvador: UCA.

_____ (1977). *Social attitudes and group conflicto in El Salvador*. Chicago: Unversity of Chicago [Dissertação de mestrado].

MISCHEL, W. (1972). Las diferencias sexuales en la conducta desde el punto de vista del aprendizaje social [Trad. A. Ríos e M. Unamuno]. In: MACCOBY, E.E. (org.). *Desarrollo de las diferencias sexuales*. Madri: Morata, p. 37-60.

MONTERO, M. (1984). *Ideología, alienación e identidad nacional:* una aproximación psicosocial al ser venezolano. Caracas: Universidad Central de Venezuela.

OLANO, G. & ORELLANA, M. (1985). Consideraciones sobre la situación financiera de las cooperativas de la Fase I de la Reforma Agraria. *Boletín de Ciencias Económicas y Sociales*, 8, p. 77-94.

RAMÍREZ, S. (1971). *El mexicano* – Psicología de sus motivaciones. México, DF: Pax-México.

ROSS, C.E.; MIROWSKY, J. & COCKERHAM, W.C. (1983). Social class, Mexican culture, and fatalism: Their effects on psychological distress. *American Journal of Community Psychology*, 11 (4), p. 383-399.

SALAZAR, J.M. (1970). Aspectos políticos del nacionalismo: autoestereotipo del venezolano. *Revista de Psicología*, 1, p. 15-18.

SALAZAR, J.M. & MARÍN, G. (1975). El fenómeno de la "imagen del espejo" en las percepciones mutuas de colombianos y venezolanos. *Psicología*, 4, p. 3-12.

SALAZAR, J.M. & RODRÍGUEZ, C.P. (1982). Actitudes y creencias en relación con los colombianos, argentinos y españoles entre los venezolanos residentes en Caracas. *Revista de la Associación Latinoamericana de Psicología Social*, 2 (1), p. 3-20.

SANTORO, E. (1975). Estereotipos nacionales en habitantes de una zona marginal de Caracas. In: MARÍN, G. (org.). *La Psicología Social en Latinoamerica*. Vol 1. México, DF: Trillas.

SILVA, I. (1972). *Marginalidad, transición y conflicto social en América Latina*. Barcelona: Herder.

---

específicos que, posteriormente, compuseram algum capítulo específico dos dois principais livros de Psicologia Social de Martín-Baró (*Acción y ideologia* e *Sistema, grupo y poder*), publicados pela Editora da UCA [N.T.].

SOTELO, I. (1975). *Sociología de América Latina:* estructuras y problemas. Madri: Tecnos.

TÉFEL, R.A. (1972). *El infierno de los pobres* – Diagnóstico sociológico de los barrios marginales de Managua. Manágua: El Pez y la Serpiente.

VEKEMANS, R. & SILVA, I. (1969). El concepto de marginalidad. In: DESAL (org.). *Marginalidad en América Latina:* un ensayo de diagnóstico. Barcelona: Herder, p. 15-63.

9
OS GRUPOS COM HISTÓRIA: UM MODELO PSICOSSOCIAL[30]

Introdução – Retomada dos sindicatos em El Salvador

Revisar sumariamente a história real de alguns grupos é uma boa maneira de começar a refletir sobre os grupos com história. Nos dias de hoje, poucas histórias são tão importantes para os salvadorenhos quanto a história do movimento sindical.

Não é o caso de se revisar exaustivamente as origens do sindicalismo salvadorenho, que remontam à época da independência, quando a desintegração das corporações e dos grêmios resultou na libertação dos artesãos, os quais, também, tiveram que enfrentar a concorrência fabril e, por isso, agruparam-se em organizações que defendiam seus interesses de classe (MENJÍVAR, 1979). Também é importante indicar, ainda que de passagem, o papel crucial desempenhado pelo movimento operário organizado na insurreição popular de 1932, a qual culminou em uma matança coletiva que atingiu tanto os setores operários quanto os setores camponeses indígenas (ANDERSON, 1976; MENJÍVAR, 1979). Essa data é importante não somente pelo simbolismo de expressar o que tem sido a confrontação social em El Salvador, mas porque serve como ponto de referência para uma ordem econômica e política que é obstinadamente contrária às exigências mais elementares de justiça social. Assim, a mistificação dos acontecimentos de 1932 serviu como justificação para proibir constitucionalmente a sindicali-

---

30. Conferência pronunciada em V Jornadas Venezolanas de Psicología Social da Asociación Venezolana de Psicología Social (Avepso) em 6 de fevereiro de 1987. Publicado pela primeira vez em 1992 na *Revista de Psicología de El Salvador*, vol. 11, n. 43 [N.T.].

zação de camponeses e para se criar o espantalho ideológico do comunismo que tranquiliza a consciência das classes dominantes quanto ao tema da justiça social e amedronta as classes populares em relação aos fins últimos dos movimentos de reivindicação.

Em geral, o movimento sindical salvadorenho sofreu com duas graves dificuldades. Em primeiro lugar, a escassa industrialização do país limitou objetivamente as possibilidades reais de expansão quantitativa do movimento. Em segundo lugar, o seu desenvolvimento qualitativo sempre teve que escolher entre se limitar à conquista de certas reivindicações menores que, com frequência, são mediatizadas pelos interesses dominantes ou tentar lutar por mudanças sociais significativas, correndo o risco de sofrer violenta repressão. Por isso, o sindicalismo salvadorenho sempre foi marcado pelo paradoxo de que quando alcança seu máximo desenvolvimento quantitativo e qualitativo, precipita sua crise e destruição temporárias.

Isso se repetiu até o final da década de 1970, quando o movimento sindical salvadorenho alcançou um extraordinário desenvolvimento. A organização sindical se tornou politicamente perigosa porque se articulou em federações que, por sua vez, se integraram com outras organizações em grandes movimentos populares – por exemplo, o Bloco Popular Revolucionário ou a Frente de Ação Popular Unificada – profundamente combativos e capazes de mobilizar grandes massas de partidários e simpatizantes, operários e camponeses (SAMAYOA & GALVÁN, 1979a, 1979b). A mobilização popular colocou o estado salvadorenho a beira do colapso total. Parecia que o processo de colapso do estado de Somoza na Nicarágua se repetiria. Por isso, o golpe de estado de 15 de outubro apenas serviu como uma crise de transição que abriu as portas para um período de desmobilização popular e de reconstrução do aparato estatal. A desmobilização foi conquistada por meio de uma massiva campanha de terror estatal, a qual ceifou a vida de, pelo menos, 30 mil salvadorenhos em um intervalo de 3 anos. A reconstrução do aparato estatal demandou o estabelecimento de uma estrutura de democracia formal como fachada de poder. Enquanto o preço da desmobilização popular foi a interiorização de uma guerra civil cada vez mais sangrenta. A conta paga para garantir a existência de uma fachada de democracia incluiu a entrega quase colonial da soberania nacional salvadorenha ao governo dos Estados Unidos.

O terrorismo de estado imperante entre 1981 e 1983 levou o movimento sindical salvadorenho a uma das fases mais trágicas de sua história: durante esses anos, os movimentos sindicais mais representativos enfrentaram uma sangrenta repressão e a sua existência se reduziu a uma atuação na vida do país que era mais nominal do que real. Nesse mesmo período, significativamente, se desenvolveu o sindicalismo camponês patrocinado pelo Instituto Americano para o Desenvolvimento do Sindicalismo Livre (*Instituto Americano para el Desarrollo del Sindicalismo Libre*), organismo tradicional de fachada da CIA norte-americana. Também foi criada uma massiva federação de sindicatos e cooperativas, a União Popular Democrática (UPD), promovida e patrocinada pela Democracia Cristã (DC), organização que gerencia o projeto norte-americano para El Salvador. A UPD foi a base principal para a DC triunfar nas eleições que levaram Napoleón Duarte à presidência.

Todavia, desde 1984, pode-se observar dois importantes fenômenos: de um lado, começou a ressurgir, mais uma vez, o sindicalismo que não é mediatizado pelo governo (cf. ANÔNIMO, 1984; J.G., 1984); de outro lado, foi produzida uma grave crise nos grupos patrocinados por norte-americanos e democratas cristãos (*democristianos*) que passaram por divisões e até separações em relação aos seus criadores (CASPER, 1986). O ressurgimento do sindicalismo salvadorenho autônomo se manifestou ao longo de 1985 (M.V., 1985) e resultou na recuperação da sua capacidade de mobilização em 1986, quando foi formada a União Nacional dos Trabalhadores Salvadorenhos (Unión Nacional de los Trabajadores Salvadoreños, UNTS).

Esses breves apontamentos servem para esboçar a história mais recente do movimento sindical salvadorenho. As perguntas que formulamos aqui não são novas na Psicologia Social. Como explicar a dinâmica desses grupos sindicais? Que fatores podem explicar o que esses grupos são e fazem? Como compreender o envolvimento de pessoas com esses grupos em um contexto de guerra civil, isto é, quando a atividade de reivindicação tem o impacto de subversão da ordem estabelecida e a combatividade sindical é identificada com a luta insurgente? Assim, buscamos uma teoria que auxilie a compreensão sobre a história do sindicalismo salvadorenho a partir de uma perspectiva psicossocial e que dá contribuições para a construção de uma história nova.

Pode-se questionar porque tomamos como ponto de referência processos tão complexos como o sindicalismo salvadorenho, ao invés de recorrer aos grupos que são mais estudados pela Psicologia Social, como o grupo familiar, o grupo escolar ou o grupo terapêutico. As razões são diversas, mas uma delas é, precisamente, poder verificar se nossos conhecimentos são algo mais do que um tênis confortável que usamos para andar pelo laboratório escolar, pela clínica pequeno-burguesa ou pelo escritório dos gestores transnacionais, ao invés de caminhar pelos agrestes caminhos da vida sociopolítica latino-americana.

Tomar os sindicatos como exemplo possibilita três importantes vantagens: em primeiro lugar, somos obrigados a olhar para o mundo das relações trabalhistas de produção, onde se articulam os condicionamentos últimos da ordem social; em segundo lugar, somos forçados a refletir sobre grupos de diversos tamanhos, sem presumir que os grupos maiores são uma reprodução em grande escala dos pequenos grupos e sem ignorar a importância das unidades menores na configuração das macroestruturas; finalmente, somos levados a olhar para os processos grupais a partir da perspectiva das lutas populares, isto é, não a partir de quem está no poder, mas a partir de quem sofre as consequências de uma ordem social opressora e injusta e que se impõe como natural.

1) Uma teoria dialética sobre os grupos

Na Psicologia Social existem dois tipos de teorias grupais. Aquelas teorias que definem a essência da unidade grupal a partir da existência de algum elemento que é comum entre os membros do grupo, seja um traço, uma percepção, uma necessidade etc. E há aquelas teorias que definem a unidade grupal destacando a existência de vínculos entre os indivíduos como laços de ordem cognitiva, emocional ou comportamental. Pode-se afirmar que as primeiras teorias situam a grupalidade no que Durkheim (1893/1967) chamava de solidariedade mecânica, enquanto que o segundo conjunto de teorias situa a grupalidade na solidariedade orgânica. Um exemplo ilustrativo do primeiro tipo de teorias é a visão freudiana, que afirma que as pessoas constituem um grupo na medida em que se identificam com um mesmo líder, cuja imagem é interiorizada (FREUD, 1921/1972). O segundo tipo é exemplificado pela visão lewiniana, segundo a qual os grupos são campos de forças que surgem por meio das relações entre os indivíduos (CARTWRIGHT & ZANDER, 1971; LEWIN, 1951).

Sem negar o que há de válido nos dois tipos de teorias, a tentativa de aplicá-las ao caso do sindicalismo salvadorenho revela suas graves deficiências. Mencionaremos três: o individualismo, a parcialidade paradigmática e o a-historicismo.

a) *Individualismo*. As teorias grupais predominantes enxergam o grupo a partir da ótica do indivíduo. Quem possui traços comuns ou estabelece relações é o indivíduo. O grupo, em última instância, é uma soma de indivíduos ou um conjunto de relações entre indivíduos. Esta visão dificulta, por exemplo, a compreensão de como um sindicato pode sobreviver apesar de seus principais dirigentes terem sido eliminados e de suas bases terem desertado massivamente ou de como sindicatos que dependem, estruturalmente, de organismos contrários às classes trabalhadoras podem ter o sentido de sua prática histórica modificado, independentemente do que seus membros podem pensar ou sentir como indivíduos.

b) *Parcialidade paradigmática*. Os paradigmas dominantes compreendem os grupos como sinônimo de pequenos grupos, sejam grupos primários (como no caso de Freud), sejam grupos de trabalho (como no caso de Lewin). A Psicologia Social tende a ver todo grupo humano como microgrupo, ao ponto de que, ao se falar de grupo em Psicologia Social, se entende, automaticamente, que se trata de pequeno grupo. Nesta perspectiva foram perdidos importantes processos e características que somente aparecem em grupos grandes.

c) *A-historicismo*. Esta é terceira deficiência das teorias psicossociais em voga e, talvez, a mais grave. Em geral, a análise dos grupos ignora o sentido adquirido pela realidade pelo fato de ela ser produzida em situação e em circunstância concretas. A insistência no princípio do aqui e agora acaba resultando na naturalização positivista do dado, esvaziando as possibilidades de se compreender o caráter ideológico das realidades grupais. O sindicalismo salvadorenho não é apenas um movimento sindical. Da mesma forma, El Salvador não é simplesmente um país subdesenvolvido e seu regime atual não é apenas mais uma democracia. Para se compreender o subdesenvolvimento salvadorenho é preciso compreender a sua história de dependência externa e de opressão interna, assim como para compreender o seu regime atual é preciso compreender sua localização geopolítica como quintal norte-americano e a consequente necessidade de criação de imagens publicitárias, as quais reproduzem o modelo contrainsurgente característico de uma guerra "de baixa intensidade". Assim, compreender o sindicalismo salvadorenho requer olhar para: as forças sociais das quais emerge o movimento sindical, os grupos frente aos quais o sindicalismo precisa se afirmar, o espaço político em que os sindicatos podem se movimentar e as possibilidades reais que se apresentam para a ação sindical.

O grupo humano

A preocupação em compreender a particularidade dos grupos, sem reduzir sua existência a um somatório de fatores ou de relações individuais, e enxergar a sua concretude e especificidade histórica não é uma exigência exclusiva dos grupos sindicais salvadorenhos. Quando se busca evitar uma compreensão reducionista, qualquer análise psicossocial deve superar o individualismo, o "microgrupismo" paradigmático e o a-historicismo. Por isso, uma boa teoria psicossocial sobre os grupos deve atentar para, pelo menos, três condições: especificidade social, compreensão estrutural e historicidade (sobre o que é exposto a seguir, cf. MARTÍN-BARÓ, 1986).

a) Uma teoria psicossocial sobre os grupos deve dar conta da realidade social do grupo enquanto tal. Sua realidade não é redutível às características pessoais dos indivíduos que constituem o grupo e nem aos vínculos entre eles. Todavia, a teoria deve ser, também, capaz de integrar os aspectos pessoais, isto é, as especificidades de cada grupo que surgem dos traços e das particularidades próprias de seus membros. Somente assim se explicitará o caráter dialético do grupo, lugar privilegiado de confluência do pessoal com o social e de individualização do social.

b) Deve ser suficientemente *compreensiva* podendo ser aplicada tanto aos grupos pequenos quanto aos grupos grandes, sem assumir que a diferença é simplesmente quantitativa, pois podem existir diferenças qualitativas essenciais.

c) Deve incluir como um de seus aspectos essenciais o caráter histórico dos grupos humanos. Isso exige que cada grupo seja visto em suas circunstâncias concretas, como parte de um processo social que os configurou no interior de um conjunto de estruturas e forças que são próprias de uma sociedade em um dado momento. Por isso, uma teoria psicossocial de grupos não pode pressupor que grupos formalmente semelhantes tenham um mesmo sentido e muito menos que sejam uma realidade idêntica. Ao mesmo tempo, também não pode descartar a possibilidade de grupos diferentes representarem, em certos casos, fenômenos equivalentes, ainda que se materializem em contextos e situações históricas distintas.

A partir dessas condições, definimos o grupo humano como *uma estrutura de vínculos e relações entre pessoas que canaliza, em cada circunstância, necessidades individuais e/ou interesses coletivos*. Portanto, há três elementos essenciais em cada grupo: (a) seu caráter estrutural, isto é, trata-se de uma unidade de vínculos e relações entre pessoas que surge precisamente estabelecendo relações mútuas, ainda que estas não estejam necessariamente atadas a qualquer indivíduo enquanto tal; (b) seu caráter instrumental em relação às necessidades e os interesses humanos, o que remete a certas circunstâncias concretas, ou seja, há grupos porque o agrupar-se é condição essencial para satisfazer necessidades daqueles que deles fazem parte; e (c) os grupos podem canalizar tanto as necessidades pessoais quanto os interesses coletivos e, em geral, articulam estes com aquelas. Dessa forma, todo grupo sempre tem uma dimensão de realidade que se refere aos seus membros e outra dimensão mais estrutural que se refere à sociedade em que é produzido.

As três dimensões do grupo humano

Uma visão histórico-dialética do grupo humano nos leva a postular três dimensões essenciais: sua identidade, seu poder e sua atividade. Examinemos, brevemente, estas três dimensões (cf. MARTÍN-BARÓ, 1986).

• A identidade grupal

A identidade pode ser tomada como a resposta à pergunta sobre quem é alguém ou o que é algo. Nesse caso, não se pergunta o que é um grupo, mas sobre o que é ou qual é este grupo concreto. A resposta deve revelar o caráter que define a essência de cada grupo e o que o diferencia de qualquer outro. Se é abordado o grupo sindical, é preciso analisar se é o Sindicato Salvadorenho da Seguridade Social ou se é a Federação Unitária Sindical de El Salvador.

Obviamente, a identidade dos grupos é muito variável. Há aqueles grupos que têm uma identidade muito clara e sólida, historicamente afirmada, e aqueles com uma identidade confusa ou débil, submetida aos ziguezagues das circunstâncias. Há sindicatos com uma personalidade mais ou menos definida e uma longa tradição, mas há também sindicatos cuja sobrevivência caminha lado a lado com a benevolência patronal ou com a cobertura prestada pelo governo da vez.

Três aspectos conformam a identidade de um grupo: (a) sua formalização organizativa; (b) suas relações com outros grupos; e (c) a consciência de seus membros. Estes três aspectos podem ser empiricamente operacionalizados como indicadores da identidade de um determinado grupo.

A (a) *formalização organizativa* refere-se ao grau de estruturação interna de um grupo, isto é, sua institucionalização. Ela explicita em que medida as partes e as relações entre elas são definidas e reguladas no grupo; e se há divisão das funções, sistematização das tarefas e distribuição das atribuições. A formalização organizativa pode se dar implicitamente, isto é, sem a necessidade de criação de estatutos ou regulamentos. Dessa forma, a formalização teórica que aparece nos regulamentos escritos, frequentemente, não é aquilo que melhor explicita a organização real do grupo.

Anzieu e Martín (1968) tomam como critério fundamental para classificar os grupos humanos o seu grau de estruturação organizativa interna. Os grupos vão desde aqueles com uma estrutura muito débil, como as multidões, até aqueles profundamente estruturados, como aqueles que os autores chamam de grupos secundários ou organizações. Uma análise da formalização organizativa de um grupo demanda examinar cuidadosamente as normas formais e/ou informais, ou seja, aquilo que explicita as condições de pertencimento e de exclusão. É importante não esquecer que o pertencimento é um dado objetivo e não coincide necessariamente com a consciência subjetiva que as pessoas têm sobre o seu próprio pertencimento a um grupo ou outro.

As (b) *relações com outros grupos* são os canais pelos quais, primeiro, é configurada e, depois, sustentada a identidade de cada grupo humano. Como afirma o velho ditado castelhano que descreve as pessoas: "diga-me com quem tu andas e te direi quem és". Algo semelhante pode ser afirmado sobre os grupos. As suas relações com outros grupos definem sua realidade: seja pelos vínculos positivos ou negativos, seja pela colaboração ou competição, seja pelas relações formais ou informais, seja pela dominação ou submissão. O grupo surge na dialética intergrupal produzida historicamente em cada sociedade. Assim, um sindicato configurará sua identidade frente ao patronato concreto que precisa enfrentar, assim como por meio da interação com outros sindicatos e grupos sociopolíticos.

Em última instância, o aspecto mais importante de um grupo é a sua conexão, explícita ou implícita, com exigências, necessidades e interesses de uma classe social. Todo grupo – desde a família ou o núcleo de amigos íntimos até o partido político, o sindicato ou a associação gremial – canaliza interesses sociais específicos. Assim o grupo é a mediação concreta de uma determinada situação e de uma circunstância históricas. Os interesses sociais podem ser de natureza mais pessoal e individualizada ou de natureza mais coletiva, ainda que não exista, necessariamente, oposição entre uns e outros, mas sim articulação. Por isso, a identidade de um determinado grupo será mais clara e seu enraizamento histórico será mais profundo quando existir maior vinculação com os interesses de uma determinada classe social.

A (c) *consciência dos membros* é aquilo que foi chamado de pertencimento subjetivo dos indivíduos ao grupo. É o que, segundo alguns psicólogos, determina a existência de um grupo psicológico (TURNER, 1982, 1984). Sem dúvida alguma, a identidade grupal se reafirma e se consolida por meio da consciência que os membros têm do seu pertencimento ao grupo e, também, por meio do que o grupo é e exige, do que o grupo significa e pretende realizar. Porém, o pertencimento a um grupo não se reduz à consciência subjetiva e nem sempre a referência consciente ao grupo possui o mesmo sentido normativo: certamente, o indivíduo pode assumir o grupo como critério para regular seu comportamento pessoal, mas, também, é possível que o indivíduo se sirva instrumentalmente do grupo para conquistar vantagens sociais ou que ele recuse as normas grupais e afirme sua individualidade e independência (MARTÍN-BARÓ, 1986).

A natureza da referência grupal depende da *identificação* do indivíduo com o grupo, isto é, da aceitação do que é o grupo e da apropriação dos seus objetivos. Consciência e identificação não são a mesma coisa, ainda que estejam intrinsecamente relacionadas. Um alto grau de consciência e de identificação pode levar ao que se chama de compromisso profundo das pessoas com os grupos, enquanto a consciência débil ou a falta de identificação faz com que os membros não se sintam comprometidos com o grupo. Consciência e identificação constituem, portanto, um fator complexo sumamente importante para a identidade grupal. Por exemplo, não é raro que a diferença entre a consciência e a identificação, sobre o que é ou o que deve ser um sindicato existente, entre dirigentes e as bases resulte em problemas no momento de atuar frente aos patrões ou outros grupos sociais.

Tanto pelas relações com outros grupos quanto pela consciência de seus membros, os grupos podem possuir uma identidade contraditória. Alguns sindicatos são formados pelos governos do momento para controlar os movimentos reivindicativos ou canalizar as manifestações operárias de acordo com objetivos políticos específicos. Há, inclusive, patrões que promovem sindicatos em suas próprias empresas para desencorajar protestos ou impedir que surjam sindicatos autônomos. Em outros casos, a identidade contraditória provém de uma falsa consciência dos membros do grupo sobre a sua realidade e os seus interesses objetivos. Por exemplo, diante da crescente tomada de consciência dos interesses de classe experimentada no interior de alguns sindicatos promovidos em El Salvador pelo IADSL norte-americano, este recorreu à tática de criar divisões e cisões internas, valendo-se, para tanto, de diferenças pessoais entre dirigentes sobre distintos pontos de vista sobre os processos sociais ou, simplesmente, da compra de vontades por meio de dólares (CASPER, 1986).

A possibilidade de uma identidade contraditória possibilita a distinção entre *grupos em-si* e *grupos para-si*, realizada por Michael Billig (1976), quem retomou a clássica distinção das classes sociais. Todo grupo tem uma existência objetiva, é um grupo em-si; mas nem todo grupo possui o grau de consciência coletiva que permite adequar sua identidade e sua atividade aos interesses da sua classe social objetiva. Somente quando um grupo adquire essa consciência e busca adequar sua identidade e suas metas aos seus vínculos objetivos, isto é, quando canaliza os interesses da classe social da qual é parte, pode-se, então, falar de um grupo para-si.

Como se pode notar, a identidade de um grupo é externa e interna: o externo é dado pela relação do grupo com outros grupos, enquanto o interno é definido pela consciência que os membros têm do grupo e o que este representa para eles. As duas dimensões estão intrinsecamente relacionadas, já que aquilo que o grupo é diante dos outros está definido, em boa medida, pela consciência e pela identificação que os seus membros possuem; mas também é claro que a própria consciência dos indivíduos depende essencialmente do que o grupo é frente aos outros grupos. Nesse caso, a base objetiva sobre a qual se constrói a identidade grupal (identidade assumida) é a identidade que os outros grupos outorgam e permitem (identidade atribuída). Parafraseando Mead (1932/1972), poderíamos dizer que, tal como o "eu" pessoal é constituído sobre o "mim" social proveniente dos "outros significativos", o "nós" grupal é elaborado a partir do "nós" relacional que é outorgado pelos "outros grupos envolvidos".

• O poder grupal

O segundo parâmetro para a compreensão psicossocial dos grupos é o poder. O poder não deve ser concebido como um objeto que é possuído, pois o que os grupos e as pessoas possuem são recursos que permitem ou não conquistar poder em suas relações sociais, de acordo com a natureza de cada relação e das pessoas com quem se relacionam. O poder de um grupo não pode ser considerado em abstrato, mas apenas na relação com aqueles grupos frente aos quais busca se afirmar. O que pode ser mensurado são os recursos à disposição de cada grupo, os quais possibilitam a conquista de poder nas relações com outros grupos. Um sindicato pode ter poder suficiente para vencer os patrões em uma greve da empresa, mas não para enfrentar o ataque violento dos corpos de segurança; ou pode ter poder para negociar um contrato coletivo satisfatório, mas não para uma distribuição equitativa dos benefícios do exercício do emprego; ou pode ter poder para conquistar a libertação de vários dirigentes aprisionados, mas não para conseguir seu retorno aos seus postos de trabalho.

Assim, o poder é definido como a desigualdade das relações sociais que se funda na posse diferencial de recursos, permitindo a alguns realizarem e imporem seus interesses pessoais, grupais ou de classe sobre outros (MARTÍN-BARÓ, 1984). O poder é inerente a toda relação social e, portanto, às relações intergrupais: o poder se dá tanto nos níveis inferiores da pirâmide social, onde os recursos são mínimos, quanto nos níveis superiores, onde se dispõe de grande quantidade e diversidade de recursos. Por isso, o poder deve ser considerado em cada relação histórica concreta, pois não é um simples reflexo dos recursos de cada ator. O poder surge somente quando os atores se relacionam uns com os outros com certos fins. Dada a multiplicidade de relações sociais que se produzem em cada sociedade e a diversidade dos aspectos e dos objetivos envolvidos, as relações de poder podem ser muito complexas: a vantagem que um ator obtém frente a outro em uma dimensão, pode ser, frequentemente, desvantagem existente em outra dimensão.

O poder de um grupo se fundamenta nos diferenciais de recursos produzidos em relações com outros grupos de acordo com os objetivos buscados pelo grupo. Isso mostra a importância dos recursos disponíveis. Sem dúvida, os grupos mais poderosos em uma determinada sociedade são aqueles que possuem todo tipo de recursos e em quantidades que são suficientes para produzir diferenciais favoráveis em suas relações com outros grupos. Todavia, isto não quer dizer que todos os recursos são equiparáveis, mas que alguns recursos dão possibilidades mais universais de poder social do que outros.

Nesse sentido, é interessante examinar a recente dialética histórica entre as oligarquias e os exércitos latino-americanos. O poder que as oligarquias tradicionalmente desfrutaram e que permitiu a manipulação arbitrária dos institutos militares foi se convertendo em uma relação mais equilibrada, marcada pela existência de diferenciais vantajosos apenas em alguns casos, o que obrigou as oligarquias estabelecerem um novo tipo de pacto ou aliança em que os exércitos não jogam necessariamente um papel subordinado.

Portanto, há dois aspectos que devem ser examinados no momento de definir o poder de um grupo em cada situação concreta: (a) os recursos que possuem em função dos objetivos almejados e (b) os recursos daqueles grupos com os quais se relaciona para alcançar os objetivos. Esta análise revelará os diferenciais que surgem em cada situação e as possibilidades de cada grupo de levar adiante os seus interesses.

Cabe destacar que o tamanho de um grupo pode ser um de seus recursos mais importantes nas relações sociais. Todavia, o valor real do número de membros na disputa social depende, por sua vez, do envolvimento dos indivíduos com o seu grupo, isto é, do seu compromisso grupal. Nesse sentido, poder e identidade grupal estão estreitamente vinculados. Por um lado, o poder de um grupo não é uma característica que depende de sua identidade já constituída, mas é um dos elementos constitutivos dessa identidade. O que é um grupo, o seu caráter e a sua natureza, depende, em boa medida, do poder de que dispõe em suas relações com outros grupos sociais. Mas, por outro lado, o poder grupal depende da identidade do grupo, o que em parte significa que depende da consciência e da identificação que os membros possuem dos objetivos grupais. De nada serve a um sindicato possuir muitos associados se, no momento do conflito, da manifestação ou da greve, os dirigentes ficam sozinhos porque nenhum outro membro está disposto a correr riscos em prol dos objetivos sindicais.

• A atividade grupal

A definição do que um grupo humano é deve incluir o que esse grupo faz ou realiza, isto é, a sua contribuição para os seus membros e a sua contribuição para a sociedade em geral. Um grupo não pode ser concebido como uma realidade estática, mas deve ser entendido de acordo com o que produz. Cabe aplicar aqui o princípio de que o ser resulta do fazer. Um grupo é, em boa medida, o que faz. A origem, existência e sobrevivência do grupo dependem, em grande medida, de sua capacidade de realizar ações que são significativas em uma determinada circunstância e situação histórica. Quando um grupo não é capaz de realizar ações valiosas, tende a desaparecer: os membros se distanciam ou simplesmente deixam de participar.

Uma atividade pode ser significativa ou importante para os membros do grupo ou para a sociedade em geral. Para os indivíduos, um grupo será significativo se ele permitir que o indivíduo alcance seus objetivos ou satisfaça suas aspirações; para a sociedade, um grupo será significativo se produzir um efeito real na vida social, isto é, se desempenhar algum papel na satisfação dos interesses que canaliza ou representa.

Pode-se considerar que um grupo surge a partir da consciência que as pessoas possuem de interesses e objetivos que são comuns ou cuja satisfação requer a unidade de ação. Porém, muitas vezes, a consciência dos membros não possui relação com a raiz última dos grupos, especialmente quando se trata de grupos em que o pertencimento se dá por descendência (p. ex., a família, a raça, a classe social) e não por decisão voluntária ou conquista pessoal (p. ex., partido político, sindicato ou ordem religiosa). A própria consciência que os membros possuem do grupo, de sua natureza e de seu sentido social depende das características objetivas do grupo e está condicionada pelas exigências de sobrevivência do grupo como tal. Assim, seus limites se encontram no que se chama de "máximo de consciência possível". Isto significa que há uma relação dialética entre consciência e atividade, o que torna possível a alienação das pessoas e o desenvolvimento de necessidades desumanizantes no interior dos grupos e, também, que uma falsa consciência social precipite a aparição de grupos contrários aos interesses objetivos de seus próprios membros.

Portanto, três elementos devem ser considerados em relação à atividade de um grupo: (a) o que é que o grupo faz, isto é, que tipo de atividade desenvolve e qual é a finalidade e orientação fundamental de seus objetivos; (b) como e quando o grupo atua, isto é, com que frequência ou intensidade, se há autonomia ou dependência; (c) qual é o efeito decorrente da atividade do grupo e sobre quem o efeito atua, se é sobre seus membros, sobre outros grupos ou setores da sociedade ou sobre ambos.

A atividade do grupo tem um efeito sobre a identidade e o poder grupal. Sobre a identidade, porque o que o grupo faz cria uma imagem para os próprios membros e para os outros, uma imagem que retroage dialeticamente na forma como outros grupos (e os próprios membros do grupo) reagem ou atuam diante dele. Sobre o seu poder, porque, na medida em que a ação desenvolvida é consistente com seu caráter e seus objetivos, o grupo tende a se fortalecer e a consolidar sua estrutura, acumulando recursos e experiência prática. Em muitos casos, a atividade é a matriz real dos grupos: estes não somente se afirmam realizando ações, mas a sua atividade constitui a única fonte de recursos e é a raiz última de sua identidade.

Em resumo, identidade, poder e atividade são três parâmetros essenciais para definir a natureza de qualquer grupo. Em princípio, um grupo surge quando os interesses de várias pessoas confluem e demandam sua canalização em uma circunstância histórica concreta. A consciência desta exigência precipita a cristalização grupal, o que ocorre quando a consciência corresponde aos interesses reais dos próprios indivíduos ou quando se trata de uma falsa consciência induzida por um estado de alienação social. Nesse sentido, cabe afirmar que o grupo é a materialização de uma consciência coletiva que reflete, fidedignamente ou não, as demandas de certos interesses pessoais e/ou coletivos. Mas se a origem dos grupos depende, de alguma forma, de consciência social, sua sobrevivência depende do poder que obtêm, isto é, dos diferenciais favoráveis de recursos que os grupos conquistam frente aos outros grupos na interação social e que permitem levar adiante os seus fins. O poder que os grupos obtêm em suas relações intergrupais se plasma em uma estrutura organizativa que possibilita a satisfação sistemática de seus interesses por meio de uma ação eficaz no interior da sociedade. Por isso, a desintegração ou o desaparecimento de um grupo depende da perda da significação social do grupo, seja quando sua identidade perde a conexão com suas raízes (não responde mais aos interesses que canalizava), seja quando os recursos que davam poder são perdidos ou arrebatados, seja quando o grupo se mostra incapaz de realizar ações eficazes diante de outros grupos ou frente às aspirações e necessidades de seus próprios membros.

2) Dinâmica dos sindicatos salvadorenhos

Ao longo de 1986 utilizamos este modelo psicossocial para analisar a dinâmica de diversos grupos em conflito no contexto de El Salvador. Um dos setores que dedicamos especial atenção é o sindical. Concretamente, concentramos nossa análise em três sindicatos independentes (i. é, que não são vinculados ao governo ou aos partidos políticos no poder e nem ao IADSL norte-americano) que representavam três setores primordiais da atividade produtiva: operários, funcionários públicos e camponeses (sobre o que será exposto a seguir, cf. GUZMÁN e cols., 1986).

Para desenvolver este trabalho foi necessário se envolver ativamente na vida sindical, o que significou participar em assembleias, manifestações, cursos sindicais, paralisações e greves. Somente assim foi possível alcançar informações verazes e expressões sinceras, superando a compreensível desconfiança dos sindicalistas em relação a qualquer pessoa estranha, que pode ser tomada como "orelha" (i. é, um informante do governo ou dos corpos de segurança).

O estudo sobre os sindicatos se organizou em três pontos:

a) Conhecimento do sindicato, sua estrutura formal, seus objetivos, sua forma de organização e sua história. Para tanto, se realizou análise documental que foi complementada com informações obtidas por meio de entrevistas com dirigentes.

b) Conhecimento das atividades normais e extraordinárias do sindicato. A fonte fundamental para esta informação foi a observação participante que, por sua vez, foi verificada por meio de entrevistas.

c) Análise da consciência, da identificação e da participação dos membros do sindicato, da base e da direção, na vida sindical. Esta análise foi realizada por meio de um questionário, de entrevistas pessoais, assim como da observação direta. De particular importância foram as entrevistas em profundidade desenvolvidas com doze sindicalistas, nas quais narraram sua experiência pessoal. Esses testemunhos pessoais foram gravados com o consentimento prévio das pessoas.

A amostra total foi composta por 97 sindicalistas: 41 operários, 30 funcionários públicos e 26 camponeses. Um quarto dos participantes eram dirigentes e o restante era conformado por membros da base. Metade dos participantes eram homens e a outra metade formada por mulheres. 60% dos participantes possuem entre 20 e 30 anos de idade. 45,4% pertencem ao sindicato por 6 anos ou mais, enquanto o restante ingressou nos sindicatos há 5 anos ou menos. Quatro de cada cinco participantes recebem um salário de 600 *colones* ou menos, isto é, apenas cem dólares por mês ou menos.

O estudo buscava, fundamentalmente, responder duas perguntas. (1) Qual é a dinâmica fundamental do sindicalismo salvadorenho atual? Ou seja, que forças e fatores explicam melhor a atividade realizada pelos sindicatos em El Salvador? (2) Que fatores explicam melhor a participação das pessoas na vida sindical em circunstâncias tão perigosas como as salvadorenhas? A seguir, sintetizamos algumas das respostas mais significativas que foram oferecidas pelo estudo, organizadas em torno dos três elementos essenciais de um grupo.

Identidade sindical

Dois dos três sindicatos estudados, o operário e o de funcionários públicos, nasceram sob a orientação e o patrocínio do partido político governante na época em que foram criados, o Partido de Conciliação Nacional (Partido de Conciliación Nacional, PCN). O terceiro sindicato, o camponês, é muito recente, foi fundado em 1986 e não possui pessoa jurídica. De fato, até 1983, a sindicalização de camponeses era constitucionalmente proibida em El Salvador.

A origem política é um dos problemas mais graves para a identidade de muitos sindicatos salvadorenhos. Como afirma um sindicalista:

> Os postos da junta diretiva sempre foram ocupados por profissionais que respondiam aos interesses da direção geral do Instituto e do Partido [...]. Tudo isto manteve os trabalhadores em uma posição de adormecimento e de contradição com suas próprias necessidades e seus interesses... O sindicato, até certo ponto, foi um sindicato pelego.

Em El Salvador, a afirmação da própria natureza sindical requer o enfrentamento de um problema político: a demanda reivindicativa faz com que o sindicato se oponha não somente ao poder econômico, mas também ao poder político, pois ambos se encontram profundamente imbricados. Assim, não é raro que a luta reivindicativa obrigue um sindicato a se opor àquelas instituições políticas sob cuja sombra e amparo surgiram. Isto significa que, em El Salvador, a realização de uma atividade autenticamente reivindicativa corre o risco de ser interpretada como atividade subversiva. Nas circunstâncias atuais de polarização social e guerra civil, a identificação entre reivindicação trabalhista e subversão é quase mecânica. Obviamente, isto coloca um grave problema para as direções sindicais, porque se suas demandas são rebaixadas, correm o risco de atuarem apenas de forma superficial, que não responde aos graves problemas que o trabalhador salvadorenho enfrenta hoje em todas as áreas de sua vida. Mas se os sindicatos aprofundam suas demandas, correm o risco de serem identificados publicamente com os grupos insurgentes e serem reprimidos, o que também amedronta o trabalhador que não quer se envolver na política ou tem medo de ser objeto da repressão.

Assim, o grande dilema que o sindicalismo salvadorenho enfrenta na atualidade é o de como conseguir uma identidade estritamente sindical sem ser manipulado por forças no poder ou sem se tornar irrelevante para os próprios trabalhadores e, dessa forma, desenvolver uma atividade significativa para as necessidades de seus membros sem se expor demasiadamente ou ser destruído pela repressão política. Contra qual grupo o sindicato deve afirmar sua identidade? Contra os patrões ou contra o governo? E quando confrontar os patrões, o sindicato deve privilegiar uma postura meramente reivindicativa para os trabalhadores da empresa ou deve privilegiar uma postura mais global, como membros de uma classe social?

A politização de um sindicato desenvolve a consciência de seus membros, favorecendo a identificação e o compromisso ativo para a conquista dos objetivos sindicais, mas, também, assusta muitos trabalhadores, que ainda relembram intensamente a experiência ou o espetáculo da massiva campanha de repressão desenvolvida entre 1981 e 1983. Por isso, temem as consequências sobre eles e suas famílias que podem resultar de um "avermelhamento" excessivo.

Esse dilema faz com que a identidade de muitos sindicatos oscile entre o que é estritamente trabalhista e o que é sociopolítico, o que resulta, também, em uma participação oscilante dos trabalhadores que, em geral, possuem um grau de consciência muito inferior ao dos dirigentes. De fato, em nosso estudo foi possível encontrar uma diferença significativa entre os níveis de consciência social (T = 3,9; P < .001), de identificação com o sindicato (T = 3,3; P < .002) e de participação (T = 3,7; P < .001) demonstrados por dirigentes e membros de base. Em todos os casos, a diferença era favorável para os dirigentes (cf. GUZMÁN e cols., 1986).

De fato, o comportamento dos dirigentes sindicais joga um papel crucial na identificação do sindicalista de base com seu sindicato. Desde uma perspectiva freudiana, se espera que o dirigente seja o elo concreto pelo qual se produz a vinculação do sindicalista com o sindicato. Daí o efeito destrutivo produzido por dirigentes que utilizam o cargo sindical para o seu próprio benefício ou que se deixam corromper pelo dinheiro patronal ou contrainsurgente. Cabe destacar o testemunho de um operário:

> Nessa época, eu não ficava em uma assembleia, porque já sabia como eles vinham trabalhando [...] Por isso, não me envolvia em nada do sindicato [...] Hoje vejo que entrou outro tipo de pessoas, um tipo que trabalha um pouquinho mais.

Com frequência os dirigentes têm consciência de seu papel modelador e a consciência de sua importância os motiva a adotar um comportamento que exige grande austeridade e sacrifício. Uma dirigente operária dizia: "Devemos ser honrados diante dos olhos das pessoas, pois isto joga um papel importante". E um camponês afirmava:

> Há muito trabalhador que está fodido; então, esses trabalhadores esperam de mim [...] que os conhecimentos que eu tenho, que isto seja transmitido para eles e que a luta dos trabalhadores seja feita em conjunto. [...]. Os dirigentes fomos chamados para isso e para convencer os trabalhadores; isto é, não esperar que os trabalhadores já venham até nós conscientes, pois é preciso pensar que eu antes era ignorante.

Poder sindical

Os sindicatos salvadorenhos enfrentam uma grande penúria de recursos. Dificilmente podem obter muitos recursos econômicos de seus filiados, especialmente quando a situação é tão opressiva como a atual. Como destacava um membro do sindicato camponês: "As cotas, isto é, os valores das contribuições dos associados são pequenos. Uma organização como a nossa somente possui gastos". Todavia, os sindicatos analisados conquistaram o que, em sua avaliação, consideram "vitórias", tanto diante dos patrões quanto diante do governo: negociaram novos contratos coletivos, realizaram manifestações públicas, promoveram paralisações e greves, e até conseguiram a libertação de dirigentes aprisionados. Qual tem sido a base de poder dos sindicatos?

Para repsonder esta questão, é necessário levar em conta o processo, já destacado, de confluência entre o trabalhista e o político, assim como as circunstâncias atuais do regime salvadorenho. Forçado a desenvolver um projeto de contrainsurgência que requer uma aparência de democracia, o governo salvadorenho se vê obrigado a abrir determinados espaços políticos, mesmo em meio à guerra civil. Abrir espaços significa que não pode recorrer ao expediente de repressão massiva, tal como fez entre 1981-1983, e que deve manter, pelo menos, um aparente respeito aos direitos constitucionais. Portanto, o governo precisa permitir atividades como greves ou manifestações sem responder com mortes ou desaparecimentos. Obviamente, não é que o governo tenha descartado o recurso à repressão, a qual continua sendo usada de forma intensa, a diferença é que ela é seletiva. A questão é que não pode utilizá-la de forma automática e massiva.

Assim, as contradições do próprio regime servem como fonte de poder para os sindicatos salvadorenhos: superadas as dificuldades criadas pela repressão aberta e massiva, as greves e as manifestações recuperam seu poder de negociação. Assim, não é de se estranhar a proliferação de greves produzida em El Salvador em 1986, assim como a propagação de manifestações públicas com uma magnitude que não se observava desde o início da guerra civil. De especial importância foram a paralisação sindical e a manifestação que obrigaram o presidente da República a libertar uma dirigente operária, mesmo que isso contrariasse o parecer dos militares.

Nesse contexto sociopolítico, a principal fonte de poder sindical são os números, a capacidade de união e de mobilização. Dado o período de terrorismo estatal recentemente vivido e o sentido político da atividade sindical, os sindicatos salvadorenhos, em um primeiro momento, apenas podem contar com um número relativamente pequeno de membros ativos. Por isso que a grande fonte de poder sindical tem sido a solidariedade intersindical. Os testemunhos sobre isto são diversos: "A solidariedade que temos nos ajudou". "Recebemos a solidariedade de vários sindicatos irmãos e, em pouco tempo, reunimos 1.600 *colones*." "Onde existem problemas trabalhistas, estivemos presentes, ajudando os trabalhadores no aspecto moral, no material, na assessoria jurídica ou técnica; temos ajudado com medicamentos, locais, propaganda, infraestrutura."

A experiência sindical salvadorenha parece confirmar aquele velho ditado de que a união faz a força. Certamente, os sindicatos relativamente pequenos têm sido capazes de enfrentar bravamente patrões poderosos e, até mesmo, o governo. Isto não pode ser compreendido a partir de um poder de ordem material, que não existia, mas analisando o poder moral (a justiça de suas reivindicações) e político (dada a relativa imobilidade do governo por conta da sua necessidade de promover uma imagem internacional de que respeita os direitos humanos).

Atividade sindical

As atividades dos sindicatos salvadorenhos estudados já foram mencionadas: assembleias, cursos sindicais, negociações com patrões, manifestações públicas, paralisações e greves. Todavia, ficou pendente a questão sobre a participação sindical, isto é, o que faz com que as pessoas participem de atividades sindicais no interior de uma guerra civil e em circunstâncias, tal como já foi sublinhado, em que não há limites claros entre o trabalhista e o político.

Negativamente, nosso estudo não encontrou qualquer relação entre a participação em atividades sindicais e as características demográficas: nem o sexo, nem a idade, nem a escolaridade e nem o estado civil diferenciam o grau de participação nas atividades sindicais. Isto ocorre mesmo quando, por exemplo, as mulheres mostraram-se mais preocupadas com a família e expressaram mais medo das atividades sindicais do que os homens.

Assim, a participação nas atividades sindicais, sobretudo aquelas mais arriscadas, se relaciona com o quê? Segundo os dados de nosso estudo, a participação está relacionada com os dois elementos que, tal como indicamos antes, propiciam o compromisso do indivíduo com um grupo, neste caso com o sindicato: sua consciência grupal ($R = .052$; $P < .000$) e sua identificação com o sindicato ($P = .59$; $P < .000$). Além desses dois fatores, há a ausência de medo ($R = .59$; $P < .000$), aspecto crucial nas circunstâncias de El Salvador. O fato de os dirigentes terem um grau de participação na prática sindical significativamente maior que os membros da base deve-se, precisamente, à sua maior consciência social e, ainda, de classe, assim como à sua identidade com os objetivos e os meios do sindicato e, por fim, pelo menor medo da repressão.

Porém, há, ainda, outro elemento que desempenha importante papel na participação sindical das pessoas: o significado das atividades realizadas. O trabalhador participa daquelas atividades que fazem sentido para ele, mesmo quando há perigos.

> Sobre a minha evolução como sindicalista, a minha preocupação é sempre estar fazendo algo importante para o sindicato; fico preocupado quando sinto que não estou fazendo nada.

> Quanto ao problema da terra, o sindicato joga um papel muito importante, porque ali se trata de coisas que devem se dar de fato, não porque o patrão quer.

> Eu estou lutando no sindicato para que nossas companheiras filiadas tomem consciência de que temos que lutar não apenas por um aumento de salário e outras coisas, mas que também temos que lutar para que nossa dignidade não seja pisoteada, nem pelo governo, nem pelos patrões, nem pelos nossos maridos.

Obviamente, os resultados das atividades são a melhor retroalimentação, positiva ou negativa, para a participação sindical. Uma demonstração disso é a memória de um funcionário público:

> Nós fomos para a greve: ou ganhávamos ou perdíamos, mas éramos companheiros que estávamos dispostos a tudo. Conseguimos conquistar 75% da plataforma que tínhamos apresentado. Isto dá nova vida para o sindicato: conseguimos tirar os trabalhadores desse marasmo e retomar sua confiança.

Conclusão

Apresentamos um modelo psicossocial para a análise dos grupos que postula três parâmetros essenciais: a identidade do grupo, seu poder na interação social e sua atividade, tanto diante da sociedade quanto diante de seus próprios membros. Esses parâmetros podem ser examinados empiricamente com uma série de indicadores que o próprio modelo oferece.

Certamente, o modelo proposto requer maior elaboração teórica, maior refinamento conceitual e deve, especialmente, ser aplicado em diversos grupos e circunstâncias para se ter um veredicto, isto é, para se comprovar concretamente se ajuda a compreender melhor os processos e, especialmente, para se avaliar se contribui para as causas libertadoras dos povos. Em todo caso, o modelo proposto é um esforço para se responder às exigências de uma nova Psicologia Social que supere as críticas que são feitas há mais de uma década e que responda às necessidades históricas de nossos povos.

Quando este modelo é aplicado ao caso do sindicalismo salvadorenho, vemos como se delineiam grupos cuja identidade se move no difícil equilíbrio entre o econômico e o político, cujo poder se fundamenta na solidariedade intersindical em um espaço sociopolítico que foi aberto graças às exigências da guerra de contrainsurgência e cuja atividade requer a conquista de objetivos que os trabalhadores tomam como significativos sem desencadear a repressão oficial. Trata-se de uma visão complexa, mas que mostra o caráter concreto da atual luta sindical em El Salvador e que, sobretudo, ilumina alguns aspectos psicossociais que permitem fazer avançar essa luta histórica.

Referências

ANDERSON, T. (1976). *El salvador, 1932:* los sucesos políticos. Ciudad Universitaria/Costa Rica: Educa [Trad. J.M. Castellanos].

ANZIEU, D. & MARTÍN, J.-Y. (1968). *La dynamique des groupes restreints.* Paris: PUF.

BILLIG, M. (1976). *Social psychology and intergroup relations.* Londres: Academic.

CARTWRIGHT, D. & ZANDER, A. (1971). *Dinámica de grupos:* investigación y teoría. México, DF: Trillas [Trad. F. Patán López].

CASPER, N. (1986). El IADSL y la corrupción del movimiento sindical en El Salvador. *Estudios Centroamericanos,* 41 (449), p. 205-229.

DURKHEIM, É. (1893/1967). *De la división del trabajo social.* Buenos Aires: Schapire.

FREUD, S. (1921/1972). *Psicología de las masas.* Madri: Alianza [Trad. L. López Ballesteros y De Torres].

GUZMÁN, J.L.; JUÁREZ, D.A.; MÁRMOL, W.; MENJÍVAR, J.O.; NÓCHEZ, M.E. & RIVAS, G.C. (1986). *Dinámica de los procesos psicosociales de los grupos sindicales en El Salvador:* identidad, poder y actividad. São Salvador: UCA [Monografia de licenciatura em Psicologia].

J.G. (1984). Se incrementa la actividad sindical – El paro del correo. *Estudios Centroamericanos,* 39 (428), p. 428-429.

LEWIN, K. (1951). *Field theory in social sciences.* Nova York: Harper.

M.V. (1985). Conflictos laborales. *Estudios Centroamericanos,* 40 (441-442), p. 538-540.

MARTÍN-BARÓ, I. (1986). *Psicología Social de grupos.* São Salvador: UCA [Versão provisória].

_____ (1984). *Psicología Social* – Sistema y poder social. São Salvador: UCA [Versão provisória].

MEAD, G. (1932/1972). *Espíritu, persona y sociedad:* desde el punto de vista del conductismo social. Buenos Aires: Paidós [Trad. F. Maza].

MENJÍVAR, R. (1979). *Formación y lucha del proletariado industrial salvadoreño*. São Salvador: UCA.

SAMAYOA, S. & GALVÁN, G. (1979a). El movimiento obrero en El Salvador: ¿Resurgimiento o agitación? *Estudios Centroamericanos*, 34 (369-370), p. 591-600.

_____ (1979b). El cierre patronal de las empresas: prueba de fuego para el sindicalismo revolucionario en El Salvador. *Estudios Centroamericanos*, 34 (371), p. 793-800.

TURNER, J.C. (1984). Social identification and psychological group formation. In: TAJFEL, H. (org.). *The social dimension:* European developments in social psychology. Vol. 2. Cambridge: Cambridge University Press, p. 518-538.

_____ (1982). Towards a cognitive redefinition of the social group. In: TAJFEL, H. (org.). *Social identity and intergroup relations*. Cambridge: Cambridge University Press, p. 15-40.

Parte III
PSICOLOGIA SOCIAL DA VIOLÊNCIA

10
UM PSICÓLOGO SOCIAL FRENTE À GUERRA CIVIL EM EL SALVADOR[31]

Introdução – Uma situação-limite

Desde 1980, El Salvador vive uma situação-limite: mais de trinta mil mortos e meio milhão de refugiados em um país com apenas cinco milhões de habitantes criaram um testemunho trágico, mas fidedigno, de que viver, isto é, demonstrar o que se é e o que se acredita, em El Salvador hoje exige colocar em risco a própria vida. A situação-limite é a melhor prova epistemológica, na qual aparecem claramente as faces da normalidade e da loucura, da consciência e da alienação, da vida e da morte.

Desde o início da década de 1970, já se perfilava em El Salvador um grave conflito social, quando se desfaziam, um após o outro, com obstinada irresponsabilidade, todos os vislumbres de solução. Com o golpe de estado de 1979, o conflito entrou em uma fase de formalização e aceleração que necessariamente desembocou na guerra civil (MARTÍN-BARÓ, 1981a). Atualmente, todos os âmbitos da vida refletem este conflito e a crueldade de uma guerra que ameaça, criminosamente, sangrar um povo inteiro. O povo salvadorenho vive uma situação-limite cotidiana: o sistema social se desintegra, desvelando os últimos mecanismos em que, até agora, se apoiava a convivência e a identidade; ao mesmo tem-

---

31. Trabalho publicado na *Revista de la Asociación Latinoamericana de Psicología Social* em 1982. Uma conferência, pronunciada no dia 4 de setembro de 1981, com o mesmo título foi apresentada no II Encuentro de Psicología Social, realizado em Madri em uma mesa-redonda coordenada por Frederico Munné [N.T.].

po, o próprio ser dos salvadorenhos, tanto física quanto psicologicamente, é posto à prova e, dia após dia, são muitos os que fogem, são derrubados ou morrem assassinados.

A atual guerra civil de El Salvador, além de questionar a validade de um sistema social que sempre nos foi imposto como uma exigência da própria natureza humana, e não uma possibilidade histórica dentre outras, nos permite olhar claramente para os pressupostos psicossociais de uma forma de convivência desumanizadora para a maioria das pessoas. O presente estudo busca analisar a situação atual de El Salvador a partir da perspectiva da Psicologia Social com o fim de esboçar uma possível contribuição para a solução de problemas tão graves.

1) Análise psicossocial da crise salvadorenha

O transbordamento da violência

No momento atual, podem-se distinguir em El Salvador três níveis de violência: a criminal, a bélica e a repressiva.

1) Antes de tudo, há a violência criminal, mais ou menos comum em toda sociedade, mas que, no interior da presente situação, alcançou proporções desmesuradas: seja por fome, desemprego, desespero ou simples oportunismo, as taxas de roubo, assalto, sequestro e homicídio cresceram aceleradamente.

2) Em segundo lugar, há a violência da guerra formal. Todavia, suas vítimas não constituem a maior porcentagem de mortos do país e nesta categoria as forças governamentais parecem levar a pior (HINTON, 1981).

3) Em terceiro lugar, há as vítimas da repressão. Quantitativa e qualitativamente constituem a triste marca da situação salvadorenha atual. Como se pode ver no quadro 1, as vítimas da repressão política, em um período de um ano e meio, entre janeiro de 1980 e maio de 1981, são mais de dezesseis mil, isto é, quase mil assassinatos por mês e estes são cálculos muito conservadores. As vítimas pertencem a todos os setores so-

ciais, ainda que os mais atingidos sejam o povo humilde, isto é, camponeses e trabalhadores. Os perpetradores são os chamados Corpos de Segurança, forças do exército combinadas com bandos paramilitares que ou estão vinculados aos próprios Corpos de Segurança ou que operam com o seu apoio e conivência.

Somente estas cifras revelam uma verdadeira orgia de violência e sangue. Contudo, nem mesmo a gravidade destes dados mostra adequadamente as dimensões da violência que existe hoje em El Salvador. Porque uma das características que veio se tornando pública é a crueldade. Cruel é, obviamente, a tortura que as forças policiais aplicam àqueles que caem em suas mãos: é raro um cadáver que não apresenta claros sinais de violação e tortura em seu corpo, muitas vezes deformado pelos castigos. Porém, mais cruel é a prática, repugnante, de esquartejamento e de exibicionismo macabro.

Somente quando se juntam estes três níveis de violência social e se leva em conta a dose de crueldade que, normalmente, os acompanha, é que se apreende, em toda a sua profundidade, a gravidade do problema em El Salvador. O que significa toda essa violência? Como se chegou até aqui? Como é possível que pessoas que até ontem eram pacíficas, religiosas e, aparentemente, razoáveis, estão envolvidas nessa macabra dança sanguinária? Como explicar que associações respeitáveis e que, até mesmo, apelam a valores cristãos e democráticos demandem histericamente das Forças Armadas um banho de sangue ainda mais amplo e generalizado?

Para compreender este complexo problema, é necessário partir de três pressupostos e assinalar três dimensões básicas da violência. O primeiro pressuposto é o de que há múltiplas formas de violência e entre elas podem existir diferenças muito importantes. O segundo pressuposto é o de que a violência tem um caráter histórico e é impossível compreendê-la fora do contexto social em que é produzido. O último pressuposto é o de que a violência tem um peso autônomo que a dinamiza e, uma vez colocado em marcha, não basta conhecer suas raízes originais para detê-la.

Tabela 1 Vítimas da repressão política em El Salvador no período entre 1980-1981 por mês e ocupação

Ocupação	1980												1981					Total
	Jan	Fev	Mar	Abr	Mai	Jun	Jul	Ago	Set	Out	Nov	Dez	Jan	Fev	Mar	Abr	Mai	
Camponês	129	126	203	198	200	393	524	236	378	200	207	212	1.018	537	924	1.795	161	7.441
Operário/empregado	10	9	32	30	53	87	52	55	104	110	107	47	74	116	143	148	107	1.284
Estudante	4	22	47	61	14	98	52	77	59	151	120	88	84	31	39	87	51	1.085
Professor	8	6	3	12	21	9	7	4	9	13	14	8	7	10	9	6	5	151
Profissional	2	4	7	–	17	11	8	6	–	2	3	5	5	4	3	2	4	83
Religioso	–	–	1	–	–	1	1	–	–	1	2	7	2	1	–	–	–	16
Desconhecida	115	69	195	179	306	429	403	327	275	561	509	320	1.143	703	504	303	219	6.560
Total	268	236	488	480	611	1.028	1.047	705	825	1.038	962	687	2.333	1.402	1.622	2.341	547	16.620

Fonte para dados de janeiro a maio de 1980: Socorro Jurídico del Arzobispado de San Salvador (1981). Fonte para dados de junho de 1980 a maio de 1981: Cudi (1980-1981).

Os três fatores constitutivos da violência são: um fundo ideológico, um contexto possibilitador e a "equação pessoal".

a) Fundo ideológico. A violência em El Salvador, inclusive aquela violência considerada gratuita, remete a uma realidade social configurada por interesses de classe, de onde surgem valores e racionalizações que determinam sua justificação (SANFORD & COMSTOCK, 1971). Que um mesmo ato seja qualificado ou não como um ato terrorista é algo que somente se compreende a partir do poder social (HACKER, 1976; CHOMSKY & HERMAN, 1979, p. 85). A tese que se pretende destacar aqui não é a ideia de Simmel (1908/1955) de que um conflito se agrava ao se amparar em exigências ideológicas de princípio, mas o dado mais fundamental de que a violência se enraíza na estruturação dos interesses sociais e sua consequente elaboração ideológica. Por isso, pode-se falar, com acerto, de uma "violência institucionalizada" na América Latina e que, como Freire (1970) intuiu, a "desvalorização da vítima" (LERNER & SIMMONS, 1966) já se encontra tipologicamente interiorizada na dialética do opressor e do oprimido (cf. tb. FANON, 1972).

b) Contexto possibilitador. Tanto o desencadeamento quanto a execução da ação violenta requerem um contexto propício. Isso foi destacado em diversos modelos (BERKOWITZ, 1965; MILGRAM, 1974). Quando esse contexto possibilitador, marco da violência, está institucionalizado, isto é, se converteu em normas, rotinas e meios materiais, a violência pode alcançar taxas crescentes. Fortalecer os corpos armados, multiplicar seus instrumentos mortíferos, espalhar guardas públicos e privados por todo lugar são fatores que resultam, cedo ou tarde, em corpos armados que utilizam seus instrumentos mortíferos e suas armas e em guardas que fazem uso de seu poder. Com isso, em última análise, se torna impossível diferenciar o que é defesa e o que é ataque, o que é proteção e o que é agressão. Um velho ditado castelhano expressa isso friamente: "crie corvos e eles te arrancarão os olhos".

c) A "equação pessoal". Sem dúvida, todo ato de violência pode carregar as marcas de seu perpetrador e, algumas vezes, esta é a causa primária. Podem existir desde tendências reprimidas ou frustradas e comportamentos reforçados (inclusive vicariamente) até os traços patológicos e as inclinações sádicas. Em não poucos casos – especialmente quando o contexto organizativo alcançou um alto nível de naturalização – pode ocorrer a violência fria, profissional, a atividade do homem que assassina metodicamente, não como sociopata, mas como técnico: o mal se torna algo comum, uma tarefa cotidiana (ARENDT, 1963).

O esquema indicado não pretende fazer uma espécie de síntese, mas apenas recupera elementos de diversos modelos sobre a violência que, em muitos casos, são contraditórios. A questão central é destacar a historicidade da violência. Suas raízes últimas estão onde o homem se faz pessoa ao se converter em ser social. Em El Salvador, a violência e a agressão surgem da essência da ordem social imperante, uma ordem classista, isto é, da coerção parcial que resulta dos interesses que a determinam. Assim, a dose de crueldade fria e sistemática que, atualmente, arremata a violência repressiva é sintoma da decomposição de um regime sociopolítico estabelecido a partir da dominação do homem pelo homem.

Na medida em que a ordem social começou a se desintegrar em El Salvador, os mecanismos de coerção, que antes estavam mais ou menos interiorizados, afloraram com toda sua crua violência. Os salvadorenhos hoje têm que contar com a ameaça contínua e imprevisível da morte e isso ocorre quando participam ativamente no conflito social ou quando tentam permanecer alheios a ele. Em qualquer lugar e a qualquer momento uma bomba pode estourar, um tiroteio começar ou uma invasão militar ocorrer. Cada um se defende como pode: alguns constroem muros ao redor de suas casas, compram carros blindados ou contratam guarda-costas; outros fogem para o exterior. Todos são oprimidos pelo medo, o qual paralisa algumas vezes e, em outros momentos, produz ações de desesperada ousadia. Todavia, não é a morte o que, em geral, atemoriza; o que se teme é cair nas mãos "deles", ser aprisionado "pelo inimigo". Quando se chega a uma situação assim, na qual nem mesmo a permanente ameaça de morte é capaz de deter a luta contra a submissão social, o limite que precipita o terror foi ultrapassado. Porque não será mais com o assassinato, mas com a forma cruel de matar marcada pelo exibicionismo macabro que se tentará introduzir o temor coercivo necessário para manter, ao menos, os vestígios de uma ordem social. Nesse contexto de violência e terror institucionalizados, a violência pessoal encontra apoio e sentido. A irracional legitimação da violência pelo poder estabelecido (HABER & SEIDENBERG, 1978) abre uma grande porta para a legitimação de quase qualquer forma de violência individual. Até as pessoas mais pacíficas aceitam a inevitabilidade da violência, inclusive para acabar com a violência. Dessa forma, o crescente comportamento violento remete a uma consciência social caracterizada por um saber sobre a identidade conflitiva dos grupos e, sobretudo, por juízos sobre a inevitável necessidade e consequente legitimidade moral da violência.

A polarização social

Um segundo fato significativo que a Psicologia Social descobre na situação atual de El Salvador é a polarização das pessoas em grupos contrapostos. Segundo a doutrina oficial norte-americana, existe uma polarização entre grupos de extrema-direita e de extrema-esquerda, enquanto no centro estão os atuais governantes e os setores majoritários da população salvadorenha. O argumento, das mais diversas maneiras, é frágil. Pode-se destacar o vazio conceitual das noções de direita e esquerda, a autodefinição teórica do grupo governante como um hipotético centro do espectro político ou, ainda, a reivindicação do apoio majoritário. Nos três casos, a explicação oficial se distancia da realidade, assim como o discurso norte-americano de que há, em El Salvador, um enfrentamento entre Ocidente e Oriente, Estados Unidos e União Soviética.

A verdadeira polarização social que está ocorrendo em El Salvador parte da contradição fundamental entre necessidades e interesses de um povo faminto e explorado e necessidades e interesses de uma minoria oligárquica refinada e exploradora. Apesar de o atual governo ter se alienado em relação aos núcleos oligárquicos mais intransigentes, o elemento determinante de sua atuação é a guerra contra as organizações representativas do povo e o seu poder está assentado nos interesses dominantes e nos instrumentos repressivos criados por eles.

O modelo mais conhecido e desenvolvido na Psicologia Social para categorizar a polarização grupal é a chamada "teoria realista do conflito social" proposta por Sherif. Segundo o modelo (SHERIF, 1958, 1966; SHERIF e cols., 1954, 1961), o conflito de interesses gera e agudiza a oposição entre o endogrupo e o exogrupo, entre "nós" e "eles", além de provocar uma mudança no clima social e na estrutura interna dos grupos. Tajfel (1970, 1975) ampliou o modelo de Sherif, destacando o papel da percepção e da consciência na polarização e nos conflitos grupais, ideia que foi sugerida anteriormente por Simmel (1908/1950). Tajfel não pretende afirmar que a percepção ou a consciência são independentes dos condicionamentos econômicos, sociais e políticos, mas afirma que as variáveis psicossociais têm um papel importante no esforço dos grupos para alcançar a satisfação de seus interesses conquistando poder sobre os grupos rivais (TAJFEL & TURNER, 1979). Billig (1976), por sua vez, argumentou que a criação de categorias sociais para perceber e caracterizar os grupos é parte do processo ideológico, no qual o poder do grupo dominante impõe seus interesses sobre os grupos dominados, gerando neles uma falsa consciência sobre sua identidade. Por isso, o conflito social se agudiza objetivamente quando os grupos dominados rechaçam a categorização dominante e começam a enxergar a si mesmos com olhos diferentes, ou seja, usando termos mais latino-americanos, quando começam a se conscientizar.

A situação atual de El Salvador parece representar, em termos gerais, uma boa confirmação da teoria realista do conflito social. Em primeiro lugar, a causa última e principal do conflito social existente é uma incompatibilidade de interesses materiais. Essa incompatibilidade de interesses pode ser demonstrada de diversas maneiras. Aqui, basta indicar que mais da metade da população salvadorenha tem uma renda mensal média menor que vinte dólares por pessoa (EL SALVADOR, 1978, p. 6), carece de teto (HARTH e cols., 1976; SALEGIO, 1978) e tem todas as suas crianças em sério estado de desnutrição (EL SALVADOR, 1979), enquanto por volta de 5% da população possui luxos que competem com as elites de Nova York, Paris ou São Francisco. Esta situação de profunda desigualdade foi, ano após ano, se agravando até que a tomada de consciência pelas classes dominadas, que viram a origem de seus problemas na opressiva exploração da oligarquia e não de um destino fatal decidido por Deus, aflorou o conflito cuja virtualidade já estava colocada há muito tempo.

Assim, é importante destacar que não foi a tomada de consciência que provocou o conflito; foi todo o resto que o desencadeou. Mas a nova consciência sobre a própria identidade grupal, uma identidade oposta à do grupo inimigo, influenciou a evolução do conflito. A dicotomização da realidade em "nós" e "eles", amigos e inimigos, reduz a apreensão da realidade e, consequentemente, reduz o número de opções que são percebidas como possíveis para a ação. As relações pessoais se estreitam ao círculo, cada vez menor, daqueles em que se pode confiar, cuja identidade limitada fortalece as próprias atitudes, mas empobrece o horizonte existencial. As relações com os desconhecidos são, na medida do possível, evitadas ou se convertem em um dissimulado jogo de ficção em que se busca indícios que permitem categorizar politicamente o outro como amigo ou inimigo (ZÚÑIGA, 1975). "Eles" são percebidos a partir de um viés negativo proveniente da categorização como inimigo e até mesmo as ações conciliadoras dotadas das melhores intenções são vistas como prova da maligna astúcia do grupo rival. Em termos formais, a percepção dicotômica de uns e outros corresponde ao fenômeno da "imagem de espelho" que foi destacado por White (1961, 1966): os grupos rivais percebem-se com categorias idênticas ou parecidas, mas invertendo a identidade de "bons" e "maus" (cf. tb. MARTÍN-BARÓ, 1980). Epistemologicamente, é necessário ir mais além da formalidade do fenômeno e examinar a sua correspondência com a realidade. Porque, definitivamente, o fato de uns e outros atribuírem-se características negativas mutuamente similares não torna desnecessário considerar a validade objetiva, isto é, examinar quem é que realmente oprime e reprime, quem explora e assassina. Uma análise deste tipo constitui um complemento necessário ao esquema da "imagem-espelho" que, para algum dos dois grupos rivais, não é imagem, mas simples distorção ideológica.

A nova consciência dos grupos oprimidos decompôs o discurso formal elaborado pelos grupos dominantes e as formas tradicionais de definir e ver a realidade salvadorenha, tanto no nível formal dos valores sociais e da legislação imperante quanto no nível informal, que não é de importância menor, da interação cotidiana. Esse discurso, essa definição, esses valores apareceram em todo o seu caráter ideológico, apareceram como esquemas que correspondem aos interesses da classe dominante e não de toda a coletividade. Hoje é impossível pressupor que exista até mesmo uma pequena comunidade de sentido. Usando termos mais correntes, mas talvez psicossocialmente mais profundos: desapareceu o "senso comum"; as normas implícitas da interação social (GARFINKEL, 1967; TURNER, 1974). Na convivência cotidiana já não se pode assumir que o outro diz a verdade, inclusive nas coisas mais insignificantes; não se pode supor que os motoristas vão parar diante de um semáforo com sinal vermelho, que as instituições de ajuda social prestam ajuda, que o seu local de trabalho continuará em pé amanhã e, nem mesmo, que o seu lar continuará sendo seu espaço privado.

Apesar da teoria realista do conflito social proporcionar um bom marco para a análise psicossocial do conflito salvadorenho, há aspectos concretos e importantes que escapam ao modelo ou que ficam obscuros. Dois desses aspectos importantes são os setores que não se envolvem na situação de polarização e os fatores que determinam a evolução do conflito.

Mesmo quando, globalmente considerada, a população salvadorenha está polarizada entre os interesses minoritários da oligarquia e os interesses majoritários das organizações populares, o panorama está longe de ser um quadro preto e branco. O fato de que o conflito salvadorenho seja um conflito de classe que, no entanto, não possui um símbolo expressivo (como foi a figura de Somoza na Nicarágua) que permite uma clara diferenciação entre campos, faz com que muitos indivíduos e setores encontrem dificuldades para tomar partido. Acima de tudo, isto é difícil para amplos setores da pequena burguesia – aquilo que passou a ser chamado de "classes médias" – que, em El Salvador, constituem apenas algo em torno de 15 e 20% da população total. Os setores médios têm um problema objetivo de pertencimento de classe, já que, propriamente falando, não são parte da burguesia e, tampouco, do proletariado. Em geral, seus vínculos empregatícios, sua consciência imediata e seu estilo de vida, real ou almejado, os une aos interesses da burguesia dominante (MARTÍN-BARÓ, 1981c). Todavia, há uma margem aberta pelo seu não pertencimento à burguesia, o que, com base na consciência política ou em princípios éticos, possibilita adotar os interesses do proletariado. Assim, o modelo realista de Sherif não ajuda a predizer o comportamento desses setores médios, ainda que o conflito os afete tanto quanto o resto da população.

O modelo tampouco explica a evolução do conflito. Inicialmente, pode parecer que se trata de um processo que, por sua própria dinâmica, seguirá crescendo e que o único fim coerente com o modelo é o controle ou a aniquilação de um dos adversários pelo outro. Os meios conhecidos para reduzir conflitos (o contato, a cooperação intergrupal e a aparição de uma causa ou de um inimigo comum), algumas vezes, produzem efeitos contrários aos esperados e quando produzem êxito nem sempre se sabe qual foi a razão (WORCHEL, 1979). Algo que se sabe hoje em dia é que os conflitos tendem a se tornar funcionalmente autônomos de suas causas originárias e, consequentemente, não basta saber o que produziu um conflito para resolvê-lo.

É difícil predizer para onde evoluirá o conflito salvadorenho. É evidente que fatores extrínsecos ao conflito em-si, como a evolução da situação política nos Estados Unidos, na Polônia ou na Nicarágua, podem influenciar decisivamente a marcha dos acontecimentos em El Salvador. Mas se o conflito é reduzido apenas aos fatores intrínsecos é difícil definir para onde ele se desdobrará. Algo claro é a rapidez com que os acontecimentos significativos ocorrem e com que uma conjuntura substitui outra. As dimensões de um país tão pequeno fazem com que fatores pequenos possam ter consequências muito grandes. No momento presente, ambos os adversários tratam de, até o momento sem sucesso, mobilizar para o seu lado os setores não polarizados. Isso quer dizer que a polarização social alcançou o seu limite? Isso é possível e o recrudescimento das ações bélicas parece indicar isso. De qualquer forma, o modelo utilizado nos deixa um pouco sem saber para onde olhar em um momento em que a capacidade de antecipação é crucial para orientarmos nossa prática.

A institucionalização da mentira

Um terceiro dado importante que a Psicologia Social descobre na situação atual de El Salvador é o ambiente generalizado de mentira. Em El Salvador vive-se hoje um tenso clima de mentira coletiva em todos os níveis. Poirier (1970) já destacava que uma característica das sociedades eufemisticamente qualificadas como "em desenvolvimento" é viver em um ambiente de quase verdade, ou de quase mentira, no qual o discurso ideológico filtra a dilacerante objetividade das condições sociais e no qual a contínua repetição de mentiras faz com que as pessoas, inclusive aquelas que as inventaram, acreditem nelas.

A mentira social é produzida tanto no nível grupal quanto no nível individual. A oligarquia salvadorenha exerce um férreo controle sobre os meios de comunicação massiva, os quais filtram a realidade. Apresenta-se praticamente única e exclusivamente uma imagem dos fatos nacionais e internacionais que, por mais distorcida que possa ser, favorece os interesses dominantes. Sobre esta base, o controle de informações pela oligarquia, o governo estabeleceu uma censura adicional, especialmente sobre as emissoras de rádio (que é o meio de comunicação mais acessível às massas). Na atualidade, os noticiários das estações de rádio não podem transmitir notícias sobre o país, mas somente notícias internacionais. Além disso, as emissoras são, diariamente, forçadas a se conectar em certos horários com a Rádio Nacional, a qual, por sua vez, emite um autêntico relato de guerra propagandístico disfarçado de noticiário, e, frequentemente, o governo "conecta" completamente o sistema de rádio e televisão para transmitir atos oficiais, celebrações militares ou discursos governamentais.

O controle e a utilização massiva dos meios de comunicação social pelo poder estabelecido buscam alcançar o claro objetivo de impor à população sua visão particular de realidade. Contudo, o que é mais dilacerante na imagem dos fatos que é oficialmente imposta à população salvadorenha não é a falta de objetividade: o mais grave é a sua tergiversação moral. Não se trata apenas de falsificar a forma como as pessoas ou os grupos atuam, trata-se, sobretudo, de desqualificar. O opositor e a vítima sempre são culpabilizados nos comunicados oficiais (RYAN, 1976), inclusive naqueles casos em que o poder governamental reconhece, mais ou menos singelamente, ter se equivocado. Assim, o opositor político será tratado como delinquente ou terrorista, o aprisionado sem motivo sofrerá com o maltrato físico e o descrédito moral e ambos terão que demonstrar gratidão quando conseguem escapar com vida – porque o destino normal de quem cai nas mãos dos Corpos de Segurança é a tortura e o assassinato, além da mancha caluniosa sobre o seu nome e a sua memória. De acordo com um processo bem conhecido em Psicologia Social, a razão segue o ato: se alguém foi aprisionado ou se alguém foi morto pelas forças da ordem pública, o foi porque era subversivo, porque era terrorista ou porque era um inimigo da sociedade.

Cabe questionar a razão desse uso sistemático da calúnia nos comunicados oficiais. Não é adequado apelar para um processo de dissonância cognitiva (FESTINGER, 1957), já que se trata de um processo institucionalizado e não de resposta individual. Também não é possível explicar recorrendo ao caráter propagandístico, já que seria necessário explicar porque a propaganda recorre ao mecanismo caluniador e não a outros recursos. A informação caluniosa revela a existência de um problema moral que envolve a condenação implícita da ação realizada. Envolve, também, a necessidade estrutural do regime de realizar ações condenáveis e ocultar sua responsabilidade atribuindo-as aos "inimigos da pátria" e aos "maus salvadorenhos". Ao fundo, trata-se de um procedimento consequente com a famosa doutrina de "segurança nacional", segundo a qual a bondade ou maldade dos fatos é definida unicamente pela conveniência do sistema estabelecido (COMBLIN, 1977). Desse modo, a necessidade da ação repressiva, por mais injusta que seja, arrasta a necessidade de difamar a vítima.

Nesse contexto de mentira institucionalizada se produz a mentira pessoal, não como ato isolado, mas como postura sistemática. Em um meio onde não se pode mais pressupor a vigência das normas básicas de convivência social, a identidade pessoal perde seu ponto fundamental de apoio. É melhor não mostrar, nem dizer quem você é ou o que você pensa, ou seja, é necessário ocultar os próprios valores e as próprias opiniões. As pessoas mantêm uma aparência fictícia, intencionalmente indefinida e asséptica. As verdadeiras referências se estabelecem nas vinculações clandestinas e nas fidelidades secretas. Assim, milhares de salvadorenhos são obrigados a manter uma dupla personalidade, na qual a falsidade tende a se identificar com o papel público e a autenticidade com o papel clandestino. Os planos morais se entrecruzam e, em última instância, é difícil para a pessoa qualificar um ato como bom ou mau, já que a multiplicidade de sentidos incorpora juízos opostos e contraditórios.

O significado de Monsenhor Romero para o povo salvadorenho só pode ser compreendido nesse contexto de violência e mentira social (MARTÍN-BARÓ, 1981b). Monsenhor Romero foi um homem com uma trajetória límpida e a verdade transparente de sua pessoa foi o produto da verdade transparente de sua ação. Monsenhor Romero dizia a verdade sobre El Salvador e julgava os acontecimentos do país a partir dessa verdade fundamental. Em sua homilia dominical, retransmitida por rádio e ouvida toda semana pelo povo inteiro, a mentira oficial aparecia em sua falsidade e calúnia. Dessa forma, Monsenhor Romero se converteu na voz de um povo sem voz. O seu assassinato não foi o produto de uma mente enlouquecida; o seu assassinato foi fruto necessário e condição de sobrevivência de um sistema corrupto e amparado na mentira social.

2) A contribuição da Psicologia Social

Uma situação-limite, como a que atualmente vive o povo de El Salvador, é um verdadeiro desafio para qualquer cientista social, é uma situação que nos obriga a revisar nosso conhecimento e, sobretudo, é uma situação que nos convida a revisar nossas opções humanas. Quando a convivência social é definida a partir de um conflito irredutível entre grupos, onde o ser de uns implica a negação de outros, onde os próprios fundamentos da ordem social são constituídos violentamente e, portanto, são fontes permanentes de violência; é inútil buscar um acerto entre as partes que deixa intacta a totalidade que possibilita e configura as partes. O conflito salvadorenho explicita a essencial incapacidade do sistema sociopolítico imperante de propiciar a vida humana sem exploração e injustiça.

A análise psicossocial demonstra que, hoje, em El Salvador ocorre uma verdadeira perversão do pensar, sentir e fazer social, cujo resultado é o assassinato sistemático de qualquer um que rechaçar essa perversão. Diante de uma situação assim, não é possível a assepsia, nem desde o ponto de vista ético, nem desde o ponto de vista científico. O psicólogo social é parte de sua sociedade e seu saber e fazer estão condicionados e referidos ao seu contexto histórico. Mas, como pode a Psicologia Social evitar os imperativos do poder dominante e dar uma contribuição substancial à solução do atual conflito? Pelo menos, em nossa opinião, de duas maneiras: contribuindo para o esclarecimento da consciência coletiva (no sentido durkheimiano do termo) e ajudando na configuração de um novo "senso comum".

Em primeiro lugar, a Psicologia Social pode contribuir para esclarecer a consciência coletiva. Sabemos que um conflito social da magnitude que vive El Salvador é de difícil solução. Nem mesmo o conhecimento de suas causas nos dá a fórmula para resolvê-lo. Contudo, esse conhecimento nos indica algumas condições necessárias para a sua resolução. Uma dessas condições necessárias é o esclarecimento da consciência coletiva, tanto no nível do saber quanto no nível do julgar. Ao psicólogo social cabe ajudar a desmantelar o discurso ideológico que oculta e justifica a violência. Trata-se de desmascarar os interesses de classe que estabelecem a desigualdade social e as atitudes discriminatórias e de explicitar os mecanismos e as racionalizações pelas quais a opressão e a repressão se legitimam e perpetuam.

Em segundo lugar, a Psicologia Social pode ajudar de forma significativa na configuração de um novo "senso comum". O prolongamento da violência institucionalizada em El Salvador rompeu com as bases da compreensão e da convivência social da ordem dominante. Mas, pouco a pouco, uma nova consciência coletiva começa a surgir, talvez como prelúdio para uma ordem social diferente. O novo vínculo social parte da experiência de sofrimento prolongado do povo. Trata-se de uma experiência nova, não pelo que tem de doloroso, mas pelo que tem de libertador, não por seu caráter de agonia, mas pelo sentido de luta criadora. Como expressava um camponês em um acampamento de refugiados: "Antes morríamos, nos matavam e não sabíamos a razão. Agora, talvez, todos vamos morrer, mas estamos conscientes de que morremos por um povo. Isso é completamente diferente". Assim, o velho "senso comum" perdido será substituído por uma nova consciência, um novo senso comum, que nasce no calor da luta popular. Um senso que será comum somente para aqueles que participam desse sofrimento e dessa luta. A Psicologia Social pode ajudar a desentranhar com espírito crítico esse novo "senso comum", com o fim de que seja a base de uma convivência mais equitativa e humanizante.

Em El Salvador e em outros países da América Latina, o povo busca construir, como senhor de sua própria história, uma sociedade fundada na justiça e na solidariedade. Esta busca constitui um convite e um desafio. Para nós, cabe decidir se, como pessoas, aceitamos o convite e se, como psicólogos sociais, somos capazes de responder ao desafio.

Referências

ARENDT, H. (1963). *Eichmann in Jerusalem* – A report on the banality of evil. Londres: Penguin.

BERKOWITZ, L. (1965). The concept of aggressive drive: Some additional considerations. In: BERKOWITZ, L. (org.). *Advances in experimental social psychology*. Vol. 2. Nova York: Academic.

BILLIG, M. (1976). *Social psychology and intergroup relations*. Londres: Academic.

CHOMSKY, N. & HERMAN, E.S. (1979). *The political economy of human rights*.Vol. 1. Boston: South End.

COMBLIN, P. (1977). *Le pouvoir militaire en Amérique Latine* – L'ideologie de la sécurité nationale. Paris: Jean-Pierre Délarge.

CUDI (1980/1981). *Balance estadístico*. São Salvador [Mimeo].

EL SALVADOR (1978). *Distribución del ingreso por deciles de familia*. São Salvador: Ministerio de Planificación y Coordinación del Desarrollo Económico y Social.

FANON, F. (1972). *Los condenados de la tierra*. México, DF: Fondo de Cultura Económica [Trad. J. Campos].

FESTINGER, L. (1957). *A theory of cognitive dissonance*. Stanford: Stanford University Press.

FREIRE, P. (1970). *La pedagogía del oprimido*. Montevideo: Tierra Nueva.

GARFINKEL, H. (1967). *Studies in ethnomethodology*. Englewood Cliffs: Prentice-Hall.

HABER, S. & SEIDENBERG, B. (1978). Society's recognition and control of violence. In: KUTASH, I.L.; KUTASH, S.B.; SCHLESINGER, L.B. e cols. (orgs.). *Violence:* perspectives on murder and aggression. São Francisco: Jossey-Bass.

HACKER, F.J. (1976). *Crusaders, criminals, crazies:* Terror and terrorism in our time. Nova York: Norton.

HARTH, A. e cols. (1976). *La vivienda popular urbana en El Salvador*. São Salvador: Fundación Salvadoreña de Desarrollo y Vivienda Mínima.

HINTON, D.R. (1981). *Discurso del embajador norteamericano en el almuerzo de la Cámara Norteamericana de Comercio*. São Salvador [Mimeo].

LERNER, M.J. & SIMMONS, C.H. (1966). Observer's reaction to the innocent victim: Compassion or rejection? *Journal of Personality and Social Psychology*, 4 (2), p. 203-210.

MARTÍN-BARÓ, I. (1981a). La guerra civil en El Salvador, *Estudios Centroamericanos*, 36 (388-389), p. 17-32.

_____ (1981b). El liderazgo de Monseñor Romero: un análisis psicosocial. *Estudios Centroamericanos*, 36 (389), p. 151-172.

_____ (1981c). Aspiraciones del pequeño burgués salvadoreño. *Estudios Centroamericanos*, 36 (394), p. 773-788.

_____ (1980). Fantasmas sobre un gobierno popular en El Salvador. *Estudios Centroamericanos*, 35 (377-378), p. 277-290.

MILGRAM, S. (1974). *Obedience to authority:* An experimental view. Nova York: Harper and Row.

POIRIER, J. (1970). Formas de impugnación de compensación y de transposición de lo real en las sociedades en vía de desarrollo. In: LACROIX, J. (org.). *Los hombres ante el fracaso*. Barcelona: Herder [Trad. J. Pombo].

RYAN, W. (1976). *Blaming the victim*. Nova York: Vintage.

SALEGIO, O.R. (1978). *La vivienda rural en El Salvador.* São Salvador [Trabalho apresentado no IV Congreso Nacional de Ingenería].

SANFORD, N. & COMSTOCK, C. (1971). *Sanctions for evil.* São Francisco: Jossey-Bass.

SHERIF, M. (1966). *Group conflict and cooperation:* Their social psychology. Londres: Routledge and Kegan Paul.

_____ (1958). Superordinate goals in the reduction of intergroup conflict. *American Journal of Sociology,* 63 (4), p. 349-356.

SHERIF, M.; HARVEY, O.; WHITE, B.; HOOD, W. & SHERIF, C. (1961). *Intergroup conflict and cooperation:* The Robbers Cave experiments. Norman: Institute of Group Relations.

_____ (1954). *Experimental study of positive and negative intergroup attitudes between experimentally produced groups:* Robbers Cave experiments. Norman: University of Oklahoma.

SIMMEL, G. (1908/1955). *Conflict.* Nova York: Free.

SOCORRO JURÍDICO DEL ARZOBISPADO DE SAN SALVADOR (1980). *Asesinatos por motivos políticos desde el 1º de enero hasta el 24 de octubre de 1980.* São Salvador [Mimeo].

TAJFEL, H. (1975). La categorización social. In: MOSCOVICI, S. (org.). *Introducción a la Psicología Social.* Barcelona: Planeta, p. 349-387.

_____ (1970). Experiments in intergroup discrimination. *Scientific American,* 223, p. 96-102.

TAJFEL, H. & TURNER, J. (1979). An integrative theory of intergroup conflict. In: AUSTIN, W.G. & WORCHEL, S. (orgs.). *The social psychology of intergroup relations.* Monterey: Brooks Cole, p. 33-47.

TURNER, R. (1974). *Ethnomethodology.* Londres: Penguin.

WHITE, R.K. (1966). Misperception and the Vietnam war. *Journal of Social Issues,* 22 (3), p. 1-164.

_____ (1961). *Mirror images in the East-West conflict* [Trabalho apresentado na Convenção da American Psychological Association].

WORCHEL, S. (1979). Cooperation and the reduction of intergroup conflict: Some determining factors. In: AUSTIN, W.G. & WORCHEL, S. (orgs.). *The social psychology of intergroup relations.* Monterey: Brooks Cole, p. 262-273.

ZÚÑIGA, R. (1975). The experimenting society and radical social reform: The role of the social scientist in Chile's Unidad Popular experience. *American Psychologist,* 30 (2), p. 99-115.

11
GUERRA E SAÚDE MENTAL[32]

Introdução

Que é a saúde mental? Uma enfermidade que atinge os povos desenvolvidos, mas não um problema para aqueles que nos debatemos com as exigências mais prosaicas e fundamentais do subdesenvolvimento? Esta é a primeira pergunta que o autor busca responder, oferecendo uma definição original. O problema da saúde mental deve ser situado no contexto histórico em que cada indivíduo elabora e efetiva sua existência na rede de relações sociais. Assim, o autor propõe mudar a perspectiva sobre a saúde mental e os transtornos mentais focando não o movimento de dentro para fora, mas de fora para dentro; não como encarnação do funcionamento individual interno, mas como a materialização, na pessoa ou no grupo, do caráter humanizador ou alienante de uma estrutura de relações históricas.

Essa perspectiva possibilita o autor avaliar, em seu conjunto, o impacto dos acontecimentos que afetam as relações humanas sobre a saúde mental de um povo. Entre esses acontecimentos, a guerra é, sem dúvida, aquele que causa os efeitos mais profundos, por carregar crise socioeconômica e catástrofe e por arrastar irracionalidade e desumanização.

Dessa maneira, o autor apresenta a guerra salvadorenha atual a partir do que ela altera e conforma nas relações sociais, as quais são qualificadas como violentas, polarizadas e mentirosas. Com

---

32. Trabalho apresentado na I Jornada de Profesionales de Salud Mental em 22 de junho de 1984 e publicada, pela primeira vez, na *Estudios Centroamericanos* no mesmo ano. Possivelmente, um dos artigos mais divulgados de Ignacio Martín-Baró. Foi republicado em diversos livros e periódicos de diversos países [N.T.].

base nisto, é inegável que há um processo de deterioração coletiva das relações sociais. A guerra está precipitando numerosos transtornos e crises pessoais sobre aqueles que não podem decifrar adequadamente as exigências de sua situação vital. Como não se pode assumir que a guerra tem um efeito uniforme sobre a população, a análise propõe seguir as seguintes coordenadas: a classe social, o envolvimento no conflito e a temporalidade.

1) Saúde mental

Em meio aos rigores de uma grave guerra civil, quando se acumulam problemas como desemprego massivo, fome prolongada, desalojamento de milhares de pessoas e até o aniquilamento de populações inteiras, pode parecer uma frivolidade dedicar tempo e esforço para refletir sobre saúde mental. Diante de uma "situação-limite" como a que se vive em El Salvador, quando a própria viabilidade e sobrevivência históricas de um povo estão em questão, parece quase um sarcasmo de uma aristocracia decadente devotar-se para a discussão sobre o bem-estar psicológico.

Por trás deste escrúpulo bem-intencionado, está latente uma concepção muito pobre de saúde mental, compreendida, primeiro, como ausência de transtornos psíquicos e, depois, como um bom funcionamento do organismo humano. A partir desta perspectiva, a saúde mental é uma característica individual que, em princípio, é atribuída àquelas pessoas que não demonstram alterações significativas de seu pensar, sentir ou agir nos processos de adaptação ao seu meio (cf. BRAUNSTEIN, 1979). São e normal é o indivíduo que não sofre por acessos paralisantes de angústia, que pode desenvolver seu trabalho cotidiano sem alucinar perigos ou imaginar conspirações, que atende às demandas de sua vida familiar sem maltratar seus filhos ou sem se submeter à tirania obscurecedora do álcool.

Obviamente, a saúde mental, assim entendida, é um problema relativamente secundário em dois sentidos. Em primeiro lugar, porque antes de pensar na angústia, nos delírios ou no escapismo compulsivo, qualquer comunidade humana deve pensar na sobrevivência de seus membros. Quando o que está em jogo é a própria vida, obviamente se torna frívolo falar sobre a qualidade dessa existência. *Primum vivere, deinde philosophare* – antes de filosofar sobre a vida, é preciso assegurar a própria vida. Em segundo lugar, o transtorno mental nessa compreensão é um problema minoritário, um problema que afeta apenas um setor muito reduzido da população. Mesmo aceitando-se a ideia de que os problemas psíquicos atingem mais pessoas do que o número de hospitalizados em clínicas psiquiátricas ou que procuram por consultas de especialistas, permaneceu uma perspectiva que assume que a maior parte da população pode ser catalogada como mentalmente sã e, portanto, os problemas de saúde mental concernem apenas alguns poucos. Por isso, é possível afirmar, e não sem motivo, que o transtorno mental é uma enfermidade que atinge os povos desenvolvidos, mas não aqueles que nos debatemos com as exigências mais prosaicas e fundamentais do subdesenvolvimento econômico e social.

Contra essa concepção parcial e superestrutural, acredito que a saúde mental é e deve ser compreendida em termos mais positivos e amplos. O problema não reside ou, pelo menos, não exclusivamente, na utilização do "modelo médico" (cf. SZASZ, 1961; COOPER, 1972), o qual, aparentemente, atualmente nem mesmo as principais escolas de psiquiatria subscrevem na prática (SMITH & KRAFT, 1983). O problema reside em uma pobre concepção de ser humano, reduzido a um organismo individual, cujo funcionamento poderia ser compreendido com base nos seus próprios traços e características e não como um ser histórico, cuja existência é elaborada e realizada em uma rede de relações sociais. Se a especificidade dos seres humanos reside menos em seu aparato para a vida (i. é, em seu organismo) e mais no caráter da vida que é constituída historicamente, a saúde mental deixa de ser um problema terminal e converte-se em um problema fundante. Não se trata de um funcionamento satisfatório do indivíduo; trata-se de um caráter básico das relações humanas que define as possibilidades de humanização disponíveis para os membros de cada sociedade e grupo. Em termos mais diretos, a saúde mental é muito mais uma dimensão das relações entre as pessoas e grupos do que um estado individual, ainda que esta dimensão se enraíze de maneira diferente no organismo de cada um dos indivíduos envolvidos nas relações, produzindo diversas manifestações ("sintomas") e estados ("síndromes").

O Manual Diagnóstico e Estatístico de Transtornos Mentais, DSM-III, da Associação Psiquiátrica Americana, que alguns consideram o *vade mecum* daqueles que trabalham na saúde mental, introduziu mudanças significativas em suas definições taxonômicas, se comparadas com as duas versões anteriores (APA, 1983). Possivelmente, a mudança mais importante é a de deixar de enxergar os transtornos enquanto entidades patológicas para considerá-las como configurações em que confluem diversos aspectos da vida humana. Concretamente, o DSM-III destaca cinco eixos que fundamentam a definição de um diagnóstico (MILLON, 1983; EYSENCK; WAKEFIELD & FRIEDMAN, 1983). De particular interesse é a incorporação do Eixo IV, sobre pressões e tensões psicossociais, e do Eixo V, sobre o grau de adaptação da pessoa no passado mais recente, apesar de ambos os eixos receberem apenas a atribuição de eixos complementares para a compreensão dos transtornos. Ainda que o DSM-III pretenda se manter à margem de opções teóricas e, em sua redação, tenha chegado ao absurdo de tomar decisões por maioria ou por conveniências das companhias de seguro, a incorporação dos novos eixos significa um reconhecimento, ao menos incipiente, de que o transtorno e a saúde mental não são apenas estados orgânicos diferentes do indivíduo, mas são também formas peculiares de estar no mundo (BINSWANGER, 1956/1972) e, ainda, de configurar o mundo.

O avanço alcançado pelo DSM-III, com tudo o que pode ser apreciado, deixa, todavia, muito a desejar, especialmente a partir da perspectiva daqueles que chegam ao campo da saúde mental pela Psicologia, e não pela Psiquiatria (EYSENCK; WAKEFIELD & FRIEDMAN, 1983; McLEMORE & BENJAMÍN, 1979; SCHACHT & NATHAN, 1977; SMITH & KRAFT, 1983). Como indica Theodore Millon (1983, p. 813), um dos poucos psicólogos participantes de sua elaboração, falta um reconhecimento mais pleno do caráter interdependente entre comportamento e meio ambiente e, sobretudo, ainda falta a incorporação da dimensão interpessoal como um eixo articulador da existência humana.

A tendência dominante tem sido a de se considerar a saúde e o transtorno enquanto manifestações que surgem "de dentro para fora" e que caracterizam, respectivamente, a sanidade ou a insanidade do funcionamento próprio de um indivíduo que é regido, essencialmente, quando não exclusivamente, por leis internas. Ao contrário e como destaca Giovanni Jervis (1979, p. 81): "Ao invés de falar de transtorno mental, seria mais útil e preciso falar que uma pessoa se encontrava ou se encontra em uma situação social na qual possui problemas que não é capaz de resolver". Dessa forma, a pessoa é levada a atuar de uma maneira que é reconhecida pelos outros como imprópria. É evidente que o transtorno ou os problemas mentais não são um assunto exclusivo do indivíduo, mas também das relações do indivíduo com os demais; mas, se isto é assim, a saúde mental também deve ser analisada como um problema das relações sociais, interpessoais e intergrupais, podendo provocar crises, de acordo com o caso, em um indivíduo ou em um grupo familiar, em uma instituição ou em uma sociedade inteira.

É importante destacar que não pretendemos simplificar um problema tão complexo como o da saúde mental negando o seu enraizamento pessoal e, evitando um reducionismo individual, incorrer em um reducionismo social. Em última análise, sempre devemos responder à pergunta de por que este sim e aquele não. Mas queremos enfatizar o quanto é esclarecedor mudar a ótica e ver a saúde ou os transtornos mentais não de dentro para fora, mas de fora para dentro; não como a manifestação de um funcionamento individual interno, mas como a materialização em uma pessoa ou grupo do caráter humanizador ou alienante de uma trama de relações históricas (cf. tb. GUINSBERG, 1983). Por exemplo, a partir dessa perspectiva, pode ser que um transtorno psíquico constitua um modo anormal de reagir diante de uma situação normal; mas também pode ser que se trate de uma reação normal diante de uma situação anormal.

Nas primeiras vezes em que entrei em contato com grupos de camponeses desalojados pela guerra, senti que muitas de suas ações mostravam traços de delírio paranoide: estavam constantemente alerta, multiplicavam as instâncias de vigilância, não confiavam em qualquer pessoa desconhecida, suspeitavam de todos que se aproximavam deles, examinavam os gestos e as palavras em busca de possíveis perigos. Todavia, quando se conhece as circunstâncias pelas quais passaram, os perigos reais que ainda enfrentavam, assim como a ausência de defesas e a impotência para enfrentar qualquer tipo de ataque, pode-se compreender que seu comportamento de hiperdesconfiança e alerta não era um delírio persecutório fruto de ansiedades, mas a abordagem mais realista possível diante de sua situação vital (cf. MORÁN, 1983). Sem dúvidas, tratava-se da reação mais normal que se poderia esperar diante das circunstâncias anormais que eles tinham que enfrentar (para um caso recente e paradigmático, cf. CENTRO PASTORAL DE LA UCA, 1984).

Se a saúde ou o transtorno mental são parte e consequência das relações sociais, a pergunta sobre a saúde mental de um povo nos conduz à pergunta sobre o caráter específico de suas relações mais comuns e significativas, tanto interpessoais quanto intergrupais. Esta perspectiva permite avaliar em todo o seu sentido, o impacto sobre a saúde mental de um povo que podem ter os acontecimentos que afetam substancialmente as relações humanas, como catástrofes naturais, crises socioeconômicas ou guerras. Entre esses processos, sem dúvida, a guerra é o evento que causa os efeitos mais profundos, por carregar crise socioeconômica e catástrofe, humana e não natural, e por, também, arrastar irracionalidade e desumanização (cf. SPIELBERGER; SARASON & MILGRAM, 1982).

2) A guerra civil em El Salvador

Passaram-se 3,5 anos desde que El Salvador embarcou em uma guerra civil que não é menos real porque é formalmente negada e nem menos destrutiva porque seu caráter é irregular. Os meios de comunicação, diariamente, nos oferecem informações sobre mortos e feridos em combates ou emboscadas, sobre a destruição de pontes ou linhas de comunicação, sobre intensos bombardeios contra montes, campos e povoados. Sabemos que o número de vítimas da repressão, essa face oculta da guerra, alcança (provavelmente ultrapassa) mais de 50.000 pessoas, a grande maioria formada por civis não envolvidos diretamente na disputa bélica; muitos civis são barbaramente torturados antes de serem executados e são difamados como terroristas após seu assassinato ou "desaparecimento". Além disso, há esse milhão de salvadorenhos, isto é, um entre cada cinco habitantes desse país, que teve que abandonar os seus lares buscando preservar suas vidas como desalojados ou como refugiados em outros países (LCIHRAW, 1984; ACHAERANDIO, 1983; MORALES, 1983).

Com a finalidade de examinar o possível impacto da guerra sobre a saúde mental da população salvadorenha, devemos compreender a guerra a partir daquilo que ela altera e conforma nas relações sociais. Poderíamos qualificar a guerra com três termos: violência, polarização e mentira.

Acima de tudo, a violência. É o dado mais imediato, o mais doloroso e, por isso mesmo, o mais sujeito à ideologização racionalizadora. A guerra significa um confronto de interesses sociais que recorrem às armas como recurso para dirimir suas diferenças. Como já se afirmou em várias ocasiões, o que conta não é a força da razão que pode ter cada lado da contenda; o que conta é a razão de sua força, de seu poder militar, de sua capacidade de golpear e destruir o contrário. Assim, nas relações intergrupais a razão é substituída pela agressão e a análise ponderada dos problemas é substituída por operações militares. Os melhores recursos, humanos e materiais, orientam-se para a destruição do inimigo. O mais grave de tudo é que o recurso à violência, que em um momento foi apresentado como última e provisória alternativa, se converte, com o prolongamento da guerra, em hábito e resposta privilegiada. Está comprovado que a utilização da violência não pode ser atribuída a pulsões destrutivas ou a personalidades psicopáticas, mas sim ao seu valor instrumental em uma determinada situação para se alcançar algo que é almejado (SABINI, 1978; MARTÍN-BARÓ, 1983a). Por isso, uma sociedade em que o uso da violência se torna habitual para resolver tanto os grandes quanto os pequenos problemas, é uma sociedade em que as relações humanas estão infectadas desde a sua raiz.

Em segundo lugar, a guerra supõe uma polarização social, isto é, o deslocamento dos grupos para extremos opostos. Assim, é produzida uma fissura crítica nos marcos de convivência, que resulta em uma diferenciação radical entre "eles" e "nós", segundo a qual "eles" são sempre e de antemão "maus", enquanto nós somos "bons". Os rivais se contemplam em um espelho ético que inverte as próprias características e avaliações, até o ponto em que os defeitos "deles" que são reprovados por "nós", são vistos como virtudes "nossas" (BRONFENBRENNER, 1961; WHITE, 1966; MARTÍN-BARÓ, 1980). A polarização supõe a acentuação das diferenças entre os interesses sociais e arrasta todos os âmbitos da existência: as pessoas, os fatos e as coisas já não são medidas pelo que são em si, mas por pertencerem a "eles" ou a "nós" e, portanto, pelo que representam como o que é favorável ou desfavorável no confronto. Dessa forma, desaparecem as bases para a interação cotidiana; nenhum marco de referência pode ser, de antemão, assumido como válido para todos, os valores deixam de ter vigência coletiva e perde-se, inclusive, a possibilidade de apelar para um "senso comum", já que os próprios pressupostos de convivência estão submetidos à avaliação.

Por sua própria dinâmica, o fenômeno da polarização social tende a se ampliar para todos os setores da população. Os núcleos já polarizados buscam e exigem que todos se definam em termos partidistas, de modo que o não comprometimento com um é interpretado como compromisso com os outros e a ausência de definição por algum dos lados significa correr o risco de ser tomado como inimigo por ambos. Todavia, é muito provável que o processo de polarização social já tenha alcançado o seu clímax em El Salvador – isto se não ocorrer uma invasão norte-americana. O prolongamento da guerra e o consequente cansaço parecem levar um número cada vez maior de pessoas a uma consciente desidentificação com ambos os lados da contenda, o que não significa que não sintam mais simpatia por uns do que por outros (MARTÍN-BARÓ, 1983b). Tanto a polarização quanto a desidentificação quebram as bases da convivência e carregam um esgotador clima de tensão socioemocional.

A terceira característica da guerra é a mentira. A mentira vai desde a corrupção das instituições até o engano intencional no discurso público, passando pelo ambiente de mentira receosa com o qual a maioria das pessoas encobrem suas opiniões e mesmo suas opções. Quase sem perceber, nos acostumamos com o fato de que os organismos institucionais se tornaram precisamente o contrário do que deveriam ser: aqueles que devem velar pela segurança são a principal fonte de insegurança, os encarregados pela justiça amparam o abuso e a injustiça, aqueles que são chamados para orientar e dirigir são os primeiros a enganar e manipular. A mentira chegou a impregnar de tal maneira a nossa existência, que acabamos forjando um mundo imaginário, cuja única verdade é precisamente a de que se trata de um mundo falso e cujo único apoio é o temor da realidade, "subversiva" demais para poder ser suportada (cf. POIRIER, 1970). Nessa atmosfera de mentira, desequilibrada pela polarização social e sem um terreno para a sensatez e a racionalidade, a violência se assenhora da vida de tal forma que, como afirmou Friedrich Hacker (1973), chega-se a pensar que a violência é a única solução para o problema da própria violência.

3) O impacto da guerra sobre a saúde mental

Essa caracterização sumária da guerra salvadorenha nos permite refletir sobre o seu impacto sobre a saúde mental da população. Primeiramente, é preciso afirmar que, se a saúde mental de um grupo humano reside primordialmente no caráter de suas relações sociais, a saúde mental do povo salvadorenho encontra-se em um estado de grave deterioração e isto independe de sua manifestação explícita em síndromes individuais. Como destacamos antes, ao conceber a saúde ou os transtornos psíquicos a partir de uma perspectiva que vai do todo para as partes, da exterioridade coletiva para a interioridade individual, o transtorno pode se situar em diversos níveis e afetar distintas entidades: em alguns casos, será o indivíduo o transtornado, mas, em outros casos, será uma família inteira, um determinado grupo ou mesmo uma organização inteira. Ninguém duvida hoje que o nacional-socialismo de Hitler foi um grave transtorno da sociedade alemã, uma séria deterioração de sua saúde mental que se materializou em comportamentos institucionais tão anômalos como o massacre de milhões de judeus. Em um sentido bastante específico, a sociedade nazista era uma sociedade baseada em relações desumanizadoras, mesmo que esse transtorno não tenha explicitado síndromes pessoais que pudessem ser diagnosticadas com o DSM-III.

Não estou afirmando que a sociedade salvadorenha está doente; acredito que o uso da metáfora médica para descrever o país se torna ainda mais enganoso do que quando ela é usada em concepções tradicionais de saúde mental. O que estou afirmando é que as raízes da convivência social em El Salvador se encontram gravemente deterioradas. E como não estariam em um meio onde impera o recurso à violência para resolver as diferenças interpessoais e intergrupais, onde o senso comum tem sido substituído pelo senso partidista, onde a irracionalidade sufoca a possibilidade de contatos humanizadores entre distintos setores e impede o desenvolvimento de uma normalidade cotidiana?

É conhecida a resposta que Freud deu àqueles que o interrogaram sobre os traços de uma pessoa psiquicamente saudável: alguém que seja capaz de trabalhar e de amar. Em nosso país, o problema não está na inegável capacidade do salvadorenho para trabalhar; o problema está no fato de que não há trabalho. As taxas reconhecidas de desemprego real são de 20% que, se somadas ao subemprego, que de fato é também desemprego, as cifras alcançam 60% da população economicamente ativa (UNICEF, 1983; EL SALVADOR, 1984). Não há nenhum jogo de palavras na afirmação de que a principal ocupação da maioria dos salvadorenhos consiste, precisamente, em encontrar uma ocupação, em procurar trabalho e emprego. O trabalho é fonte básica para o desenvolvimento da personalidade humana, processo básico de configuração da própria identidade, o âmbito fundamental de realização ou de fracasso humano (MARTÍN-BARÓ, 1983a, p. 183-188). Assim, o que será daqueles salvadorenhos, metade de nossa população, que, por mais que busquem, não encontram trabalho? Algo similar pode ser afirmado sobre a capacidade de amar. Se o salvadorenho demonstrou algo, foi a sua imensa capacidade de abnegação, de empatia, de solidariedade. Mas o amor, que em última instância significa união e entrega mútuas, está bloqueado pela mentira pessoal e social, pelos esquemas simplistas que dividem o mundo em branco e preto, pela violência que corrói as bases do respeito e da confiança entre as pessoas e os grupos.

Sem dúvida, o efeito mais deletério da guerra sobre a saúde mental do povo salvadorenho deve ser buscado na fragilização das relações sociais, o andaime a partir do qual nos construímos historicamente como pessoas e como comunidade humana. Se manifestando ou não em transtornos individuais, a deterioração da convivência social é, por si só, um grave transtorno social, uma piora em nossa capacidade coletiva de trabalhar e amar, de afirmar nossa peculiar identidade, de dizer nossa palavra pessoal e comunitária na história dos povos. A guerra está de tal maneira corroendo nossas raízes humanas, que não é impróprio questionar, tal como alguns já fizeram, se a viabilidade histórica de nosso país não está em perigo (ECA, 1984); e mal podemos falar de saúde mental de um povo quando ele é incapaz de assegurar a sua própria sobrevivência.

Por meio dessa inegável deterioração coletiva das relações sociais, a guerra está provocando numerosos transtornos e crises pessoais entre aqueles que, por alguma razão, não podem mais enfrentar adequadamente as exigências de sua situação vital. Todavia, é preciso estabelecer diversas coordenadas de análise, pois não se pode assumir que a guerra afeta uniformemente toda a população. Acredito que há três coordenadas principais: a classe social, o envolvimento no conflito e a temporalidade.

Acima de tudo, a classe social. A guerra não afeta, direta ou indiretamente, da mesma maneira os diversos setores que compõem nossa sociedade. Aqueles que, dia após dia, morrem nas frentes de batalha pertencem, em sua maioria, aos setores mais humildes de nossa sociedade, principal fonte do discriminatório recrutamento militar. São também os setores mais pobres, sobretudo os camponeses, os que mais sofrem o impacto direto do conflito bélico, o qual destrói suas habitações e arrasa seus plantios. Também são os camponeses os mais afetados pelos mecanismos de repressão, pela ação dos "esquadrões da morte" ou dos operativos militares de todos os tipos. E, novamente, são os setores inferiores os que são mais brutalmente golpeados pelo aumento no custo de vida, pelo crescente desemprego e pela piora no saneamento básico, deficiências que se somam a uma situação socioeconômica que já é muito crítica.

Isto não significa que os setores médios ou altos da sociedade não sofram impactos com a guerra. Ainda que em níveis quantitativamente menores, eles também são atingidos por repressão, assassinato, sequestro, piora das condições de vida, sabotagens econômicas ou assédio dos controles e buscas policiais. Contudo, eu diria que a consequência mais dolorosa da guerra para os setores dominantes da sociedade foi o questionamento radical de sua posição social e de seu esquema de vida. O levante, primeiramente pacífico e posteriormente armado, das massas fragilizou os fundamentos do sistema social, fazendo com que os principais beneficiários temam a perda de seu estilo de vida, construído de costas para a (e, mais ainda, sobre as costas da) miséria das maiorias. A princípio, este questionamento radical desencadeou uma grande angústia e, em seguida, superados os momentos de inicial desconcerto, uma agressiva negação da realidade. Em alguns casos, essa negação se converteu no motor de um ativismo violento; em muitos outros, a reação se caracterizou por uma bulimia de prazer que resultou na construção de castelos artificiais para a diversão pessoal. Há anos, Karl Jaspers (1946/1955, p. 819) reconhecia este sintomático comportamento como "uma enorme mania por gozo e uma desenfreada paixão por viver a vida no instante".

A segunda variável importante para analisar as consequências diferenciais da guerra sobre a saúde mental da população é o envolvimento dos grupos e das pessoas na própria guerra. Sem dúvida, até o momento, as consequências do conflito bélico para os habitantes de departamentos como Chalatenango e Morazán[33] foram muito diferentes do que foi vivido pelos habitantes de Ahuachapán ou Sonsonate. Em alguns casos, é difícil encontrar uma pessoa que não tenha sido diretamente afetada por ações bélicas, enquanto em outros, as pessoas estiveram relativamente livres dos combates. Porém, também convém diferenciar os possíveis efeitos entre aqueles que participaram nos combates e aqueles que sofreram com a guerra enquanto civis. Existe um amplo conhecimento sobre os efeitos que a situação de tensão

---

33. Na época de redação do texto, os departamentos de Chalatenango e Morazán estavam na zona controlada pela FMLN e eram foco de múltiplas ações militares de contrainsurgência [N.T.].

e perigo experimentada na frente de batalha pode produzir no soldado. Inicialmente, apareceu a ideia de "neurose de guerra", posteriormente o "cansaço de combate" e, finalmente, a qualificação adotada foi "reação ao *stress*" (SPIELBERGER; SARASON & MILGRAM, 1982; WATSON, 1978). São também conhecidas as dificuldades enfrentadas pelo soldado que busca se readaptar à vida normal, especialmente quando a guerra os aleijou ou incapacitou para a vida. Tudo isso afeta a saúde mental não somente dos próprios soldados, mas de seus familiares e vizinhos, já que todos terão que assumir a tarefa de reconstruir o tecido da existência com estas ligações fragilizadas.

Ainda que distintos, os efeitos sobre a população civil não são menos importantes. A experiência de vulnerabilidade e de perigo, de indefesa e terror, pode marcar profundamente o psiquismo das pessoas, especialmente as crianças. O espetáculo de estupros ou torturas, de assassinatos ou execuções massivas, de bombardeios e arrasamento de povoados inteiros é, quase por necessidade, traumatizante. Como foi anteriormente afirmado, reagir diante desses fatos com angústia incontida ou com alguma forma de autismo deve ser considerado algo normal diante de circunstâncias anormais, talvez como a única alternativa que resta à pessoa para prender-se à vida e suportar um mundo de relações sociais tão asfixiantes. Com razão, Jervis (1979, p. 152) afirma que:

> não em poucas ocasiões, um certo grau de mal-estar psicológico e uma certa "dose" permanente de sintomas psiquiátricos expressam o máximo de saúde mental e de bem-estar possível em uma determinada situação de esclerose das relações humanas, de extremas dificuldades materiais, de miséria, de solidão e de marginalização social.

O exemplo típico da população civil afetada pela guerra são os grupos de desalojados e refugiados que, em sua maioria, são idosos, mulheres e crianças (cf. LCIHRAW, 1984). Eles tiveram que abandonar seus lares, muitas vezes destruídos, tomando uma decisão sempre difícil de se distanciar de suas raízes, de seus mortos e, talvez, de seus parentes na montanha; em não poucas ocasiões, a fuga ou "*guinda*" realiza-se em condições deploráveis, caminhando pela noite e escondendo-se como vermes durante o dia para não serem massacrados, algumas vezes por uma, duas ou até quatro semanas. Sem água ou alimentos, contendo as lágrimas das crianças e deixando pelo caminho uma trilha mortal daqueles que se perdem ou caem para sempre. Após a fuga, o desalojado precisa enfrentar a vida fora de seu ambiente, sem quaisquer recursos, algumas vezes em aglomerados assentamentos, onde o alimento recebido acaba gerando dependência e a falta de um trabalho autônomo pode resultar em apatia e passividade. Certamente, nem todos os desalojados e refugiados passam por circunstâncias tão trágicas; mas é difícil pensar que a experiência de desalojamento não deixa marca alguma no psiquismo das pessoas, especialmente as mais frágeis ou os jovens (COHON, 1981). E não podemos ignorar que já existem mais de um milhão de salvadorenhos que são afetados por essa condição.

A terceira variável para analisar os efeitos da guerra sobre a saúde mental dos salvadorenhos é a temporalidade. Em termos simples, há efeitos imediatos e há efeitos que podem se manifestar em médio e longo prazos. É claro que, com o prolongamento da guerra, – e, atualmente, não há perspectivas de término – os efeitos imediatos se tornarão mais profundos. O agravamento das condições materiais de vida, a persistência de um clima de insegurança e, em muitos casos, de terror, ter que construir a existência sobre a base da violência, as referências polarizadas ou ambíguas, a consciência de falsidade ou o temor à verdade, acabam quebrando resistências ou propiciando adaptações que, no melhor dos casos, revelam uma anormal normalidade, misturada com vínculos alienadores e despersonalizantes.

Mesmo quando a guerra acabar, devemos pensar nas consequências para a saúde mental que emergem apenas em longo prazo. Sabe-se, por exemplo, que a chamada "síndrome do refúgio" tem um primeiro período de incubação, no qual a pessoa não manifesta maiores transtornos, mas que a experiência bélica e a fratura crítica se expressam precisamente quando a pessoa começa a refazer sua vida e sua normalidade (STEIN, 1981; cf. tb. COLAT, 1982). Contudo, o grupo que mais demanda atenção é formado pelas crianças que estão construindo sua identidade e seu horizonte de vida no tecido das relações sociais atuais. São verdadeiros "filhos da guerra" e resta a nós a difícil tarefa de cuidar para que não estruturem a personalidade por meio da aprendizagem da violência, da irracionalidade e da mentira.

Ainda que pareça paradoxal, nem todos os efeitos da guerra são negativos. Repetidamente, foi possível verificar que os períodos de crise social desencadeiam reações positivas em certos setores da população; enfrentando "situações-limite", alguns retiram recursos daquilo que nem eles mesmos eram conscientes ou redefinem sua existência para um horizonte novo, mais realista e humanizador. Durante a crise social de 1968 na França, ou após o terremoto de 1972 na Nicarágua, psiquiatras e psicólogos observaram um significativo descenso tanto na demanda por seus serviços quanto nas crises de alguns de seus clientes habituais. Viktor Frankl, fundador da chamada "Terceira Escola de Viena", quem passou pela experiência dos campos de concentração nazistas, nos quais perdeu toda a sua família, desenvolveu com sua logoterapia esta profunda intuição de Nietzsche: "Quando há um porquê para viver, quase não importa como" (FRANKL, 1946/1980, p. 78; cf. tb. FRANKL, 1950, 1955).

Sabemos de não poucos salvadorenhos que foram levados pelo cataclismo da guerra a enfrentar o sentido de sua própria existência e a mudar seu horizonte vital. É indubitável, também, que para muitos camponeses e marginalizados pelo sistema social esta crise ofereceu a oportunidade de romper as amarras de sua alienação submissa, de seu fatalismo e sua dependência existencial, ainda que a libertação da servidão imposta e mantida pela violência tenha exigido o recurso à violência (FANON, 1963). Portanto, é essencial que, ao analisar os efeitos da guerra, não prestemos somente atenção às consequências nocivas para a saúde mental, mas também para recursos e opções novas que afloraram na situação-limite.

4) Saúde mental para um povo

Esta última observação nos introduz à pergunta crucial: Que devemos fazer, como profissionais da saúde mental, diante da situação atual que confronta nosso povo? Como responder às graves perguntas que são colocadas pela guerra quando, talvez, não conseguimos nem sequer oferecer uma resposta adequada em tempos de paz? Sem dúvida, estamos diante de um desafio histórico e seria um equívoco negá-lo, diluí-lo em fórmulas pré-fabricadas ou trivializá-lo nos esquemas de nosso fazer rotineiro. Não contamos com soluções feitas, mas a reflexão realizada nos permite indicar algumas vias para as quais podemos dirigir nossa atividade profissional.

Em primeiro lugar, penso que devemos buscar ou elaborar modelos adequados para apreender e enfrentar a peculiaridade de nossos problemas. Isso exige conhecer mais de perto a nossa realidade, a realidade dolorosa de nosso povo, que é muito mais plural do que assumem nossos modelos usuais de trabalho. Não se trata de estabelecer aqui um ingênuo nacionalismo psicológico, como se os salvadorenhos não fossemos humanos ou como se tivéssemos que acrescentar uma nova teoria da personalidade às muitas já existentes. Trata-se de voltar nosso olhar científico, isto é, iluminado teoricamente e realizado de forma sistemática, para essa realidade concreta que é o homem e a mulher salvadorenhos, para a trama histórica de suas relações sociais. Isso nos obriga, por um lado, a analisar nossos pressupostos teóricos, não tanto desde a sua racionalidade intrínseca, mas desde sua racionalidade histórica, isto é, analisar se servem e são realmente eficazes no aqui e agora. Porém, por outro lado, isso nos obriga a nos desfazer do véu de mentira em que nos movemos e a olhar para a verdade de nossa existência social sem as muletas ideológicas do fazer cotidiano ou da inércia profissional.

Conversando em uma oportunidade com Salvatore R. Maddi, professor da Universidade de Chicago, escutei ele afirmar que, em última instância, a fonte "curativa" de qualquer método psicoterapêutico reside em sua dose de ruptura com a cultura imperante. É precisamente aí que reside, por exemplo, o valor da psicanálise freudiana, quando ela escandalizou o puritanismo europeu de início de século, ou o que há de melhor na "não diretividade" rogeriana frente à unidimensionalidade do norte-americano do pós-guerra. Talvez isso é o que falta aos métodos terapêuticos atuais, inclusive a psicanálise e a psicoterapia "centrada no cliente": uma dose de ruptura com o sistema imperante. Porém, esta intuição nos remete, novamente, ao fato de que a saúde mental não está tanto no funcionamento abstrato de um organismo individual, mas no caráter das relações sociais em que se assentam, constroem e desenvolvem as vidas de cada pessoa. Por isso, devemos nos esforçar em buscar modelos teóricos e métodos de intervenção que nos permitem, como comunidade e como pessoas, romper com a nossa cultura de relações sociais corrompidas e substituí-la por outras relações mais humanizadoras.

Se a base da saúde mental de um povo encontra-se na existência de relações humanizadoras, de vínculos coletivos nos quais e pelos quais se afirma a humanidade pessoal de cada um e não se nega a realidade de ninguém, então a construção de uma sociedade nova ou, pelo menos, melhor e mais justa, não é somente um problema econômico e político; é também, e por princípio, um problema de saúde mental. Não se pode separar a saúde mental da ordem social, isto por causa da própria natureza do objeto de nosso fazer profissional. Nesse sentido, acredito que há uma tarefa urgentíssima de educação para a saúde mental e que não consiste tanto em ensinar técnicas de relaxamento ou novas formas de comunicação, – por mais importantes que estes objetivos possam ser –, mas em formar e socializar para que os desejos dos salvadorenhos se ajustem, verdadeiramente, às suas necessidades. Isto significa que nossas aspirações subjetivas, grupais e individuais devem se orientar para a satisfação de nossas verdadeiras necessidades, isto é, das exigências que conduzem ao caminho de humanização e não daquelas exigências que nos prendem ao consumo compulsivo em detrimento de muitos e da desumanização de todos. Talvez, esta seria a melhor psicoterapia para os efeitos da guerra e, certamente, a melhor psico-higiene para a construção de nosso futuro.

Porque, definitivamente, é disto que se trata: de contribuir com nosso saber profissional para a construção de um novo futuro. A situação da guerra em que vivemos há quase quatro anos explicitou o pior e o melhor dos salvadorenhos. A guerra segue corroendo nossas raízes, materiais e sociais, e ameaça nossa própria subsistência como povo. Ao fim, afirmar como Freud (1930/1970), p. 88) que oxalá "o eterno Eros, empreenda um esforço para afirmar-se na luta" contra o, não menos imortal, adversário, Tânatos, seria compartilhar paladinamente de seu pessimismo e nos resignar à morte. Em meio à destruição, o povo salvadorenho espalhou sementes de vida suficientes para se confiar na possibilidade de um amanhã. Recolhamos essas sementes para cultivar a planta da saúde mental. Que não se possa dizer que, enquanto as pessoas vivem a vida para o futuro, nós, profissionais de saúde mental, nos conformamos em apenas perseguir o passado. Haverá mentes sãs, livres e criativas em nosso país, na medida em que gozemos de um corpo social livre, dinâmico e justo. Por isso, o desafio não se limita a atender os destroços e transtornos ocasionados pela guerra; o desafio reside em construir um homem novo em uma sociedade nova.

Referências

ACHAERANDIO, L. (1983). Introducción al problema de los desplazados en El Salvador. *Boletín de Psicología*, 9, p. 4-10.

AMERICAN PSYCHIATRIC ASSOCIATION (1983). *DSM-III:* Manual Diagnóstico y Estadístico de los Transtornos Mentales. Barcelona: Masson: [Trad. M. Valdés, C. Udina, J. Massana e T. de Flores].

BINSWANGER, L. (1956/1972). *Tres formas de la existencia frustrada:* exaltación, excentricidad, manerismo. Buenos Aires: Amorrortu [Trad. E. Albizu].

BRAUNSTEIN, N.A. (1979). El encargo social y las premisas operantes en la psicología clínica. In: BRAUNSTEIN, N.A.; PASTERNAC, M.; BENEDITO, G. & SAAL, F. (orgs.). *Psicología:* ideología y ciência. México: Siglo XXI, p. 385-402.

BRONFENBRENNER, U. (1961). The mirror image in Soviet-American relations: A social psychologist's report. *Journal of Social Issues*, 17 (3), p. 45-56.

CENTRO PASTORAL DE LA UCA (1984). El exterminio de "las masas". *Carta a las Iglesias*, 69, p. 10-12.

COHON, D.J. (1981). Psychological adaptation and dysfunction among refugees. *International Migration Review*, 15, p. 255-275.

COLECTIVO LATINOAMERICANO (COLAT) (1982). *Psicopatología de la tortura y el exilio.* Madrid: Fundamentos.

COOPER, D. (1972). *Psiquiatría y antipsiquiatría.* Buenos Aires: Paidós [Trad. J. Platigorsky].

ESTUDIOS CENTROAMERICANOS (1984). Agonía de un pueblo. *Estudios Centroamericanos,* 39 (423-424), p. 1-12.

EL SALVADOR (1984). *Diagnóstico económico social:* 1978-1984. São Salvador: Ministerio de Planificación y Coordinación del Desarrollo Económico y Social.

EYSENCK, H.J.; WAKEFIELD, J.A. & FRIEDMAN, A.F. (1983). Diagnosis and clinical assessment: The DSM-III. *Annual Review of Psychology,* 34, p. 167-193.

FANON, F. (1963). *Los condenados de la tierra.* México: Fondo de Cultura Económica [Trad. J. Campos].

FRANKL, V.E. (1955). *El hombre incondicionado:* lecciones metaclínicas. Buenos Aires: Plantín [Trad. J.M. Coco Ferraris].

_____ (1950). *Psicoanálisis y existencialismo.* México: Fondo de Cultura Económica [Trad. C. Silva].

_____ (1946/1980). *El hombre en busca de sentido.* Barcelona: Herder [Trad. Diorki].

FREUD, S. (1930/1970). *El malestar en la cultura.* Madri: Alianza [Trad. L. López-Ballesteros].

GUINSBERG, E. Salud mental en América Latina. *Salud Problema,* 9, p. 10-16.

HACKER, F. (1973). *Agresión.* Barcelona: Grijalbo [Trad. F. Formosa].

JASPERS, K. (1946/1955). *Psicopatología general.* 5. ed. Buenos Aires: Beta [Trad. R.O. Saubidet e D.A. Santillán].

JERVIS, G. (1979). *Manual crítico de psiquiatria.* Barcelona: Anagrama [Trad. J. Jordá, N. Pérez e R. García].

LAWYER COMMITTEE FOR INTERNATIONAL HUMAN RIGHTS AND AMERICAS WATCH (1984). *El Salvador's other victims:* The war on the displaced. Nova York: LCIHRAW.

MARTÍN-BARÓ, I. (1983a). *Acción y ideología* – Psicología social desde Centroamérica. São Salvador: UCA.

_____ (1983b). Polarización social en El Salvador. *Estudios Centroamericanos,* 38 (412), p. 129-142.

_____ (1980). Fantasmas sobre un gobierno popular en El Salvador. *Estudios Centroamericanos*, 35 (377-378), p. 277-290

McLEMORE, C.W. & BENJAMIN, L.S. (s.d.). Whatever happened to interpersonal diagnosis? – A psychosocial alternative to DSM-III. *American Psychologist*, 34 (1), p. 17-34.

MILLON, T. (1983). The DSM-III: An insider's perspective. *American Psychologist*, 38 (7), p. 804-814.

MORALES, O.A. (1983). Los desplazados: una manifestación de la crisis actual. *Boletín de Ciencias Ecoriómicas y Sociales*, 4, p. 278-291.

MORÁN, M.C. Un centro de desplazados. *Boletín de Psicología*, 9, p. 11-16.

POIRIER, J. (1970). Formas de impugnación, de compensación y de transposición de lo real en las sociedades en vías de desarrollo [Trad. J. Pombo]. In: LACROIX, J. (org.). *Los hombres ante el fracaso*. Barcelona: Herder.

SABINI, J. (1978). Aggression in the laboratory. In: KUTASH, I.L.; KUTASH, S.B. & SCHLESINGER, L.B. (orgs.). *Violence:* perspectives on murder and aggression. São Francisco: Jossey-Bass, p. 129-157.

SCHACHT, T. & NATHAN, P.E. (1983). But is it good for the psychologists? – Appraisal and status of DSM-III. *American Psychologist*, 32 (12), p. 1.017-1.025.

SMITH, D. & KRAFT, W.A. (1983). DSM-III: Do psychologists really want an alternative? *American Psychologist*, 38 (7), p. 777-785.

SPILBERGER, C.D.; SARASON, I.G. & MILGRAM, N.A. (orgs.) (1982). *Stress and anxiety*. Vol. 8. Washington: Hemisphere.

STEIN, B.N. (1981). The refugee experience: Defining the parameters of a field of study. *International Migration Review*, 15, p. 320-330.

SZASZ, T.S. (1961). *The myth of mental illness:* Foundations of a theory of personal conduct. Nova York: Delta.

UNICEF (1983). *Análisis situacional de El Salvador* [Mimeo.].

WATSON, P. (1978). *War on the mind:* The military uses and abuses of psychology. Nova York: Basic Books.

WHITE, R.K. (1966). Misperception and the Vietnam war. *Journal of Social Issues*, 22 (3), p. 1-156

12
DA GUERRA SUJA À GUERRA PSICOLÓGICA: O CASO DE EL SALVADOR[34]

1) Guerra e democracia em El Salvador

Para compreender os problemas psicossociais dos refugiados é essencial compreender as circunstâncias que engendraram sua fuga (KUNZ, 1981; STEIN, 1981). O político exilado após a derrota de um governo é diferente do profissional que sai de seu país buscando um espaço vital. Da mesma forma, não vivem a mesma situação quem foge desgastado pela violência bélica e quem precisa escapar para salvar sua vida, porque é perseguido por esquadrões da morte.

De acordo com a posição oficial, fundamentalmente reproduzida pelos grandes meios de comunicação de massa internacionais, El Salvador teria ingressado, desde 1984, em um processo de democratização: processo iniciado por eleições presidenciais livres, caracterizado pela abertura de espaços políticos e uma notória melhora no respeito aos direitos humanos da população. El Salvador teria, assim, deixado de ser a "ovelha negra" do mundo ocidental e se converteu no exemplo de um pequeno país que, com o apoio dos Estados Unidos, estaria lutando para sair do subdesenvolvimento e estaria combatendo democraticamente as ambições do comunismo internacional, que buscava fazer do país uma mera base para suas pretensões hegemônicas.

---

34. Trabalho apresentado no simpósio Efeitos psicológicos da fuga, do exílio e do retorno: A saúde mental do refugiado, organizado por Adrianne Aron no XXI Congreso Interamericano de Psicología, realizado em Havana em 1987. O texto foi publicado, pela primeira vez, em 1988 em um livro organizado por Adrianne Aron e editado pelo Comité por Derechos de Salud en Centroamérica [N.T.].

Infelizmente, a imagem oficial é uma imagem distorcida da realidade e que é frequentemente questionada pelos acontecimentos internos. Sem ir muito longe, por exemplo, durante os meses de maio e junho de 1987, uma série de acontecimentos levou ao temor de uma reaparição dos esquadrões da morte e uma reprodução das piores formas de terrorismo estatal que foram vividas entre 1981-1982. Entre estes acontecimentos estão: sequestro, tortura e decapitação de um líder sindical camponês, sequestro e desaparecimento de outros três líderes sindicais, aprisionamento e tentativa de assassinato de três camponeses que conseguiram escapar com vida. Tudo isso, realizado por homens identificados como membros das Forças Armadas. Houve, ainda, a explosão da sede de um comitê de mães de presos e desaparecidos políticos e a publicização de uma nova lista negra pelo Exército Secreto Anticomunista (uma amostra pode ser encontrada na narrativa sobre camponeses degolados disponível em: *Cartas a la Iglesia desde El Salvador*, 1987). Esses fatos obrigaram o governo e as Forças Armadas a desmentirem imediatamente a sua responsabilidade e a renovarem seu compromisso público com a democracia e o respeito aos direitos humanos.

O medo do reaparecimento do terrorismo de estado não é ingênuo; porque a guerra suja, não em sua forma, mas em seu conteúdo, nunca deixou de ser um ingrediente essencial do projeto sociopolítico que os Estados Unidos estão efetivando em El Salvador. Para além de interpretações ideológicas, de um ou outro tipo, os dados não deixam qualquer dúvida: mostram que, em 1986, ocorreram nada menos que 122 assassinatos atribuídos aos esquadrões da morte, isto é, dez assassinatos por mês, sem contabilizar outras matanças e violações aos direitos humanos mais fundamentais que foram atribuídas às forças governamentais (IDHUCA, 1987).

O projeto norte-americano tem como meta essencial a eliminação do movimento revolucionário, enquanto a instauração da democracia no país é uma meta apenas secundária ou derivada. Por isso, em um primeiro momento, esse projeto buscou aniquilar os grupos insurgentes de forma rápida e brutal, combinando ações militares com uma campanha de repressão massiva da população civil. Após o fracasso dessa campanha, o projeto ingressou em uma nova fase que busca alcançar o mesmo objetivo, mas sob uma aparência democrática que justifica o projeto. Isto produz uma permanente contradição entre as necessidades militares e as exigências políticas, entre o objetivo de eliminar toda oposição e todo protesto significativos e a necessidade de oferecer ou dar a aparência de um livre-jogo político. Assim, o projeto norte-americano para El Salvador foi obrigado a buscar uma forma de guerra suja que possibilitasse alcançar os seus objetivos evitando custos políticos. A resposta que se acredita ter conquistado foi a guerra psicológica.

A nossa tese é a de que a guerra psicológica desenvolvida pelas Forças Armadas em El Salvador hoje é a herdeira da guerra suja que se realizou entre 1980 e 1983, já que tal modalidade de guerra paralela permite alcançar os mesmos objetivos e produz consequências psicossociais similares na população, mas salvaguarda a aparência de democracia formal, tão necessária para os Estados Unidos conservarem o apoio da opinião pública e de outros governos democráticos quanto à sua política na região. Não se está dizendo que a guerra suja e a guerra psicológica sejam idênticas, mas que a guerra psicológica é uma nova modalidade de guerra suja na atual etapa do conflito salvadorenho.

Examinaremos nossa tese contrastando três aspectos essenciais da guerra suja e da guerra psicológica: seus objetivos, seus métodos e as consequências psicossociais que produzem.

2) Objetivos

A guerra suja não se dirige apenas, e nem primordialmente, a aqueles que, abertamente, insurgem em armas contra um regime estabelecido; a guerra suja está orientada contra todos os setores e indivíduos que constituem a base de apoio, material ou intelectual, real ou potencial, dos insurgentes. Porém, como não existe uma justificativa, política ou legal, para dirigir todo um exército ou as forças de segurança de um país contra a população civil, a tarefa é deslocada para grupos clandestinos, os famosos "esquadrões da morte". Dessa forma, pode-se realizar um programa de eliminação sistemática de inimigos, reais e potenciais, sem manchar publicamente a imagem das forças que a realizam.

Isto foi o que ocorreu em El Salvador entre 1980 e 1983: grupos de "homens armados vestidos de civis" sequestraram, torturaram, assassinaram e fizeram desaparecer milhares de salvadorenhos suspeitos de colaborar com o movimento revolucionário ou de simpatizar com sua causa. Cálculos conservadores apontam para, pelo menos, 27.000 vítimas desta guerra suja entre 1980 e 1983, isto é, um a cada duzentos salvadorenhos (CUDI, 1980-1983). A impunidade com que esses grupos operavam sempre foi completa, o que só foi possível com conivência, apoio e patrocínio dos poderes militar e político do país.

A guerra suja alcançou três objetivos importantes: (a) desarticular as organizações populares de massas – a simples existência de organizações que não eram simpatizantes do governo se tornou algo impossível e os militantes que não foram eliminados, fugiram para as montanhas e a clandestinidade ou abandonaram a luta aterrorizados; (b) eliminar muitas das figuras de oposição mais significativas – por exemplo, a direção da Frente Democrática Revolucionária (organismo político que agrupa as principais organizações opositoras), o reitor da Universidade de São Salvador, Dr. Félix Ulloa, e o arcebispo de São Salvador, Monsenhor Oscar Arnulfo Romero; (c) debilitar as bases de apoio do movimento revolucionário em todos os setores da população – profissionais, estudantes, trabalhadores, camponeses. Nesse sentido, é certo que a guerra suja teve êxito; certamente, um êxito macabro, mas, ao fim, um êxito.

Todavia, a guerra suja implicava, também, sérios custos: apesar do anonimato com que se realizava o trabalho dos esquadrões, era difícil convencer a opinião pública mundial que isso poderia ocorrer sem a conivência das forças oficiais. Assim, era uma árdua tarefa justificar o apoio, quase incondicional, dos Estados Unidos a um regime conhecido pela violação sistemática dos direitos humanos mais básicos, e era ainda mais difícil conquistar novos apoios internacionais. Quando precisava defender o regime salvadorenho nos fóruns internacionais, o governo de Reagan ficava praticamente isolado, acompanhado apenas por regimes como o de Pinochet ou o de Stroessner.

Por isso, desde 1984, e diante dos inesperados êxitos militares dos insurgentes que ameaçavam, até mesmo, derrotar o exército nacional, foi identificada a necessidade de uma nova fase na guerra salvadorenha: era preciso seguir adiante com o projeto de eliminar o movimento revolucionário, o que exigia uma intensificação da ação contrainsurgente, especialmente por meio da guerra aérea. Mas também era necessário evitar os custos políticos da repressão massiva que impediam o desenvolvimento da guerra militar. Portanto, era necessário iniciar um processo de legitimação da guerra e nada é mais sedutor no mundo ocidental do que a democracia formal. Assim, foi proposto um processo de democratização que avançaria paralelamente ao processo de pacificação, de forma que as conquistas militares se transformariam em vitórias políticas e o fazer político selaria a vitória popular. A figura de Napoleón Duarte jogou um papel crucial nessa nova fase, tanto por sua imagem como homem democrático quanto por suas conexões com a Internacional Democrata-Cristã, tão influente nos países europeus e outros países latino-americanos.

Se a instauração de uma democracia realmente fosse a meta do plano e se este tivesse alcançado as causas estruturais do conflito, então, talvez, o plano teria alcançado êxito; porém isso significaria uma subordinação da guerra à democracia, não o inverso, e, consequentemente, a guerra teria se transformado em um instrumento político e não a política em um instrumento da guerra. Esta visão ultrapassaria completamente o diagnóstico do governo norte-americano, convencido de que El Salvador é um microcosmo de sua guerra particular com o expansionismo soviético e de que o perigo à paz e à democracia resulta da "agressão comunista" e não de contradições internas de miséria opressiva e de injustiça estrutural. Assim, impulsionada pela obsessão anticomunista da Administração Reagan, a nova fase da guerra salvadorenha tratou de aplicar a doutrina dos "conflitos de baixa intensidade" (BARRY, 1986; BARRY; CASTRO & VERGARA, 1987; CASTRO, 1986), produzindo uma democracia formal totalmente subordinada aos planos bélicos, isto é, que serve apenas de cobertura política à manutenção da guerra militar contra os movimentos revolucionários.

Segundo Barry (1986, p. 23-25), a guerra de baixa intensidade é estabelecida em três frentes: o campo de batalha em si (utilizando táticas similares às da guerrilha e tentando envolver na luta todas as instâncias sociais), as instituições dos Estados Unidos (como o seu Congresso), e a opinião pública, nacional e internacional. No entanto, em nenhuma dessas frentes se atenta adequadamente às causas profundas da guerra salvadorenha e, portanto, das raízes do descontentamento e da rebeldia. Por isso, a nova fase necessita, tal como a anterior, de uma política de eliminação sistemática das bases de apoio ao movimento insurgente. Mas a eliminação ocorre adotando novas formas, respeitando os marcos estabelecidos pela guerra de baixa intensidade e, no caso concreto de El Salvador, as exigências formais da democracia. Surge, assim, a necessidade da guerra psicológica, isto é, dos programas que buscam anular os inimigos, não tanto pela eliminação física, mas também por meio da conquista psíquica. Trata-se de aniquilar o inimigo enquanto tal, ganhando "seu coração e sua mente". Dessa maneira, já não será necessário ocultar anonimamente os responsáveis pela guerra paralela, mas pode-se, até mesmo, celebrá-los como patriotas e heróis nacionais.

A guerra psicológica desenvolvida em El Salvador busca, portanto, ser uma forma democratizada de alcançar os mesmos fins da guerra suja. Mas, realmente é uma forma democrática de fazer guerra?

3) Métodos

Acima de tudo, cabe destacar que a guerra psicológica é, do início ao fim, uma maneira de fazer guerra. Tal como a guerra suja e tal como toda e qualquer guerra, busca-se a vitória sobre o inimigo por meio da violência. Falar de "guerra democrática" é uma contradição em termos. Segundo alguns, a guerra psicológica busca conquistar corações e mentes da população, de forma que se descarte qualquer alternativa política (AGUILERA, 1986). Para outros, a guerra psicológica não busca mais do que "corromper a consciência social do adversário" (VOLKOGONOV, 1986, p. 39). Mas, no melhor dos casos, a guerra psicológica não busca a adesão política da população como um fim em si mesma, como algo que resultaria do atendimento de suas necessidades pessoais e sociais. A adesão é buscada somente por seu valor instrumental, enquanto um meio de impedir o apoio ao inimigo. Em outras palavras, o que se busca é o apoio da população, não se trata de satisfazer suas necessidades. Busca-se ganhar seus corações e suas mentes sem mudar em nada sua situação ou suas condições de vida e sem satisfazer suas necessidades. O que a guerra bélica e a guerra suja buscam por meio da eliminação física, a guerra psicológica busca por meio da desqualificação ou pela inutilização da mente. Tal como no caso da tortura, os métodos psíquicos substituem os físicos, mas, em ambos os casos, o foco é quebrar a pessoa, acabar com sua autonomia e sua capacidade de oposição, não dar espaço para sua liberdade e suas opções.

É importante esclarecer que a guerra psicológica, como se pode pensar, não se reduz ao âmbito da opinião pública ou que seus métodos estão circunscritos às campanhas propagandísticas; a guerra psicológica busca influenciar a pessoa inteira, não apenas suas crenças e seus pontos de vista e, portanto, utiliza outros meios além das campanhas propagandísticas.

A partir do ponto de vista psicossocial, o principal recurso utilizado, tanto na guerra suja quanto na guerra psicológica, para eliminar o apoio ao inimigo bélico é o sentimento de insegurança, um sentimento que não tem nada de subjetivo, mas que corresponde fielmente a um ambiente social objetivo criado intencionalmente pelos detentores de poder (LIRA; WEINSTEIN & SALAMOVICH, 1985-1986).

Para criar esse ambiente de insegurança, a guerra suja utiliza-se da *repressão aterrorizante*, isto é, a execução visível de atos cruéis que desencadeiam na população um amplo e incontrolável medo. Assim, enquanto a repressão produz a eliminação física de pessoas que são o alvo direto de suas ações, o seu caráter aterrorizante tende a, ao mesmo tempo, paralisar todos aqueles que, de uma forma ou de outra, se identificam com alguma característica da vítima; por isso, o terrorismo de estado e, concretamente, a guerra psicológica têm a necessidade de possibilitar que a população saiba dos fatos, ainda que a publicidade enquanto tal possa ser contraproducente.

A guerra psicológica também busca criar um clima de insegurança para alcançar os seus fins. Mas, ao invés de utilizar a repressão aterrorizante, emprega o que chamamos de *repressão manipuladora*. A questão não é mais paralisar completamente a população civil, mas inibir sua rebeldia potencial ou, pelo menos, impedir o seu apoio efetivo ao inimigo. Para isso, é necessário que as pessoas continuem com sua dose de medo, o que é conquistado por uma distribuição de ameaças e estímulos, de punições e de premiações, de atos de amedrontamento e demonstrações de apoio condicional. Assim, a guerra psicológica combina atos de "ação cívica" (modalidade militar de serviço público beneficente) com operativos de grande violência bélica, tratamento compreensivo às pessoas após o seu aprisionamento injustificado, ofertas generosas antecedidas por esgotadores assédios sobre distintos grupos e setores sociais. A todo momento, os executores da guerra psicológica assumem um comportamento prepotente, o que deixa claro quem é o senhor, quem dá ou retira, quem define e decide. A militarização da vida cotidiana e dos principais espaços sociais contribui para a onipresença do controle prepotente e da ameaça repressiva. Ocasionalmente, um ato de repressão aterrorizante reavivará o sentimento de medo agudo na população. Desse modo, propicia-se um ambiente de insegurança, imprevisível em suas consequências e que demanda das pessoas uma submissão completa aos ditames do poder.

Um dos mecanismos de pressão psicológica mais comumente empregados na tortura é o de fazer a pessoa sentir que está isolada, que seus familiares, amigos e companheiros abandonaram-na e que ninguém se preocupa com ela (WATSON, 1978; COROMINAS & FARRÉ, 1978; PETERS, 1985). De forma análoga, um dos métodos característicos da guerra psicológica é o de isolar grupos e setores que podem representar um apoio potencial ao movimento revolucionário. Em El Salvador buscou-se isolar, por meio dos chamados "cordões de isolamento", todos os tipos de grupos ou organismos suspeitos de ajudar ou simplesmente simpatizar com os insurgentes. Há cercos e bloqueios em zonas de conflito que impedem seus habitantes de entrar ou sair livremente, transportar víveres ou remédios e, até mesmo, de viver e trabalhar. Os membros de organizações humanitárias são sistematicamente assediados, detidos, interrogados e registrados, quando não são ameaçados, aprisionados, insultados e golpeados; publicamente são acusados de servir de fachada e de instrumento dos movimentos revolucionários e sobre eles pende, permanentemente, a ameaça de risco de vida. E quando, como no caso dos comitês de mães, este assédio permanente não basta para paralisá-los, então o seu local é dinamitado, dando um claro aviso de que medidas de maior magnitude podem ser tomadas.

Nesse contexto de insegurança, a propaganda oficial, com seu insistente convite à "incorporação ao processo democrático", ganha força, pois "agora já se pode expressar e canalizar publicamente a oposição". Por meio de uma campanha onipresente, os meios de comunicação de massas divulgam, continuamente, deserções, reais ou fictícias, de militantes insurgentes junto com informações sobre os fracassos militares da guerrilha e seu recurso "desesperado" ao terrorismo mais rasteiro, fortalecendo, assim, o sentimento de insegurança e abandono do simpatizante, isto é, o sentimento de impotência e de futilidade diante da luta que, aparentemente, não possui qualquer futuro ou sentido.

Tanto a guerra suja, quanto a guerra psicológica são formas de negar a realidade. No caso da guerra suja, o anonimato, a clandestinidade e a impunidade convertem os "esquadrões da morte" em movimentos fantasmagóricos, temendo-se, até mesmo, falar sobre eles. Mais ainda, o desaparecimento de muitas de suas vítimas é algo sistematicamente negado pelas instâncias oficiais, as quais chegam a insinuar que elas aderiram à guerrilha. Isto converte a existência e o fazer dos esquadrões em algo ainda mais irreal, mais alheio às categorias da realidade. No caso da guerra psicológica, a própria realidade cotidiana é negada e redefinida pela propaganda oficial. Os contínuos pronunciamentos oficiais convertem-se em "realidade", por mais óbvia que seja a distorção dos fatos. Esta definição da realidade a partir do poder estabelecido, massivamente difundida pelos meios de comunicação, espreita e invade a consciência das pessoas, que não podem dar forma à sua percepção e sua experiência dos acontecimentos, o que fortalece a incerteza sobre se não estariam equivocadas (cf. MARTÍN-BARÓ, 1985).

Nesse ambiente de mentira institucionalizada é produzida uma verdadeira inversão orwelliana das palavras. Matar se converte em um ato louvável, enquanto atender o necessitado se torna uma ação subversiva; a destruição de hospitais é celebrada como um serviço à pátria, enquanto dar atenção médica às vítimas da guerra é algo condenado como uma prática terrorista; ignorar e ainda louvar a violência bélica é virtude cristã ou demonstração de nacionalismo, mas denunciar os atentados ou condenar as violações aos direitos humanos vira uma "instrumentalização da fé cristã" ou manifestações próprias de "maus salvadorenhos".

4) Consequências psicossociais

Não é possível estabelecer completamente uma distinção entre as consequências da guerra militar e as consequências da guerra paralela, seja ela suja ou psicológica, posto que são duas dimensões complementares do mesmo processo. Aqui nos limitaremos a discutir o impacto da guerra sobre a população civil não combatente, que é, em princípio, o alvo principal da guerra paralela.

Sem dúvida, a primeira consequência é a eliminação ou anulação física das pessoas. O assassinato e o aprisionamento, o desaparecimento e a tortura continuam sendo práticas relativamente comuns em El Salvador. O fato de que os números sejam significativamente menores em relação aos anos de 1981-1982, não significa que o fenômeno tenha deixado de existir ou que os níveis quantitativos e qualitativos sejam "toleráveis" (AMERICAS WATCH, 1986).

Junto com as lesões corporais, estão as marcas psicológicas, tanto aquelas provocadas por acontecimentos particularmente traumáticos quanto aquelas geradas pelo ambiente permanente de assédio e insegurança. Segundo Guillermo Mártir (1986), a guerra produziu um aumento significativo, de até 20%, de enfermidades psicossomáticas entre os pacientes do *Instituto Salvadoreño del Seguro Social*. Em um recente levantamento de opinião realizado pelo IUDOP (1987), 10% da população adulta urbana salvadorenha indicavam que as enfermidades mais frequentes entre os membros de sua família eram de origem nervosa: angústia, tensão, "nervos" etc. Todavia, é provável que essa porcentagem seja maior nas áreas rurais, sobretudo naquelas imersas mais diretamente nas ações bélicas e nas operações de guerra psicológica, tal como indica o estudo de Mártir (1986).

Uma consequência psicossocial muito séria da guerra paralela, a suja e a psicológica, é o impedimento do desenvolvimento de um tipo de identidade pessoal que assume como horizonte vital uma opção política revolucionária ou meramente contrária ao sistema estabelecido. As pessoas são diretamente agredidas em seu caráter de sujeitos políticos (LIRA; WEINSTEIN & SALAMOVICH, 1985-1986), o que, em muitos casos, é o eixo que articula seu projeto de vida. Ceder à agressão é uma fonte de frustração existencial e de autodesvalorização, enquanto resistir a ela supõe arriscar a própria vida e a de sua família. Tal como destacam Lira, Weinstein e Salamovich (1985-1986), a guerra psicológica propicia a despolitização intencional das pessoas. Assim, não se trata de uma indiferença política das massas ou de um suposto caráter passivo dos latino-americanos, mas de uma inibição forçada de suas opções político-sociais.

O conflito ético-político que as pessoas enfrentam, sobretudo quando seus atos envolvem as vidas de terceiros (a família e/ou outros), muitas vezes, resulta na fuga do país. Em alguns casos, esta fuga é desencadeada por algum fato, em termos objetivos, aparentemente trivial ou relativamente menor, especialmente se é comparado com outras circunstâncias vividas pela mesma pessoa anteriormente. Porém, em geral, trata-se da "gota d'água" que faz a pessoa transbordar, que gera a sensação de desmoronamento da resistência psicológica.

Uma consequência coletiva muito importante é a desvalorização da luta por justiça e o desprestígio moral de quem assume as causas revolucionárias. A mentira institucionalizada mancha os ideais e os comportamentos revolucionários, os quais são vinculados a motivações sórdidas ou relacionados com ações imorais. A construção de um mundo simbólico de caráter orwelliano não deixa de afetar a consciência coletiva e o horizonte histórico dos povos.

A figura 1 apresenta, esquematicamente, uma comparação entre a guerra suja e a guerra psicológica enquanto duas modalidades de "guerra paralela".

Figura 1 Duas modalidades de "guerra paralela"

"Guerra suja"

Objetivo		Método		Consequências psicossociais
Extermínio do movimento revolucionário →	• Gerrilha • Partidários • Simpatizantes	Eliminação bélica → Guerra militar Repressão aterrorizante → Guerra suja		• Eliminação física • Traumas psíquicos • Terror • Paralisia, fuga

"Guerra psicológica"

Objetivo		Método		Consequências psicossociais
Anulação do movimento revolucionário →	• Gerrilha • Partidários • Simpatizantes • População	Eliminação bélica → Guerra militar Repressão manipuladora → Guerra psicológica		• Eliminação física • Traumas psíquicos • Insegurança • Paralisia, fuga • Desprestígio moral

Reflexões finais

Se nossa tese está correta e a guerra psicológica é uma modalidade da guerra suja adaptada à nova fase da guerra civil em El Salvador, há algumas conclusões importantes para a compreensão e o tratamento dos problemas de saúde mental dos refugiados salvadorenhos:

1) Mesmo existindo uma redução, quantitativa e qualitativa, da violação aos direitos humanos pela repressão política em El Salvador, as condições políticas do país continuam obrigando muitas pessoas a buscar refúgio no estrangeiro. Nesse sentido, acreditamos que, tão errôneo quanto afirmar que em El Salvador nada mudou entre 1981 e o momento atual, é um equívoco afirmar que hoje somente as circunstâncias econômicas justificam a migração dos salvadorenhos para outro país. Portanto, é essencial analisar as novas modalidades da guerra paralela e definir em que medida a guerra psicológica pode estar produzindo resultados psicossociais tão deletérios quanto aqueles produzidos pela guerra suja e, consequente-

mente, forçando a fuga. Além disso, esta reflexão é fundamental para lidar com os problemas daqueles que fogem e, também, daqueles que, de forma voluntária ou forçada, retornam ao país.

2) É crucial enfatizar a necessária dimensão coletiva e, portanto, política da saúde mental (MARTÍN-BARÓ, 1984). Como indica, muito bem, Weinstein (1987, p. 38): "um dado socialmente causado só pode ser socialmente reparado". Assim, não se pode pensar que os problemas dos refugiados podem ser adequadamente resolvidos por meio da psicoterapia, seja individual ou grupal. Os problemas dos refugiados demandam uma verdadeira "socioterapia", no sentido definido por Adrianne Aron (1987, p. 17-18): reconstrução social da vida e da própria comunidade, separadas pela repressão e pela guerra.

3) Uma última reflexão relaciona-se com a responsabilidade ética dos psicólogos. Sabe-se que alguns profissionais cooperam, mais ou menos conscientes, com a guerra psicológica. Cabe questionar se não chegou o momento de clarificar o caráter ético desta cooperação ou de contrapor à guerra psicológica uma verdadeira campanha massiva por uma autêntica paz (DEPARTAMENTO DE PSICOLOGÍA Y EDUCACIÓN DE LA UCA, 1986); algo que seria parte essencial da "socioterapia" necessária para o país.

Referências

AGUILERA, G. (1986). La contrainsurgencia rural en Guatemala. In: CRIES (org.). *Centroamérica* – La guerra de baja intensidad ¿Hacia la prolongación del conflicto o preparación para la invasión? Manágua: Cries.

AMERICAS WATCH (1986). *Convirtiéndose en una rutina* – El abuso de los derechos humanos en el segundo año de Duarte. Nova York: Americas Watch.

ARON, A. (1987). Problemas psicológicos de los refugiados salvadoreños en California. *Boletín de Psicología*, 6 (23), p. 7-20.

BARRY, D. (1986). Los conflictos de baja intensidad: reto para los Estados Unidos en el Tercer Mundo (El caso de Centroamérica). In:

CRIES (org.). *Centroamérica* – La guerra de baja intensidad ¿Hacia la prolongación del conflicto o preparación para la invasión? Managua: CRIES

BARRY, D.; CASTRO, R. & VERGARA, R. (1987). *La guerra total* – La nueva ideología contrainsurgente en Centroamérica. Managua: Cries.

CASTRO, J.R. (1986). El plan de contrainsurgencia norteamericano para El Salvador y los cambios en las fuerzas armadas gubernamentales. In: CRIES (org.). *Centroamérica* – La guerra de baja intensidad ¿Hacia la prolongación del conflicto o preparación para la invasión? Manágua: Cries.

CENTRO UNIVERSITARIO DE DOCUMENTACIÓN E INFORMACIÓN (CUDI) (1980-1983). *El Salvador: Proceso* – Informativo Semanal [Mimeo.].

Chalatenango: degollados en operativos contrainsurgentes (1987). *Cartas a las Iglesias desde El Salvador*, 142, p. 13-16.

COROMINAS, J. & FARRÉ, J.M. (orgs.) (1978). *Contra la tortura*. Barcelona: Fontanella.

DEPARTAMENTO DE PSICOLOGÍA Y EDUCACIÓN DE LA UCA (1986). Psicología, diálogo y paz en El Salvador. *Estudios Centroamericanos (ECA)*, 41 (454-455), p. 711-719.

INSTITUTO DE DERECHOS HUMANOS (IDHUCA) (1987). *Los derechos humanos em El Salvador em 1986*. São Salvador: Idhuca/Universidad Centroamericana José Simeón Cañas.

INSTITUTO UNIVERSITARIO DE OPINIÓN PÚBLICA (IUDOP) (1987). *Informe preliminar sobre las opiniones de la población urbana acerca de la situación del sistema de salud en El Salvador*. São Salvador: Iudop/Universidad Centroamericana José Simeón Cañas.

KUNZ, E.F. (1981). Exile and resettlement: Refugee theory. *International Migration Review*, 15 (1/2), p. 42-51.

LIRA, E.; WEINSTEIN, E. & SALAMOVICH, S. (1985-1986). El miedo: un enfoque psicosocial. *Revista Chilena de Psicología*, 8, p. 51-56.

MARTÍN-BARÓ, I. (1985). La encuesta de opinión pública como instrumento desideologizador. *Cuadernos de Psicología*, 7 (1-2), p. 93-108.

_____ (1984). Guerra y salud mental. *Estudios Centroamericanos*, 39 (429-430), p. 503-514.

MÁRTIR, J.G. (1986). Guerra civil e incremento de enfermidades psicossomáticas em El Salvador em los años 1981-1984 tomando como muestra a los assegurados del Instituto Salvadoreño del Seguro Social (ISSS). *Boletín de Psicología*, 5 (21), p. 151-160.

PETERS, E. (1985). *Torture*. Nova York: Basil Blackwell.

STEIN, B.N. (1981). The refugee experience: Defining the parameters of a field of study. *International Migration Review*, 15 (1/2), p. 320-330.

VOLKOGONOV, D. (1986). *Guerra psicológica*. Moscou: Progreso [Trad. J. Bogdan e E. Cherniavski].

WATSON, P. (1978). *War on the mind:* The military uses and abuses of psychology. Nova York: Basic.

WEINSTEIN, E. (1987). Problematica psicológica del exilio en Chile: algunas orientaciones psicoterapéuticas. *Boletín de Psicología*, 6 (23), p. 21-38.

13
A VIOLÊNCIA NA AMÉRICA CENTRAL: UMA VISÃO PSICOSSOCIAL[35]

Introdução – América Central, encruzilhada da violência

Há pouco menos de uma década, a América Central se converteu em um verdadeiro entroncamento da violência. Para alguns, os conflitos centro-americanos são mera expressão do confronto entre o leste socialista e o ocidente capitalista; para outros, é mais uma expressão do conflito entre o norte, rico e prepotente, e o sul, pobre e explorado; por fim, outros consideram que se trata, fundamentalmente, da explicitação de um conflito estrutural interno entre os interesses elitistas das minorias sociais exploradoras e as necessidades básicas das maiorias oprimidas. Possivelmente, na América Central confluem os três tipos de conflito, mesmo quando a influência sobre os processos seja de natureza e magnitude muito distintas. Mas, independentemente de qual é a explicação mais próxima da realidade, o fato inegável é o de que a violência oprime os povos centro-americanos, os quais encontram-se submergidos em um penoso sangramento cotidiano e, assim, impossibilitados de pronunciar livremente sua palavra histórica.

Calcula-se que, em El Salvador, os mortos pela guerra já ultrapassam o número de 65.000. A maioria deles são civis, muitos morreram após serem brutalmente torturados ou "desaparecidos". Na Nicarágua, o Instituto de Formación Permanente (Insfop) indica que 1.215 civis foram mortos pela agressão da "Contra" entre 1981 e 1986 (CODEHUCA, 1986, p. 22); somente no período entre 6 de agosto e 15 de outubro de 1987 o Coman-

---

35. Trabalho apresentado na II Jornada de Psicología Social, organizada em 1987 na Universidad de Costa Rica. Foi publicado pela primeira vez na *Revista Costarricense de Psicología* em 1988 [N.T.].

dante Humberto Ortega, Ministro de Defesa da Nicarágua, reconheceu que ocorreram 1.372 mortes em combates, 783 "contras", 224 soldados do exército sandinista e 365 civis. Na Guatemala, o Comitê Pro-Justicia y Paz (1985, p. 155) contabilizou 905 civis assassinados por forças militares ou paramilitares em apenas um ano, isto é, entre novembro de 1984 e outubro de 1985. Não parece exagerado calcular que, em média, uma pessoa por hora morre por conta da violência política na América Central. Se, ao número de mortos, acrescentarmos o de feridos, provavelmente, teríamos que multiplicar a conta e dizer que a cada vinte minutos o corpo de um centro-americano sofre com as consequências da violência sociopolítica. Se a este número acrescentarmos o número de todas aquelas pessoas que, por consequência dos mesmos confrontos, são ameaçadas ou aprisionadas, que precisam se esconder ou fugir de seus lares, provavelmente chegaríamos ao pavoroso dado de que a cada três minutos um centro-americano paga na própria carne pelas consequências da violência bélica que atinge o istmo.

Deve-se levar em conta que até aqui não mencionamos mais do que um tipo de violência social: a de natureza político-militar. A ela poderíamos acrescentar outras formas de violência social, tanto aquelas que se dão dentro do lar (a violência do homem sobre a mulher ou a dos pais sobre os filhos) como as que se dão em diversos âmbitos da vida pública e, assim, teríamos um panorama tão desolador, quanto real. Por exemplo, está comprovado que as guerras precipitam um aumento da delinquência e da chamada criminalidade comum (cf., p. ex., ARCHER & GARTNER, 1984). Em El Salvador e na Guatemala, por exemplo, foi possível comprovar o acelerado aumento daqueles que, sob o abrigo ou por consequência do confronto bélico, assumiram a violência como sua ferramenta de trabalho e converteram o assalto ou, ainda, o sequestro em sua ocupação habitual.

Diante dessa avalanche de violência, política e social, o acordo assinado, em 7 de agosto do presente ano na Guatemala, pelos presidentes da América Central e conhecido como "Esquipulas II" é um notável esforço para resolver, pelo menos, os aspectos mais críticos do problema. Todavia, não é possível se iludir: as dificuldades enfrentadas para a aplicação desses acordos começam na própria elaboração e mostram não somente como os conflitos centro-americanos, inclusive em sua manifestação mais extrema que é a guerra, estão enraizados, mas também o poder de forças e interesses sociais que militam mais ou menos abertamente contra o êxito do plano de paz, a começar pelo interesse hegemônico e míope do atual governo norte-americano.

Mesmo no caso do acordo de Esquipulas II ter êxito, não é racional aguardar o desaparecimento do flagelo da violência generalizada. Até podem se reduzir as formas mais massivas de assassinato, tal como os operativos militares. Todavia, ainda seria necessário resolver o problema dos "esquadrões da morte", assim como todas unidades repressivas que operam sob a proteção, mais ou menos firme, das estruturas militares legais. Isto fica claro, apesar das óbvias diferenças, no caso da Colômbia. Após o acordo estabelecido entre o Presidente Betancur e os grupos guerrilheiros em 1984, um grande grupo de simpatizantes políticos dos insurgentes formou um partido político, *Unión Patriótica* (UP), e passou à luta nos marcos da legalidade. Desde 1984 até 11 de outubro de 1987, 471 dirigentes e simpatizantes da UP foram assassinados pelos "esquadrões da morte", a maioria destes possui claros vínculos com as Forças Armadas. O último e mais significativo desses assassinatos foi do ex-candidato a presidente da UP, Jaime Pardo Leal. Este fato demonstra, uma vez mais, que, definitivamente, a violência sociopolítica originária não vem daqueles que buscam mudar ordens sociais injustas, mas sim daqueles que, a partir de seus privilégios prepotentes, se opõem a qualquer transformação significativa, sem importar a forma pela qual se busca.

Uma reconciliação social que permita estabelecer novos marcos para a convivência, na qual o emprego, aberto ou encoberto, da violência é reduzido ao mínimo não é apenas um problema político, mas é, também, um problema psicológico e cultural. De pouco serviria conquistar a paz entre os grupos conflituosos, se são mantidas as mesmas estruturas sociais de exploração e dominação, os mesmos valores de competitividade e poder, o mesmo ideário de vida consumista que leva à acumulação injusta e resulta na discriminação social. É aqui que entra o papel da Psicologia e se define o desafio para os psicólogos centro-americanos: Como podemos, concretamente, apresentar, a partir da especificidade de nosso conhecimento, uma contribuição para enfrentar o problema da violência em nossos países? Em termos simples: O que cada um de nós faria se os presidentes centro-americanos nos solicitassem a elaboração de um plano de trabalho para combater, junto com outros especialistas, a violência na região? Confrontados com uma proposta assim, provavelmente compreenderemos a precariedade de nosso conhecimento sobre a violência e o quão pouco podemos fazer para, na prática, enfrentar este problema (DEPARTAMENTO DE PSICOLOGÍA Y EDUCACIÓN DE LA UCA, 1986).

No momento histórico atual, não consigo enxergar qualquer pergunta mais importante para nós, psicólogos. Por isso, com toda a humildade de quem sabe o quanto é limitado o seu conhecimento, mas com a insistência de quem sabe que esse é um assunto vital, no qual está em jogo sua credibilidade científica e profissional, devemos colocar as mãos à obra. Nossos povos julgarão se nossa contribuição é grande ou pequena, importante ou secundária: em todo caso, que sejamos julgados por acertar ou fracassar em nosso empenho, mas não por termos evitado nosso compromisso.

Dois passos nos parecem necessários para examinar a contribuição da Psicologia para enfrentar o problema da violência generalizada na América Central. Em primeiro lugar, é preciso desemaranhar o diagnóstico que parece predominar na área sobre a natureza e as causas da violência imperante. Isto nos obriga a revisar alguns pontos críticos daquilo que se pode chamar de "história psicossocial da violência" centro-americana (MARTÍN-BARÓ, 1983a, p. 403-420). Em segundo lugar, devemos examinar todos os elementos que são oferecidos pela pesquisa psicossocial para intervir construtivamente no âmbito da violência (para uma revisão muito abrangente, sobretudo sobre a violência política, cf. ZIMMERMANN, 1983). Assim, nos arriscamos a propor um plano preliminar de trabalho psicossocial que pode ser discutido e criticado, mas que nos permite, ao menos, abrir novas perspectivas para o quefazer da Psicologia centro-americana.

1) O nome da violência

O primeiro problema que emerge na análise da violência em nossos países é de natureza semântica: o termo violência é demasiadamente genérico e é um termo guarda-chuva sob o qual estão processos e comportamentos muito diferentes. Certamente, violência significa bombardeio sobre uma região do país suspeita de alojar guerrilheiros, mas também significa a "cintada" que o pai dá no filho como punição; violência é o assassinato do líder sindical, assim como o enfrentamento passional entre dois pretendentes ciumentos também é violência; violência é a tortura infligida ao opositor político e um árcere clandestino e também é o assalto em que se ⊃a os pertences do cidadão que espera por um ônibus no centro da capital. No entanto, se o termo violência cobre tanto a agressão física quanto o ataque moral, tanto a repressão política quanto a coerção educativa, tanto a destruição militar em grande escala quanto o conflito passional entre amantes, então o seu significado se torna muito abstrato e vago. As abstrações – que não é o mesmo que teorizações – muitas vezes, ao invés de desvelarem, tendem a ocultar a realidade.

Em uma recente análise, Cueva (1987) argumenta que, caso se queira compreender a natureza dos processos políticos que estão sendo produzidos nos países latino-americanos, é necessário adjetivar o conceito de democracia.

> "Democracias conservadoras", "democracias reformistas", "democracias revolucionárias": somente o uso desses termos soa quase como uma provocação em uma conjuntura na qual a ideologia dominante tenta eliminar até mesmo o menor vestígio de discussão e análise sobre o conteúdo e a orientação da democracia realmente existente (CUEVA, 1987, p. 61).

A pretensão de apresentar uma democracia sem adjetivos resulta, na realidade política da América Latina, na instauração de regimes cuja formalidade democrática esconde a continuidade renovada de formas de dominação tradicionais e oculta o esforço por desarticular, prática e teoricamente, toda luta popular.

Algo similar pode ser afirmado sobre a violência, ainda que aqui a questão não seja adjetivar, mas substantivar. O dicionário define o termo "violência" como a "qualidade de violento"; isto é, o significado do substantivo remete ao adjetivo. Não existe a violência tomada abstratamente, mas existem atos violentos, formas concretas de atuar violentamente. Por isso, o caráter da violência deve ser julgado, em cada caso, examinando os atos que qualifica. A violência não deve ser adjetivada, mas substantivada, com o fim de discernir a sua natureza, o seu alcance e as suas raízes, isto é, apreendê-la em sua concretude histórica. Nada é mais mistificador do que a condenação abstrata de toda violência "venha de onde venha". Na prática, tal como, acertadamente, destacam Chomsky e Hermann (1979), essa condenação abstrata só se aplica aos atos violentos de quem se opõe à ordem social (um exemplo típico de uma análise enviesada desta maneira está em: MERARI & FRIEDLAND, 1985).

Portanto, ao invés de elaborar definições genéricas ou adotar teorizações abstratas e pressupostos do senso comum, é necessário dirigir o olhar para as formas concretas de violência que ocorrem em nossos países no momento atual. Em 1982, eu definia a existência de três modalidades predominantes de ações violentas na realidade salvadorenha: a violência dos comportamentos delinquentes, a violência da repressão sociopolítica e a violência do confronto bélico (MARTÍN-BARÓ, 1983a, p. 359-364; cf. tb. MARTÍN-BARÓ, 1983b). Naquele contexto, destacava o predomínio estruturante da violência repressiva, ainda que reconhecesse o crescimento, quantitativo e qualitativo, da violência bélica. Hoje em dia, esse tipo de análise, não só em El Salvador, mas em toda a América Central, deve reconhecer o predomínio da violência bélica, sem que, com isso, tenha ocorrido o desaparecimento da violência repressiva. Houve apenas a diminuição quantitativa da violência repressiva, sobretudo se comparada com a escalada militar das guerras e sua evolução qualitativa (sobre o caso de El Salvador, cf. MARTÍN-BARÓ, 1987). O acordo de Esquipulas II é o reconhecimento indireto da magnitude alcançada pela violência bélica, que chega a colocar em perigo a própria viabilidade histórica dos estados centro-americanos.

É importante destacar que as ações dos "esquadrões da morte" – produto híbrido formado por oligarcas, militares e filhos não reconhecidos da compulsão hegemonista dos Estados Unidos e das exigências de segurança dos regimes latino-americanos – agrupam as três formas destacadas de violência: bélica, repressiva e delinquencial. Bélica, porque os "esquadrões" se alimentam regularmente das unidades militares ou dos corpos de segurança e porque, com frequência, são os encarregados pelo desenvolvimento daquela parte da guerra conhecida como "suja", isto é, a parte que as legislações e os acordos internacionais proíbem expressamente. Repressiva, porque o seu alvo é a população civil, não o exército inimigo, e o seu objetivo é o de conquistar, pela coerção violenta, o controle político que não é conquistado pela convicção ou pelo consenso social. Deliquencial, porque suas operações se dão à margem da lei e porque, frequentemente, a operação repressiva se converte em um modo de vida, mero negócio ilícito, tal como as máfias profissionais.

As citadas formas de comportamento violento, em alguns casos, refletem as características pessoais de seus executores. Certamente, a crueldade vivenciada por vítimas de certos assaltos ou o tratamento dado à população civil em certas operações militares refletem, muitas vezes, mais os traços dos seus autores do que uma exigência objetiva dos atos. Todavia, as formas predominantes das ações violentas no contexto atual da América Central são caracterizadas pela sua despersonalização, para não dizer por sua profissionalização: realiza-se o assalto ou o bombardeio, o sequestro ou a tortura com o mesmo distanciamento tecnocrático com o qual se repara um relógio ou se cozinha um frango. Esta situação abala, desde o início, os enfoques psicológicos dominantes que buscam encontrar no indivíduo a explicação dos atos de violência.

Como se sabe, o agressor, com frequência, necessita recorrer à desvalorização da vítima (LERNER & SIMMONS, 1966), sua desumanização e demonização. São recursos psicológicos necessários para se possibilitar a execução do ato violento contra a vítima (SAMAYOA, 1987). Sobre isso, lembro ter escutado a gravação da conversa entre o piloto de um bombardeiro salvadorenho e seu comandante no posto de comando. O piloto, que sobrevoava o povoado de Tenancingo, via um grupo de pessoas, arrebatado pelo pânico, tentando se abrigar na igreja da região e transmitia ao seu chefe a informação de que eram civis contra os quais não poderia disparar. Porém, a ordem do posto de comando dizia ao piloto que "tudo o que se movimentava, era inimigo", que não eram mais do que "subversivos" e, portanto, deveria disparar. Obviamente, é mais fácil disparar contra um "terrorista" do que contra um jovem camponês, é mais fácil torturar uma "alemã comunista" do que um dissidente político, é mais fácil bombardear um grupo de subversivos do que um grupo de famílias. A Psicologia ensinou aos estrategistas militares a conveniência de colocar entre o soldado e as suas vítimas certas mediações técnicas que convertem um assassinato massivo em uma simples operação técnica, como apertar um botão de um painel eletrônico. Quando os amortizadores técnicos não são possíveis, são criados "amortizadores psicológicos" como a desvalorização ou, até mesmo, a animalização da vítima (FANON, 1963). Isso nos leva a um segundo ponto essencial para clarificar o problema da violência centro-americana: sua ideologização.

Todo ato de violência é, invariavelmente, acompanhado por sua justificação. Geralmente, a justificação precede e desencadeia o comportamento violento. Nos casos em que há um ato de violência casual ou não almejado, a realização do ato é sucedida por sua imediata justificação. Tal como no caso dos "atos falhos" freudianos que, ao passarem pela consciência, se convertem em racionais, o ato violento tende a, de forma quase mecânica, encobrir sua nudez com a roupa das justificações. De modo algum, este é um processo mecânico, pois é uma consequência lógica da natureza qualificativa da violência. Se toda forma de violência demanda uma justificação, isto ocorre porque esta não existe na violência em si mesma. Por isso, a violência não pode ser considerada abstratamente como boa ou má, o que contradiz um dos pressupostos implícitos da maioria dos enfoques psicológicos: a bondade ou maldade da formalidade violenta provém do substantivo criado pelo ato, isto é, do que um ato tido como violento significa socialmente e produz historicamente. Aqui é onde aparece, com toda clareza, o caráter ideológico da violência.

O que se quer dizer quando se afirma que a violência tem um caráter ideológico? Pelo menos duas coisas: (a) que a violência expressa ou canaliza forças e interesses sociais concretos nos marcos de um conflito estrutural de classes; (b) que a violência tende a ocultar forças e interesses que a determinam. Isso significa que o sentido de um ato violento deve ser julgado a partir das forças e dos interesses que promove em cada caso concreto e, portanto, a partir de suas consequências sobre a realidade histórica. Para compreender o que é um ato violento não basta saber de que ato se trata; é preciso saber quem o realiza, em que circunstância e com que consequências (cf. HABER & SEIDENBERG, 1978). Somente assim se explica que o assassinato que é condenado no caso do adulto normal, pode ser perdoado no caso do deficiente mental; e somente assim se compreende que o mesmo ato qualificado como assassinato, quando é realizado por um guerrilheiro, seja conceituado como ação heroica, porque é realizado por um policial. O ato é o mesmo; o que muda é o seu significado social. Esse significado provém, fundamentalmente, de sua vinculação com interesses sociais determinados, isto é, com o favorecimento dos interesses de alguns e não de outros.

Recentemente, em El Salvador, o governo e diversos organismos paragovernamentais desenvolveram, com o apoio e a assessoria norte-americanos, uma intensa campanha para combater o uso de minas terrestres, pois, argumentam com razão, é algo que afeta a população civil e, portanto, constitui uma violação aos direitos humanos. O problema é que esta campanha é dirigida exclusivamente contra a FMLN, à qual são atribuídas vítimas próprias e alheias, vítimas reais das minas, mas também de outros tipos de ações. Onde reside a ideologização da campanha? No fato de que as minas, para o discurso dominante, sempre são "minas terroristas", "minas subversivas", "minas da FMLN", mas nunca "minas das Forças Armadas", "minas governamentais" ou "minas norte-americanas". Sabe-se que o exército utiliza, sistematicamente, minas terrestres em sua estratégia militar e que suas minas também produzem vítimas entre a população civil. Portanto, quando as Forças Armadas criticam as minas da FMLN defendendo o respeito aos direitos humanos, está ideologizando o uso das minas, que seria bom e justificável em seu caso, mas ruim e reprovável no caso da FMLN. Assim, a defesa dos direitos humanos não representa um valor real, que regula o próprio comportamento, isto é, o comportamento das Forças Armadas, mas é apenas mais um instrumento para combater o inimigo. O que determina a bondade ou a maldade dessa violência particular (a utilização de minas) é o favorecimento dos próprios interesses ou dos interesses rivais.

O caráter ideológico dos comportamentos violentos nos permite compreender duas teses bem conhecidas, ainda que pouco analisadas: (1) a tese de que apenas se considera como ruim e injustificável o comportamento violento do outro e não o próprio; e (2) a tese de que a justificação social da violência engendra a proliferação tanto das justificações quanto da violência (HACKER, p. 15-18).

A criação da figura do inimigo, que pode ou não corresponder a alguém real, é um dos recursos básicos para a ideologização da violência (WAHLSTRÖM, 1987). Segundo a análise de Finlay, Holsti e Fagen (1976), o inimigo cumpre três tipos de funções: psicológicas, sociológicas e políticas. Psicologicamente,

> os inimigos ajudam a identificar as fontes de frustração e justificam os atos que, de outra maneira, poderiam ser impróprios ou ilegais; atuam como foco da agressividade e como meio de distrair a atenção de outros problemas prementes e mais complexos; além de prover um contraste pelo qual podemos medir ou inflar nossa própria estima e nossos valores (FINLAY; HOLSTI & FAGEN, 1976, p. 18-19).

Sociologicamente, os inimigos servem para alentar e fortalecer políticas repressivas, promover a solidariedade e coesão interna do grupo, justificar a realização de certos planos e canalizar o comportamento e as crenças em uma direção desejada. Finalmente, o inimigo também possui funções políticas nos processos de decisão e socialização, ajudando a configurar imagens ideais do que uma sociedade deve ser e fazer, diferenciando, assim, "nós, os bons" de "eles, os maus" (ASCHER, 1986).

Na América Central, a imagem do "inimigo" é utilizada como espantalho mortal que justifica aquilo que se diz combater. É claro que o "grande inimigo" apontado pelas forças centro-americanas no poder é a do "comunismo soviético" que está encarnado no governo sandinista da Nicarágua. Assim, o sandinismo se converteu no grande "inimigo" dos governos da área. Estes acreditam que é justificado: agredir seus próprios cidadãos com a finalidade de evitar a pressuposta agressão sandinista; reprimir toda dissidência com a finalidade de evitar a pressuposta ameaça do totalitarismo comunista; e, até, atacar militarmente a própria Nicarágua usando os "contra", com o fim de enfrentar a pressuposta exportação militar da revolução sandinista. A existência deste "inimigo" justifica e promove, precisamente, aquilo que, retoricamente, se busca evitar: a repressão, o totalitarismo intransigente, a agressão bélica. Tudo o que se faz ou se diz que se faz contra o inimigo está justificado, ainda que sejam utilizadas as mesmas ações violentas que são atribuídas e condenadas no inimigo.

Seria cegueira negar que a imagem de inimigo também é criada e usada pelos nicaraguenses ou pelos insurgentes salvadorenhos e que essa imagem cumpre funções similares. Como demonstraram diversos estudos, a imagem do inimigo constitui um fenômeno característico das situações de polarização sociopolítica que possibilita os adversários se enxergarem mutuamente com os mesmos traços, ainda que invertidos, de forma que, desde ambas as perspectivas, o grupo próprio é "o bom" e o grupo inimigo é "o mau" (BRONFENBRENNER, 1961; WHITE, 1966). Todavia, devemos evitar assumir uma simetria total no fenômeno da "imagem refletida", pois isto suporia que se trata de um fenômeno totalmente subjetivo, sem correlação com a realidade objetiva. É a análise histórica do fenômeno, caso a caso, que deve nos mostrar a veracidade ou falsidade, a validade reveladora da realidade ou o caráter de acobertamento ideológico (MARTÍN-BARÓ, 1983b). Porque, definitivamente, o fato de que uns e outros se avaliem mutuamente com os mesmos traços não impede, por si só, que a percepção de uns se aproxime mais da realidade objetiva do que a percepção de outros.

Certamente, a violência centro-americana não é criada pela imagem do inimigo e, muito menos, por aquele que, em um momento concreto, é identificado por uns ou por outros como a encarnação histórica do inimigo; todavia, essa imagem serve não somente para justificar a violência existente, mas também para promover a sua ampliação.

A alta dose de coerção e violência necessárias para manter ordenamentos sociais na situação estrutural de injustiça que caracteriza a América Central faz com que o sistema demande uma justificativa mais estável que a imagem circunstancial de um inimigo. Tal justificativa foi fornecida na década de 1970 pela doutrina de "segurança nacional" que, na década atual, foi sendo substituída pela doutrina dos "conflitos de baixa intensidade". Ambas as doutrinas coincidem em assumir que a sociedade capitalista enfrenta um conflito de poder entre os interesses sociais das classes dominantes e os interesses das classes dominadas e que todos os âmbitos da existência estão submetidos a esse conflito estrutural, favorecendo certos interesses ou outros. Consequentemente, a luta contrainsurgente deve ser uma luta total, que incorpora todos os setores e todos os aspectos da vida social (COMBLIN, 1978).

A diferença mais significativa entre a doutrina de segurança nacional e a doutrina sobre os conflitos de baixa intensidade provavelmente é a insistência desta última sobre o papel da chamada "guerra psicológica" (MARTÍN-BARÓ, 1987). O que se busca com a guerra psicológica é ganhar "corações e mentes" das pessoas de forma a aceitarem as exigências da ordem imperante e, portanto, assumirem como boa e até "natural" a violência necessária para mantê-la. Em última análise, a guerra psicológica busca o que poderíamos chamar de militarização da mente humana. Dificilmente se pode compreender a violência atual na América Central sem apreender em que medida os setores dominantes estão com suas mentes militarizadas e aceitam como boa qualquer forma de violência que permita conservar o poder e o deleite de seus privilégios.

Em síntese, as formas predominantes de violência na situação centro-americana atual são, respectivamente, as ações bélicas, as repressivas e as delinquenciais. As mais significativas destas ações se justificam frente à ameaça de um inimigo poderoso e onipresente chamado comunismo, mas que adota diversas faces: expansionismo soviético, totalitarismo sandinista, subversão marxista-leninista, terrorismo guerrilheiro. A necessidade de combater esse inimigo justifica a aplicação das medidas violentas que supostamente se busca prevenir. A aplicação de atos violentos para preservar o regime diante da ameaça do "inimigo" explicita a ideologização da violência, isto é, a violência busca responder aos interesses sociais das classes dominantes e a definição da violência como algo negativo depende de quem executa o ato e de quem se beneficia com a sua realização.

Não pretendo incorrer em um reducionismo sociopolítico que reduz toda forma de ação violenta aos problemas estruturais relacionados com a luta de classes. Tenho argumentado que uma das formas predominantes de violência na América Central é a delinquencial e que muitas das agressões violentas punidas pela lei são consequências diretas de problemas pessoais ou de fatores de personalidade estritamente individuais. Porém, também acredito que nem mesmo essas formas de violência podem ser compreendidas se não são contextualizadas social e politicamente. A violência dos pais contra seus filhos, por exemplo, reflete tanto os conflitos no interior da família quanto as características de uma cultura que colocou o destino dos filhos quase que completamente nas mãos de seus progenitores – pessoas que, com frequência, são pouco preparadas para tamanha responsabilidade. Nem a família é uma ilha autônoma, nem a cultura emerge ou é transmitida abstraída das condições históricas de uma sociedade. Por isso, até as formas mais pulsionais de comportamento violento devem ser situadas no aqui e agora de circunstâncias determinadas que possibilitam algumas formas de atuar em detrimento de outras, que oferecem certos padrões em detrimento de outros. Para mencionar um caso concreto, ao longo de 1987, quase cem pessoas morreram em El Salvador por causa de bombas jogadas por soldados em casas particulares, em veículos públicos ou em festas e bailes. Na maioria dos casos, os perpetradores estavam bêbados ou foram levados por um impulso passional. Porém, compreenderemos pouco desta nova forma de violência delinquencial se permanecermos apenas no plano da explicação psicológica individualista, o que inclui as formulações cognitivistas/neoassociassionistas mais recentes (BERKOWITZ, 1984), e não situarmos esse comportamento no contexto histórico de um conflito estrutural de classes, de uma guerra que já se prolonga por 7 anos e de um aparato ideológico que converte o soldado em "autoridade", legitimando, *a priori*, seu comportamento violento.

Se é aceita a irredutibilidade entre as diversas formas de violência e, portanto, descarta-se qualquer tipo de explicação reducionista, então é necessário perguntar por que se recorre tanto aos comportamentos violent: na atual situação centro-americana. Por que os governos priorizam lançar mão da violência para preservar a ordem social e não outras formas de atuação política? Por que o pai de família utiliza com tanta frequência o cinto sobre seus filhos, o patrão recorre à polícia ou aos seus guarda-costas contra os operários e o grupo de manifestantes destrói os ônibus de transporte público?

Sabemos que o comportamento violento é proveniente de uma multiplicidade de causas e que, frequentemente, um mesmo comportamento possui diversas causas. Há também diversos fatores que contribuem para que, em um dado momento, o curso de ação escolhido seja de caráter violento. Porém, se é certo que a violência pode ter diversas causas, isto é, diversos gatilhos circunstanciais, parece que, na maioria das vezes, há uma razão prioritária para utilizar a violência como forma de comportamento: sua utilidade instrumental. Como acertadamente afirma John Sabini (1978, p. 369) em sua análise dos estudos experimentais da Psicologia sobre a violência e a agressão: "a agressão é, em geral, um ato instrumental, destinado a alcançar algum fim". A escolha pela violência como forma preferida de comportamento é tão persistente e se dá em diferentes níveis por uma razão muito simples: é eficaz. Em outras palavras, em nossa sociedade se consegue com a violência algo que, aparentemente, não se pode conseguir por outros meios. Portanto, pode ser que a violência não seja muito racional em muitos casos, porém certamente é útil em quase todos.

Que as razões primordiais para o uso da violência nos países centro-americanos sejam a sua utilidade e a sua eficácia, isto é algo que tem consequências e sentidos muito distintos de acordo com as diversas formas de violência. A violência ser o meio mais eficaz para manter a ordem estabelecida é algo muito diferente da violência ser o meio mais eficaz para mudar essa ordem. Em um caso, trata-se da falta de vontade ou da incapacidade daqueles que estão no poder para resolver os problemas sociais, pois em outra situação seria possível manter a ordem social por meio do consenso e não da coerção, por meio do convencimento e não da repressão terrorista. No caso daqueles que buscam mudar a ordem social, a questão é que essa ordem não oferece alternativas mais eficazes do que a violência para alcançar seus propósitos. O caso de El Salvador é claro quanto a isto: repetidamente, os sucessivos regimes bloquearam todo esforço para se conquistar mudanças sociais por meios pacíficos, não violentos e, inclusive, nos marcos das regras eleitorais. Da mesma forma, o sentido que tem a utilidade da violência no caso do pai que castiga seus filhos é algo distinto da violência da polícia que tortura o líder sindical, do assaltante que mata sua vítima, do soldado que joga uma bomba nas pessoas que estão em uma festa. Em alguns casos, o aspecto mais importante é a falta de alternativas comportamentais, em outros, a pressão grupal ou cultural e, em outros, a obnubilação ideológica a serviço de certos interesses sociais.

O fato de a utilidade instrumental da violência ser a razão mais comum para o seu frequente emprego abre uma janela para a intervenção psicossocial. O objetivo é claro: fazer com que os comportamentos violentos, sobretudo aqueles que mais ferem os direitos fundamentais das pessoas e dos grupos sejam menos úteis, que se tornem socialmente ineficazes. Como conquistar este objetivo é o desafio que, concretamente, está colocado para os cientistas sociais, inclusive psicólogos, da América Central. Frente a este objetivo, tentarei sintetizar brevemente os recursos que a pesquisa psicossocial nos oferece e como eles podem ser aproveitados em um programa que pode contribuir para nossos países saírem dessa encruzilhada de violência generalizada em que estão situados.

2) Um plano psicossocial contra a eficácia da violência

Podemos diferenciar dois grandes blocos de contribuições da Psicologia para a análise da violência: aquelas que se referem às agressões individuais e aquelas que se referem às agressões institucionais. Façamos uma rápida revisão das contribuições mais significativas, pois a maior parte delas não é bem conhecida.

A partir de um ponto de vista etológico, Konrad Lorenz insistiu, há muito tempo, na necessidade de criar válvulas de escape sociais que oferecem uma saída construtiva para as tendências agressivas (LORENZ, 1971). Lorenz, concretamente, propunha a multiplicação de encontros esportivos e competições de todos os tipos com o fim de levar os conflitos sociais para o terreno do confronto simbólico de forma que as tensões agressivas se resolveriam de forma ritualística.

As propostas de Lorenz foram muito criticadas e não serei eu quem, agora, o defenderá. Todavia, acredito que a corrente etológica representada por Lorenz oferece uma importante ênfase sobre a profundidade do enraizamento da violência e da agressão no psiquismo humano e, portanto, sobre a necessidade de não se esperar que as melhores políticas sociais erradiquem toda forma de violência e agressão. Isso não significa aceitar a existência de um instinto de agressão e, menos ainda, o pressuposto de que as formas de violência que se desenvolvem historicamente entre nós sejam parte natural do ser humano e, portanto, inevitáveis. Porém, é importante enfatizar a necessidade de não incorrer em utopias ingênuas sobre a erradicação de todo tipo de violência humana.

O, já clássico, enfoque do grupo de Yale (DOLLARD e cols. 1939) explicita como a vida cotidiana pode ser uma fonte contínua de tendências para a agressão, ao frustrar, de diversas maneiras, a atividade das pessoas que buscam satisfazer suas necessidades. Essa condição é particularmente óbvia em nossos países, onde a maior parte da população, tal como indicamos, não pode, nem mesmo, satisfazer suas necessidades mais básicas.

Tradicionalmente, a saída que tem sido proposta para que a frustração não resulte em agressão foi a de criar meios catárticos, isto é, encontrar meios para que as pessoas possam desafogar sua frustração de forma substitutiva, sem causar danos a terceiros. É bem conhecida a tentativa de algumas empresas que ofereciam aos seus trabalhadores a possibilidade de desafogar seu rancor golpeando bonecos com os rostos de seus chefes. Porém, além do método não ter oferecido os resultados esperados, é inaceitável que as raízes da frustração das pessoas fiquem intocadas, o que serviria para perpetuar as situações geradoras de frustração.

Uma tentativa mais recente de canalizar a energia gerada pelas frustrações para objetivos alternativos à agressão foi a de treinar o controle pessoal (CARR & BINKOFF, 1981). O controle pessoal consiste em uma série de técnicas, empregadas na prática clínica, que pretendem dar à pessoa recursos para orientar seu comportamento com o fim de realizar avaliações adequadas, sem que ela seja arrastada para ações violentas pela força dos problemas e das frustrações cotidianos. Essas técnicas incluem procedimentos de relaxamento, formas de autoconhecimento, habilidades mentais e outras. É claro que se essas técnicas são definidas como uma forma de deixar as fontes de frustração pessoal intactas, então se trata de uma forma de "ópio psicologista"; mas, se são concebidas como um complemento pessoal para outras soluções, podem ser uma contribuição interessante, especialmente para certos casos ou certas formas de violência.

Os estudos fundamentados no enfoque da aprendizagem social representam uma ponte entre a violência pessoal e a violência institucional, precisamente por sua ênfase nos processos educativos, formais e informais. Talvez, os trabalhos mais conhecidos sobre o tema são aqueles centrados na aprendizagem de modelos agressivos por meio dos meios de comunicação de massa. Esses estudos foram e continuam sendo amplamente debatidos, especialmente porque tocam interesses econômicos muito poderosos (FREEDMAN, 1984, 1986; FRIEDRICH-COFER & HUSTON, 1986). Contudo, podemos assumir a moderada conclusão de que "a maioria dos pesquisadores dessa área estão convencidos de que a violência excessiva nos meios de comunicação aumenta a probabilidade de que, pelo menos, alguns dos espectadores passam a agir de forma mais violenta" (HUESMANN & MALAMUTH, 1986, p. 1).

Até o momento, a principal política motivada pelos estudos sobre a violência nos meios de comunicação foi a tentativa de fazer com que a televisão diminua sua dose de violência, especialmente naqueles programas dirigidos para a audiência infantil. Porém, uma análise sumária das programações televisivas em nossos países basta para nos convencer sobre a futilidade desta tentativa. Concretamente, Chicas e Güezmes (1984) conseguiram contabilizar, em uma semana de programação de três canais comerciais de televisão em El Salvador, 4.280 cenas de caráter violento, o que significa uma média de 204 cenas violentas por dia em cada canal. Assim, alguns psicólogos começaram a tentar outras formas de impedir ou reduzir a aprendizagem social da violência pelos meios de comunicação. Por exemplo, vários psicólogos sociais vinculados à Universidade de Illinois desenharam e experimentaram diversas formas de intervenção treinando pais de família ou crianças com a finalidade de promover uma postura crítica diante dos personagens e das cenas dos programas de televisão (HUESMANN e cols., 1983; ERON, 1986; ROSENTHAL, 1986). Aparentemente, os resultados obtidos até o momento são mais modestos, mas, em minha opinião, estão na direção correta porque promovem um processo de conscientização e, portanto, uma atitude crítica diante dos meios de comunicação massiva.

Programas mais amplos e ambiciosos são aqueles propostos por outros psicólogos que buscam influenciar de forma significativa a educação escolar e os processos de socialização em geral. Por exemplo, Ervin Staub (s.d.) propõe uma complexa agenda para criar um marco cultural de atitudes e motivações que promovam, em médio e longo prazos, mais a cooperação do que a competição, mais a convivência solidária do que a agressão e a guerra. Staub parte do pressuposto de que os antagonismos ideológicos, os autoconceitos culturais e outras precondições da violência não podem ser transformadas diretamente, mas apenas por meio da criação de novos tipos de relações intergrupais e interpessoais. Roberto Roche e Andrés García Robles (1987) buscaram traduzir essa abordagem em programas concretos que são aplicados em escolas e outros centros educativos. Estas propostas são interessantes porque, ao mesmo tempo em que aceitam o enraizamento social da violência e não ignoram a dificuldade de uma mudança social radical, propõem formas concretas para abrir alternativas pessoais e grupais por meio da educação escolar.

Há outros dois estudos bem conhecidos que possuem consequências importantes para analisar as raízes institucionais da violência e da agressão: o estudo de Stanley Milgram sobre a obediência e o de Philip Zimbardo sobre o aprisionamento. O estudo de Milgram (1980) é bem conhecido. Nele, pessoas consideradas normais chegam a se tornar torturadores em um lapso de minutos, graças à proteção de uma instituição acadêmica e a, aparente, servidão à vontade de uma autoridade legitimada. O que há de terrível nos experimentos de Milgram é que demonstram cruamente que a agressão mais cruel pode se converter em um ato executado sob a névoa de que se trata apenas de uma violência que responde aos imperativos da lei, mesmo que contrarie os princípios éticos do ator ou que não tenha qualquer sentido para ele.

Se considerar atado a uma autoridade e delegar a ela a responsabilidade pelos atos é um dos procedimentos que, historicamente, mais facilitou agressões em massa e cruéis assassinatos. Ao fundo, o que ocorre é um desmembramento da estrutura formal do ato, de tal maneira que o comportamento, enquanto materialização da ação, fica separado de seu sentido: cada sujeito não assume mais do que uma parte da totalidade do ato e, portanto, a responsabilidade pessoal fica limitada à precisão técnica do elo específico, mas não é relacionada com o que produz o conjunto do ato ou da atividade. Após a Segunda Guerra Mundial, os julgamentos de Nürenberg deixaram claro que nenhuma pessoa poderia se eximir de sua responsabilidade diante dos comportamentos genocidas alegando sua vinculação à cadeia de uma autoridade legalmente constituída. Porém, fatos como o vergonhoso perdão norte-americano ao Tenente Calley (corresponsável pela matança em My Lai no Vietnã) ou as leis do chamado "ponto-final" aprovadas na Argentina e no Uruguai (que eximem os membros das Forças Armadas de sua responsabilidade nos atos de repressão massiva durante as recentes ditaduras militares) são um grave retrocesso histórico, assim como uma grave ofensa à vontade de justiça em relação às instituições militares e à capacidade do sistema democrático de tratar com equidade todos os membros da sociedade.

Chegamos aqui a um ponto crucial para a proliferação da violência na América Central: sua impunidade sob a proteção da lei. Enquanto os principais atos de violência continuarem impunes, enquanto os principais promotores da agressão massiva e do terrorismo de estado continuarem amparados pelo manto da conveniência institucional e/ou de supostas "razões de estado", não é possível esperar uma redução significativa nem nas formas, nem na quantidade de atos violentos. Pelo contrário, é muito temerário que a violência continue sendo o instrumento mais adequado para a conquista de qualquer objetivo, pessoal ou coletivo. Em um recente estudo, Dane Archer e Rosemary Gartner (1984) examinaram dados sobre ações violentas em 110 países e 44 grandes cidades e chegaram à conclusão de que a maior parte de seus dados poderia ser explicada com uma hipótese aparentemente simples: quando um país violenta os seres humanos por meio de guerras ou execuções, ele incita, de fato, os seus cidadãos a uma violência maior. O que esperar, então, de nossos países, onde a agressão institucionalizada chega a níveis tão pavorosos como as campanhas de terrorismo estatal realizadas em El Salvador e na Guatemala?

Os estudos de Milgram nos alertam para a necessidade de devolver o sentido a cada ato e a responsabilidade pessoal e social a cada ator. Penso que dificilmente isto será conquistado enquanto não se promover pelo menos duas coisas: a tomada de consciência sobre a corresponsabilidade coletiva e uma profunda revisão dos sistemas de justiça, sobretudo das legislações penais. Em ambas as tarefas o psicólogo pode e deve participar, oferecendo, acima de tudo, análises lúcidas sobre a estrutura dos comportamentos e, portanto, mostrando as condições psicológicas que tornam possível a experiência de responsabilidade, assim como pode demonstrar os pontos para os quais devem ser orientadas as sanções sociais (tanto os prêmios quanto as punições) e onde devem ser realizadas intervenções educativa e corretivas.

Uma última contribuição para a compreensão da violência institucional é oferecida pelo estudo de Philip Zimbardo sobre o encarceramento (ZIMBARDO e cols., 1973/1986). Sua prisão experimental em um porão da Universidade de Stanford mostrou como pessoas categorizadas como psicologicamente maduras deixavam-se arrastar, em poucos dias, pela força do papel de guardas que deveriam desempenhar – chegando, até mesmo, a executar atos de grande crueldade contra outras pessoas que desempenhavam o papel de preso. Não interessa aqui discutir se a transformação operada pela execução dos papéis era fruto da força condicionante da instituição enquanto tal, isto é, da estrutura sistematizada de relações entre guardas e presos ou se era produto da imagem antecedente que as pessoas tinham sobre o que deveria ser um guarda. Em qualquer um dos casos, houve mudanças induzidas pelo papel socialmente prescrito que, neste caso, leva ao exercício de comportamentos agressivos graves.

Estudos que antecederam o trabalho de Zimbardo (1970) já tinham demonstrado como a despersonalização ou desindividualização dos atos estimulava a destrutividade e a violência. Cabe, portanto, perguntar em que medida a violência que ocorre entre nós nas circunstâncias atuais está institucionalizada em papéis socialmente prescritos e é assumida com uma forte carga de violência impessoal, de forma que o executor pode agir sem ter que carregar o peso da responsabilidade pelo que faz. O estudo de Zimbardo representa, assim, um valioso complemento à contribuição de Milgram, pois demonstra como o sistema social oferece institucionalmente papéis que requerem o exercício da violência de forma impessoal e sem uma carga de responsabilidade para o executor. Como a violência deixará de ser eficaz e conveniente nessas condições? Por isso, cabe ao psicólogo, mais uma vez, promover uma necessária consciência crítica das pessoas com a finalidade de ajudar a descobrir o que há de intolerável e desumanizador nas exigências da normalidade cotidiana, a qual é imposta como natural. O psicólogo pode também mostrar como separar a realização da norma, isto é, a execução pessoal da exigência social. Sabemos de muitos casos de soldados que disparam seus cartuchos para o ar e, em seguida, informam que causaram diversas baixas no inimigo. Nesse sentido, treinar para o desvio social é uma forma de educar para a paz em sociedades como as nossas, estruturadas e mantidas com altas doses de violência.

Conclusão

Recapitulemos. Na América Central vivemos uma situação de violência generalizada. Suas raízes últimas estão em condições conflitivas de injustiça estrutural, se alimentam de justificações ideológicas e se propagam e se multiplicam por sua utilidade na conquista de objetivos que o sistema social não oferece por outros meios. Diante dessa situação, a Psicologia deve realizar uma intervenção em múltiplos níveis, desde os mais pessoais até os mais sociais. Como indicam Goldstein, Carr, Davidson e Wehr (1981, p. X): "pode-se compreender melhor a agressão, facilitar o seu controle e promover alternativas se ela for analisada, simultaneamente, a partir das perspectivas individual, grupal, comunitária e societal". É necessário retomar a "história psicossocial" de nossa violência, compreendendo desde suas raízes pessoais e sociais até sua elaboração institucional em papéis e leis, passando por todas as instâncias socializantes e todos os mecanismos circunstanciais que a facilitam e reforçam.

De acordo com os estudos destacados, um programa de intervenção psicológica deveria incluir, pelo menos, quatro grandes objetivos:

1) Treinar as pessoas para o controle pessoal e o desenvolvimento de capacidades e hábitos que permitam canalizar simbólica ou construtivamente suas frustrações.

2) Desenvolver, na escola e no lar, consciência crítica sobre os modelos sociais que são transmitidos pelas diversas instâncias socializadoras e sobre as exigências institucionalizadas de determinados papéis sociais. Assim, pode-se desmascarar que interesses são promovidos e que falsas justificativas são mistificadoras. Isto requer, entre outras coisas, desmontar a ideologia do "inimigo", identificando os problemas onde realmente estão e não derivando todos eles de "bodes expiatórios".

3) Promover socialmente atitudes de cooperação e, sobretudo, um estilo de vida austero e solidário, consistente com os recursos objetivos dos países, reforçando, continuamente, o compartilhar, ao invés da mesquinharia, e o êxito coletivo, ao invés do triunfo individualista.

4) Facilitar um novo ordenamento das relações sociais, devolvendo a totalidade de sentido para cada comportamento e obrigando cada ator (pessoa ou grupo) a assumir a parte de responsabilidade social que deve assumir; o que, na prática, significa contribuir para um processo de mudança radical das

estruturas de controle alienante que caracterizam a ordem social atual.

Somente em um contexto social novo a violência deixará de ser o meio mais econômico e eficaz entre nós, seja para desafogar e satisfazer necessidades, seja para alcançar reivindicações e mudanças sociais. Em última análise, em uma sociedade afetada por um conflito de opressão e injustiça estrutural tão grave como o de nossos países, a solução aos principais problemas da violência passa necessariamente pela transformação dessas estruturas, ainda que não se resolva apenas com isso.

Retorno ao ponto de partida. O problema de violência generalizada vivido atualmente na América Central não é primária e nem fundamentalmente um problema psicológico, mas um problema econômico, político e social. Todavia, e por isso mesmo, é também um problema psicológico. Até agora, a contribuição do psicólogo para a resolução deste gravíssimo problema se destacou pela sua omissão, quando não pela sua anuência mais ou menos implícita com a situação, conformando-se, no melhor dos casos, em tratar algumas das consequências individuais mais visíveis da violência. Obviamente, isto tem sido e continuará sendo necessário, mas não é suficiente e, possivelmente, nem é o mais importante.

O esboço de programa proposto aqui é uma alternativa incipiente que pode e deve ser criticada, corrigida e ampliada, mas que, em todo caso, busca abrir janelas para um horizonte distinto e estimular os psicólogos centro-americanos a se aventurarem nessa direção e, assim, contribuir para a construção de um homem novo em uma sociedade nova. Aí está o problema e o desafio e aí estão as maiorias de nossos povos, cujo sofrimento não autoriza qualquer demora. Falta apenas a nossa resposta histórica.

Referências

ARCHER, D. & GARTNER, R. (1984). *Violence and crime in cross-national perspective*. New Haven: Yale University Press.

ASCHER, W. (1986). The moralism of attitudes supporting intergroup violence. *Political Psychology*, 7 (3), p. 403-425.

BERKOWITZ, L. (1984). Some effects of thoughts on anti and prosocial influences of media events: A cognitive-neoassociation analysis. *Psychological Bulletin*, 95 (3), p. 410-427.

BRONFENBRENNER, U. (1961). The mirror image in Soviet-American relations: A social psychologist's report. *Journal of Social Issues*, 17 (3), p. 45-56.

CARR, E.G. & BINKOFF, J.A. (1981). Self-control. In: GOLDSTEIN, A.P.; CARR, E.G.; DAVIDSON, W.S. & WEHR, P. (orgs.). *In response to aggression:* Methods of control and prosocial alternatives. Nova York: Pergamon.

CHICAS, M. & GÜEZMES, J. (1984). *Influencias de la TV y el tipo de institución educativa en la formación de actitudes hacia el país*. São Salvador: Universidad Centroamericana José Simeón Cañas [Monografia de licenciatura].

CHOMSKY, N. & HERMANN, E.S. (1979). *The political economy of human rights:* The Washington connection and Third World fascism. Vol. 1. Boston: South End.

COMBLIN, J. (1978). *El poder militar en América Latina*. Salamanca: Sígueme.

COMISIÓN PARA LA DEFENSA DE LOS DERECHOS HUMANOS EN CENTROAMÉRICA (1986). *Informe sobre la situación de los derechos humanos en Centroamérica*. Costa Rica: Codehuca, p. 8-9.

COMITÉ PRO-JUSTICIA Y PAZ DE GUATEMALA (1985). *Situación de los derechos humanos en Guatemala:* noviembre, 1984 – octubre, 1985. Guatemala: Comité Pro-justicia y Paz de Guatemala.

CUEVA, A. (1987). Los límites de la democracia en América Latina: notas para una discusión. *Polémica*, 1, p. 60-67.

DEPARTAMENTO DE PSICOLOGÍA Y EDUCACIÓN DE LA UCA (1986). Psicología, diálogo y paz en El Salvador. *Estudios Centroamericanos (ECA)*, 41 (454-455), p. 711-719.

DOLLARD, J.; DOOB, L.W.; MILLER, N.E.; MOWRER, O. H. & SEARS, R.R. (1939). *Frustration and aggression*. New Haven: Yale University Press.

ERON, L.D. (1986). Interventions to mitigate the psychological effects of media. *Journal of Social Issues*, 42 (3), p. 155-170.

FANON, F. (1963). *Los condenados de la tierra*. México, DF: Fondo de Cultura Económica [Trad. J. Campos].

FREEDMAN, J.L. (1986). Television violence and aggression: A rejoinder. *Psychological Bulletin*, 100 (3), p. 372-378.

_____ (1984). Effect of television violence on aggressiveness. *Psychological Bulletin*, 96 (2), p. 227-246.

FRIEDRICH-COFER, L. & HUSTON, A.C. (1986). Television violence and aggression: The debate continues. *Psychological Bulletin*, 100 (3), p. 364-371.

GOLDSTEIN, A.P.; CARR, E.G.; DAVIDSON, W.S. & WEHR, P. (1981). *In response to aggression*. Nova York: Pergamon.

HABER, S. & SEIDENBERG, B. (1978). Society's recognition and control of violence. In: KUTASH, I.L.; KUTASH, S.B. & SCHLESINGER, L.B. (orgs.). *Violence:* Perspectives on murder and aggression. São Francisco: Jossey-Bass.

HACKER, F. (1973). *Agresión*. Barcelona: Grijalbo [Trad. F. Formosa].

HUESMANN, L.R.; ERON, L.D.; KLEIN, R.; BRICE, P. & FISHER, P. (1983). Mitigating the imitation of aggressive behavior by changing children's attitudes about media violence. *Journal of Personality and Social Psychology*, 44 (5), p. 899-910.

HUESMANN, L.R. & MALAMUTH, N.M. (1986). Media violence and antisocial behavior: An overview. *Journal of Social Issues*, 42 (3), p. 1-6.

FINALY, D.J.; HOLSTI, O.R. & FAGEN, R.R. (1976). *El enemigo en política*. Buenos Aires: Libera [Trad. A.C. Leal].

LERNER, M.J. & SIMMONS, C.H. (1966). Observer's reaction to the "innocent victim": Compassion or rejection? *Journal of Personality and Social Psychology*, 4 (2), p. 203-210.

LORENZ, K. (1971). *Sobre la agresión:* el pretendido mal. México, DF: Siglo XXI [Trad. F. Blanco].

MARTÍN-BARÓ, I. (1987). *De la guerra sucia a la guerra psicológica:* el caso de El Salvador. Havana [Trabalho apresentado no XXI Congresso Interamericano de Psicologia].

_____ (1983a). *Acción e ideología* – Psicología social desde Centroamerica. São Salvador: UCA.

_____ (1983b). La polarización social en El Salvador. *Estudios Centroamericanos*, 38 (412), p. 129-142.

MERARI, A. & FRIEDLAND, N. (1985). Social psychological aspects of political terrorism. In: OSKAMP, S. (org.). *International Conflict and National Public Policy issues:* Applied Social Psychology Annual. Beverly Hills: Sage, p. 185-206.

MILGRAM, S. (1980). *Obediencia a la autoridad*. Bilbao: Desclée de Brouwer [Trad. J. Goitia].

ROCHE, R. & GARCÍA ROBLES, A. (1987). *Modelos colectivos prosociales:* Plan de optimización educativa, cultural y sociopolítica. Havana [Trabalho apresentado no XXI Congresso Interamericano de Psicologia].

ROSENTHAL, R. (1986). Media violence, antisocial behavior, and the social consequences of small effects. *Journal of Social Issues*, 42 (3), p. 141-154.

SABINI, J. (1978). Aggression in the laboratory. In: KUTASH, I.L.; KUTASH, S.B. & SCHLESINGER, L.B. (orgs.). *Violence:* Perspectives on murder and aggression. São Francisco: Jossey-Bass.

SAMAYOA, J. (1987). Guerra y deshumanización: una perspectiva psicosocial. *Estudios Centroamericanos*, 42 (461), p. 213-225.

STAUB, E. (s.d.). *The origins of war and the psychological and cultural bases of caring and nonagressive societies* [Mimeo.].

WAHLSTRÖM, R. (1987). Enemy image as a psychological antecedent of warfare. In: MARTÍN RAMÍREZ, J.; & HINDE, R.A. & GROEBEL, J. (orgs.). *Essays on violence*. Sevilla: Publicaciones de la Universidad de Sevilla, p. 45-58.

WHITE, R.K. (1966). Misperception and the Vietnam war. *Journal of Social Issues*, 22 (3), p. 1-156.

ZIMBARDO, P.J. (1970). The human choice: Individuation, reason and order versus de-individuation, impulse, and chaos. In: ARNOLD, W.J. & LEVINE, D. (orgs.). *Nebraska symposium on motivation*. Lincoln: University of Nebraska.

ZIMBARDO, P.J.; HANEY, C.; BANKS, W.C. & JAFFE, D. (1986). La psicología del encarcelamiento: privación, poder y patología. *Revista de Psicología Social*, 1, p. 95-105.

ZIMMERMANN, E. (1983). *Political violence, crises and revolutions*. Cambridge: Shenkman.

14
A VIOLÊNCIA POLÍTICA E A GUERRA COMO CAUSAS DO TRAUMA PSICOSSOCIAL EM EL SALVADOR[36]

Introdução

Contra a imagem que o governo norte-americano oferece de El Salvador como "incipiente democracia", vários fatos cotidianos nas relações sociais mais básicas demonstram uma realidade muito diferente: a de um país em guerra civil. Em uma perspectiva psicossocial, a guerra salvadorenha pode ser definida por três características: (a) a polarização social, intencionalmente almejada pelos grupos rivais; (b) a mentira institucionalizada, que, com o tempo, vai alcançando novos níveis; (c) a violência, que passou de preponderantemente repressiva para majoritariamente bélica, com a consequente militarização do país. Esta situação de guerra produz um trauma psicossocial, isto é, a cristalização traumática nas pessoas e nos grupos de relações sociais desumanizadas. A polarização tende a ser somatizada, a mentira institucionalizada precipita graves problemas de identidade e a violência resulta em uma militarização da mente. Assim, é urgente empreender uma tarefa psicossocial de despolarização, desideologização e desmilitarização do país.

1) Duas imagens de El Salvador

Segundo o governo norte-americano, El Salvador é o exemplo mais ilustrativo das "novas democracias" latino-americanas

---

36. Trabalho publicado na *Revista de Psicología de El Salvador* em 1988 [N.T.].

que surgiram durante a última década, especialmente na América Central, onde apenas Nicarágua seria uma exceção. Além disso, este fato refletiria o êxito da política externa de Reagan para a América Latina. Para provar sua afirmação sobre El Salvador, são usados os seguintes dados:

a) O governo salvadorenho foi eleito em eleições livres e de acordo com uma constituição democrática.

b) Existe no país um crescente respeito aos direitos humanos da população. Segundo o governo norte-americano, 80% das violações que ainda existem seriam causadas por rebeldes.

c) O exército salvadorenho se tornou cada vez mais profissional, submetendo-se ao poder civil.

d) Ainda perduram alguns problemas como, por exemplo, a satisfação de necessidades básicas da população ou no funcionamento do sistema de justiça, mas isto deve ser atribuído à situação criada pelos grupos marxistas-leninistas que praticam o terrorismo violento com o apoio de Cuba e Nicarágua.

Infelizmente, esta imagem do país é uma elaboração ideológica característica do governo de Reagan que pouco ou nada reflete a situação real de El Salvador. O caráter democrático de um governo não depende, ou não apenas, da forma como é eleito, mas das forças que, cotidianamente, determinam a sua atuação. O fato verificável é que, no momento de definir as políticas fundamentais em El Salvador, contam mais os fantasmas da "segurança nacional" norte-americana, do que as necessidades mais básicas do povo salvadorenho. Que o governo de Duarte tenha algum controle significativo sobre as Forças Armadas de El Salvador é algo que não passa pela cabeça de qualquer salvadorenho e isso se dá simplesmente por conta da experiência cotidiana que revela quem manda na vida real. Finalmente, atribuir as principais violações de direitos humanos aos rebeldes não exime o governo do que seria sua cota de responsabilidade. Acima de tudo, esse juízo é uma distorção grosseira dos dados, algo mais característico de uma campanha de "guerra psicológica" do que de uma análise objetiva dos acontecimentos.

Portanto, qual é a realidade de El Salvador? Examinemos alguns fatos cotidianos diretamente relacionados com o âmbito da saúde mental que, em sua concretude, revelam uma realidade muito distinta daquela oferecida pelos porta-vozes do governo de Reagan.

1) O Departamento de Chalatenango, ao norte do país, é uma das zonas mais conflituosas e que está sob o controle prático, ao longo de boa parte do ano, dos insurgentes da FMLN. Um pequeno povoado desse Departamento é habitado apenas por algumas dezenas de famílias camponesas muito pobres, constituídas por poucos homens adultos, idosos, mulheres e crianças; não há jovens. Periodicamente, as Forças Armadas realizam operações militares que afetam este pequeno povoado, o que inclui bombardeios, morteiros, campos minados, rastreamentos e destruição de habitações e de plantios. Toda vez que uma operação começa, a população se recolhe em suas pequenas casas, dominada por uma série de sintomas psicossomáticos: tremores generalizados pelo corpo; "fraqueza" muscular, diarreia etc. Um casal de idosos escolheu, desde o início da guerra, esconder-se em um "tatu" ou um refúgio sempre que há uma operação ou quando as Forças Armadas se aproximam do lugar. Como resultado, o mero anúncio de uma operação produz no homem desse casal aquilo que o povoado conhece como "a dor": uma violenta cólica intestinal, uma aterradora dor de cabeça e uma fraqueza generalizada que impossibilita, até mesmo, caminhar. Em um pequeno estudo realizado recentemente no refúgio de San José Calle Real, situado no interior de São Salvador, com 250 pessoas de todas as idades (36% deles refugiados nesse local) concluiu-se que a mera presença do exército nas proximidades do refúgio bastava para que 87% das pessoas começassem a tremer, 75% sentissem taquicardia e 64% sentissem um tremor corporal generalizado (ACISAM, 1988, p. 12-13).

2) Usulatán, zona localizada no sudeste do país, possui duas regiões distintas: uma costeira, rica produtora de algodão; outra, mais montanhosa, com amplas fazendas de café. Ali também há presença permanente da FMLN e das Forças Ar-

madas, com estas realizando permanentes operações de contrainsurgência. No desenvolvimento de uma série de estudos de opinião, foi possível comprovar que os soldados governamentais praticam, sistematicamente, o abuso sexual de jovens camponesas que vivem na região. Como indicava uma delas: para evitar as permanentes violações massivas, as "mais desenvolvidas" (segundo os seus termos) necessitam recorrer à proteção de algum soldado ou oficial, prostituindo-se e solicitando a defesa em relação aos outros. Obviamente, esta informação não consta nas estatísticas sobre direitos humanos da embaixada norte-americana em El Salvador. Todavia, segundo a informação disponível, é uma prática comum dos membros das Forças Armadas e não da FMLN. Para completar este dado, cabe destacar que, em um estudo de opinião realizado no último mês de fevereiro, quando os camponeses eram perguntados sobre o que acreditavam ser as causas da guerra, 59,1% dos entrevistados, que tinham se expressado com grande espontaneidade até o momento da entrevista em que essa pergunta era apresentada, mostraram-se atemorizados e responderam que não sabiam sobre esse acontecimento (IUDOP, 1988). Mesmo quando marcas evidentes da guerra – plantações queimadas, casas com sinais de danos por balas ou bombas – eram indicados, eles insistiam em sua ignorância e que elas apareceram "quando eles não estavam". Certamente, se o medo diminuiu nos últimos anos na população da área metropolitana de São Salvador, ele continua sendo algo dominante no campesinato, inclusive aquele que vive nas áreas menos conflituosas do país.

3) É cada vez maior a frequência de matanças de civis executadas por soldados licenciados ou ex-soldados que lançam granadas contra uma casa particular, no interior de um ônibus ou durante uma festa. Normalmente, quando o ato é realizado, os executores estão bêbados. Os motivos podem ser ciúmes ou desejo de afirmar seu poder ou "autoridade". Apenas na última semana de fevereiro deste ano, 1988, a imprensa relatou, pelo menos, quatro casos deste tipo.

4) Em uma pesquisa realizada entre abril e maio de 1987 que buscava reproduzir estudos realizados nos Estados Unidos sobre a formação da classe social (LEAHY, 1983), foram entrevistadas mais de 200 crianças de diversas idades e pertencentes a distintos setores sociais. Uma das perguntas apresentadas era a seguinte: "O que seria necessário para não existirem mais pobres?" Várias das crianças entrevistadas que pertenciam aos setores socioeconômicos mais altos deram a seguinte resposta: "matar todos eles". É claro que isto pode ser interpretado de várias maneiras e o estudo ainda não foi concluído. Mas em nenhum dos estudos desenvolvidos nos Estados Unidos obteve-se este tipo de resposta. Também não se pode esquecer que alguns setores da sociedade salvadorenha apresentam como solução da guerra civil a eliminação de "todos os subversivos", tal como ocorreu em 1932[37] e, "dessa maneira, possibilitar outros 50 anos de paz" – pelo menos é assim que fazem esta afirmação.

Esses quatro fatos – os sintomas psicossomáticos resultantes das operações militares, a violação massiva de mulheres camponesas, o descontrole da violência criminosa de soldados ou oficiais e a configuração quase assassina da mente infantil – bastam para provar que a realidade de El Salvador é muito diferente daquela oferecida pelos relatórios oficiais do governo norte-americano. Três características podem ser úteis para definir essa realidade: o crescente empobrecimento, a vigência de uma autoridade acima da lei, a continuidade da guerra civil.

a) Em primeiro lugar, trata-se de uma sociedade que não é pobre, mas empobrecida, não está apenas dividida, mas violentamente destroçada, na qual os direitos humanos mais fundamentais das maiorias são estrutural e sistematicamente ne-

---

37. Em 1932, houve um levante de trabalhadores, camponeses e grupos indígenas em que participaram o Partido Comunista de El Salvador e uma de suas principais lideranças, Farabundo Martí. A reação ao levante foi profundamente violenta, resultando na morte de, pelo menos, 25 mil pessoas. A importância histórica do evento é indicada pelas diversas referências que Martín-Baró fez ao episódio em muitos dos textos publicados nesta coletânea [N.T.].

gados. Os direitos violados não são direitos como a liberdade de imprensa ou a liberdade de culto religioso, que tanto preocupam o governo norte-americano em Cuba ou Nicarágua. Mas são direitos muito mais fundamentais: conservar a vida, comer o necessário e contar com um teto para sobreviver, um trabalho para se realizar como ser humano ou com uma escola para se educar os filhos. Para um camponês, de que adianta que o governo não censure os jornais, se ele não pode ler (pois é analfabeto), comprar um jornal ou identificar nele toda a sua fome e sua dor, os seus sofrimentos e seus anseios?

b) As Forças Armadas governamentais continuam representando, para a maioria dos salvadorenhos, um poder atemorizante e abusivo, uma "autoridade" arbitrária e onipresente, expressão de um sistema organizado em função de necessidades minoritárias de 10 ou 15% da população. Não se trata de negar as melhorias parciais que ocorreram no exército salvadorenho, tanto em sua atuação técnica quanto em suas relações com a população civil. Todavia, as Forças Armadas continuam sendo, em El Salvador, uma instituição acima da lei, cuja decisão de respeitar ou não os direitos das pessoas depende do arbítrio de seus interesses específicos e, pior ainda, da compreensão, normalmente estreita, que os oficiais locais ou meros soldados convertidos em "autoridades" possuem de cada situação.

c) A guerra, que há 8 anos assola o país e que, segundo os cálculos dos assessores norte-americanos, pode se estender por mais 6 anos, está produzindo a destruição sistemática da população salvadorenha. Obviamente, parte fundamental desta destruição é o número de vítimas: calcula-se que já são cerca de setenta mil mortes provocadas pelo conflito nos últimos anos. É difícil oferecer um número preciso de feridos, ainda que se saiba que em todo confronto bélico há, para cada morto, pelo menos, três feridos. Mas o que interessa destacar aqui não é tanto a destruição corporal, mas a destruição psicossocial. Como já se notou nos exemplos apresentados, o impacto da guerra vai desde a deterioração orgânica que se manifesta nos sintomas psicossomáticos até a anômala criminalização da mente infantil, passando pelo deslocamento das relações sociais, submetidas ao abuso e à violência daqueles que possuem o poder em suas mãos.

Apesar de a realidade diferir drasticamente, não é casual que se apresente uma imagem democrática de El Salvador. O ocultamento ideológico é parte do problema, um elemento essencial para justificar o prolongamento daquilo que para o governo de Reagan não passa de apenas mais um "conflito de baixa intensidade", enquanto para o povo salvadorenho é uma guerra que priva sua soberania nacional, ameaça destruir sua identidade e, até mesmo, sua viabilidade histórica. Por isso, é necessário analisar de forma mais detida o próprio conflito.

2) A guerra salvadorenha

Toda guerra é uma forma de resolver um conflito entre grupos caracterizada pelo recurso à violência, por meio da qual se busca destruir ou dominar o rival. Os estudos da Psicologia sobre a guerra tendem a se concentrar, predominantemente, em duas áreas: uma delas estuda a eficiência das ações militares, analisando as formas mais efetivas de organização e ação, podendo dar contribuições para os esforços bélicos (como a chamada "guerra psicológica"); a outra área concentra-se nas sequelas psicológicas da guerra e busca oferecer prevenção e tratamento.

Porém, há um aspecto da guerra muito importante e que deve ser analisado pela Psicologia Social: como ela define a totalidade social. Por sua própria dinâmica, uma guerra tende a se converter no fenômeno mais importante da realidade de um país, o processo dominante que se sobrepõe aos demais processos sociais, econômicos, políticos e culturais e que, de maneira direta ou indireta, afeta todos os membros de uma sociedade.

Esse mesmo caráter totalizador da guerra pode fazer com que se ignore os diferentes impactos dela sobre os grupos e as pessoas: o que para alguns representa a ruína é, para outros, um grande negócio; o que coloca certos grupos à beira da morte, é uma abertura de possibilidade de vida nova para outros. A guerra que o camponês sofre na própria carne é uma e algo muito diferente é a guerra contemplada pelo burguês industrial em sua televisão. Em El Salvador, quem vai para o campo de batalha são, majoritariamente, os pobres, os filhos de camponeses ou dos marginalizados urbanos, não os filhos do patrão ou do profissional liberal.

Em 1984, foi possível, a partir de uma perspectiva psicossocial, caracterizar a guerra civil salvadorenha destacando três elementos fundamentais: (a) a violência, que orienta os melhores recursos de cada lado da contenda na busca pela destruição do rival; (b) a polarização social, isto é, o deslocamento dos grupos para extremos opostos com o consequente endurecimento de suas posições ideológicas e a pressão para que as diversas instâncias sociais se alinhem com "nós" ou com "eles"; (c) e a mentira institucional, que exige o desvelamento do objeto das instituições e do ocultamento ideológico da realidade social (MARTÍN-BARÓ, 1984).

Essa caracterização psicossocial da guerra salvadorenha continua, no fundamental, válida para 1988, o que, por si só, é um fato deplorável. Contudo, é necessário analisar as manifestações das citadas características da guerra civil salvadorenha e como foram se explicitando com o prolongamento da guerra.

A polarização social

Na análise de 1984, indicava-se que o grau de polarização social da população salvadorenha tinha alcançado um limite e que se observavam sinais significativos de despolarização, isto é, esforços conscientes de grupos e setores para não se identificarem com ambos os lados do conflito (MARTÍN-BARÓ, 1984). Os processos de polarização e despolarização não são uniformes ou mecânicos, mas estão relacionados com a marcha da atividade militar, assim como com a evolução da situação política. Nesse sentido, desde 1984 até o momento, foram observados vários processos importantes. Talvez, o mais significativo tenha sido o ressurgimento do movimento de massas, que nutre uma clara simpatia pela FMLN. Porém, o esforço consciente por polarizar e mover as organizações populares das reivindicações trabalhistas para posturas políticas mais conscientes, radicais e até violentas, produziu uma nova redução da mobilização social. Desta se separaram aqueles que não se sentem com forças para entrar nessa dinâmica ou temem uma repetição do terrorismo repressivo de 1981-1982. Do lado do governo, as Forças Armadas executaram vários planos de contrainsurgência que possuem como um dos ingredientes essenciais a chamada "guerra psicológica". Esses planos buscam, expressamente, ganhar "os corações e as mentes" da população civil, com a finalidade de convertê-la no principal obstáculo para os rebeldes, apresentados como terroristas vulgares e inimigos do povo.

Por toda parte se realizou um grande e consciente esforço para não apenas manter a polarização social, mas estendê-la e aprofundá-la. Com o fim de alcançar este objetivo, ambos os lados buscam enfatizar os elementos de antagonismo, ao invés de apresentar elementos de possível acordo e exploram, o máximo possível, as fontes de ressentimento e de ódio intergrupal. Uns e outros são apresentados, mutuamente, como a encarnação do mal, como "o inimigo" que deve ser eliminado. Esse aspecto é mais contraditório na propaganda governamental do que na da FMLN, tanto por sua magnitude e intensidade quanto pela violação da linguagem. Assim, a mensagem que é transmitida sob o lema de "unidos para reconstruir" (nome dado para a campanha contrainsurgente mais ambiciosa das Forças Armadas nos 2 últimos anos), na realidade queria dizer "desunidos para destruir" ou "alguns unidos contra outros para acabar com eles".

O nível de polarização social atual do país – para além de momentos conjunturais, como os períodos eleitorais – é menor do que aquele existente durante os primeiros anos de guerra civil. De uma forma ou de outra, o cansaço e a razão, a desilusão com a solução militar e as exigências de convivência cotidiana, a pressão internacional e o surgimento de opções matizadas, foram abrindo espaços políticos que alguns tentaram aproveitar para construir pontes e estabelecer novos horizontes. Em todo caso, a quantidade de recursos dedicados para manter a polarização social viva aponta para a crescente resistência do povo salvadorenho a uma solução militar do conflito, mesmo quando esta resistência se manifesta por posturas, como a inibição ou ceticismo, que não são, pessoal ou socialmente, construtivas.

Porém, mesmo com a tendência à diminuição do nível de polarização social e com a resistência popular aos esforços que buscam radicalizar ainda mais o conflito, as campanhas por polarização social mantêm o país em um ambiente de tensão que não é apenas bélica, mas psicossocial: os fatos são ideologizados, as pessoas demonizadas, os novos espaços políticos resultantes da evolução do conflito são criminalizados. Tudo isso leva o confronto social a um atoleiro e torna muito difícil o estabelecimento de interações entre os diversos grupos sociais buscando objetivos de interesse comum. Por isso, o governo de Duarte enfrentou um sério desafio quando foi obrigado a cumprir os acordos de Esquipulas II, contrariando a sua principal fonte de poder, os Estados Unidos, e a explícita resistência das Forças Armadas. De fato, o seu recurso foi recorrer ao expediente de apenas cumprir formalmente o acordo, elemento que mais serviu para justificar a continuação da guerra do que para dar um passo adiante para se alcançar a paz.

A mentira institucionalizada

O ocultamento sistemático da realidade continua sendo uma das características fundamentais da guerra salvadorenha. Este ocultamento adota diversas modalidades.

a) Acima de tudo, o foco é criar uma versão oficial dos fatos, uma "história oficial" que ignora aspectos cruciais da realidade, distorce e, até mesmo, falsifica ou inventa outros. Esta história oficial se impõe por meio de uma atividade propagandística intensa e muito agressiva, que é respaldada graças ao envolvimento dos mais altos cargos oficiais. Assim, por exemplo, o presidente da república se tornou uma garantia pública da versão que buscou responsabilizar a FMLN pelo assassinato do presidente da Comissão Não Governamental de Direitos Humanos, Herbert Anaya Sanabria.

b) Quando, por alguma razão, vêm a público fatos que contradizem frontalmente a "história oficial", emerge a construção de um "cordão de isolamento", um círculo de silêncio que os relega a um rápido esquecimento ou a um passado supostamente superado pela evolução dos acontecimentos. As contínuas violações dos direitos humanos pelos membros das Forças Armadas entram, obviamente, neste âmbito de silêncio mistificador.

c) A expressão pública da realidade, a denúncia das violações aos direitos humanos e, acima de tudo, o desmascaramento da história oficial e da mentira institucionalizada são atividades consideradas "subversivas" – e realmente são, já que subvertem a ordem de mentira estabelecida. Chega-se, assim, ao paradoxo de que quem se atreve a nomear a realidade ou a denunciar os abusos converte-se, no mínimo, em um réu. Não importa se os fatos estão corretos ou não, pois isto sempre é *a priori* negado, mas sim que estão sendo nomeados. A realidade não conta, mas sim as opiniões. Por exemplo, quando o bispo auxiliar de São Salvador, Monsenhor Rosa Chávez, denunciou membros da Primeira Brigada de Infantaria como os autores de um triplo assassinato, que reproduzia todas as características de um "esquadrão da morte", ele foi imediatamente criminalizado pelas altas autoridades civis e militares. Era necessário que o bispo provasse sua "inocência", ele era o réu, sem importar muito se o fato denunciado era realmente verdadeiro ou não.

d) Um elemento adicional de mentira é a profundidade da corrupção que está permeando, de forma progressiva e acelerada, os diversos organismos estatais e os novos funcionários "democrata-cristãos". É claro que este fato não tem qualquer novidade histórica em um governo salvadorenho; o que é novo é que a corrupção alcançou de forma tão aprofundada os membros de um partido que, até o momento, teve um comportamento relativamente honesto e cujo discurso, moralizante e supostamente de inspiração cristã, é algo oposto ao aproveitamento privado dos recursos públicos. A esmagadora diferença entre o discurso político e a prática real dos membros da Democracia Cristã no poder demarca um novo nível de fraude e mentira, que se torna ainda mais prejudicial por ocorrer em circunstâncias de extrema-pobreza e de dificuldades para a maioria do povo salvadorenho. A avaliação mais favorável que hoje se escuta sobre a corrupção dos governantes democrata-cristãos é a de que não é nada diferente da corrupção dos governos anteriores a 1979 – justamente os governos que contribuíram para o início da guerra civil.

Uma significativa contradição que surge no interior desse ambiente de mentira institucionalizada em El Salvador é a emergência de uma série de programas de notícias na televisão que desfrutam, e fazem uso efetivo, de uma notável liberdade. Há, atualmente, em El Salvador pelo menos quatro jornais televisivos (*Al Día*, *Teleprensa*, *El Noticiero* e *TCS noticias*), assim como uma série de programas vinculados a eles que oferecem ao público informações muito mais próximas dos fatos do que aquela oferecida pela "história oficial". Esses programas possibilitam conhecer opiniões e avaliações de todo tipo de pessoas, sem excluir aquelas que são mais críticas. Como e por que isto se tornou possível, quando até pouco tempo atrás rádios e jornais opositores eram dinamitados e quando ainda se continua interferindo sistematicamente sobre as emissoras da FMLN, não é possível analisar aqui. Isto não quer dizer que não existem pressões oficiais ou paraoficiais sobre estes programas ou que não há tentativas organizadas de assimilá-los (cooptá-los) em favor da ordem estabelecida. De fato, junto com o surgimento desses programas, também foi criado um Ministério de Cultura e Comunicações que busca claramente a "guerra psicológica" e combater toda oposição à "história oficial".

A violência

Como se sabe, a violência bélica na guerra salvadorenha possui duas vertentes: por um lado, o confronto militar aberto, independentemente de ser mais ou menos formalizado; por outro lado, a repressão paramilitar encoberta, dirigida não contra combatentes, mas contra todos os setores ou grupos da população que apoiam ou simpatizam com os insurgentes ou de quem se suspeita que pode apoiar ou simpatizar com os insurgentes.

Em um primeiro momento, a guerra salvadorenha se caracterizou por um número reduzido de ações militares abertas e o máximo possível de ações paramilitares encobertas. Os "esquadrões da morte" e não os batalhões foram os principais instrumentos bélicos do governo para se manter no poder frente ao levante popular e revolucionário. Porém, com o prolongamento da guerra e as exigências próprias do projeto contrainsurgente promovido pelos Estados Unidos em El Salvador, esta relação foi se invertendo e, na medida em que os confrontos militares foram adquirindo uma importância central, a repressão tem sido relegada a um plano menos relevante. É um fato, o qual é permanentemente reproduzido pelo governo norte-americano, que se reduziu significativamente o número de pessoas torturadas, assassinadas ou "desaparecidas" pelas forças governamentais. No entanto, muito mais questionável é a afirmação de que as violações da FMLN aos direitos humanos foram aumentando e que a maioria das violações que hoje ocorrem em El Salvador é produzida por eles. Em todo caso, é preciso reconhecer dois fatos: (a) o número de vítimas, mortos e feridos no confronto bélico hoje é muito maior que o de vítimas da repressão; (b) o número de vítimas da repressão é menor, mas ele ainda é maior do que aquele que existia antes da guerra e foi condenado como inaceitável por diversos organismos internacionais.

Essa mudança na direção da guerra resultou em um fenômeno paralelo na ordem social: se passou de uma ordem mantida pelo terrorismo de Estado para uma ordem militarizada. Em El Salvador se produziu uma militarização da sociedade e da vida coletiva e isso ocorre tanto nas zonas controladas pelo governo quanto naquelas controladas pela FMLN – o que não quer dizer que não existem explícitas diferenças entre ambos os casos.

A militarização da ordem social significa, pelo menos, duas coisas: (a) os oficiais militares tendem a ocupar a maior parte das posições mais importantes do ordenamento institucional; (b) a instância militar é o critério de validade e de possibilidade de qualquer atividade. Em outras palavras, dificilmente pode surgir algum empreendimento ou atividade importante no país que não conte, primeiro, com o aval institucional das Forças Armadas ou com o patrocínio pessoal de algum militar. A vigilância que os militares exercem abertamente sobre os centros de produção ou o controle estabelecido sobre os diversos sistemas de comunicação são as expressões mais visíveis de seu crescente poder sobre o funcionamento da sociedade salvadorenha.

3) O trauma psicossocial

Se os seres humanos somos produtos históricos, é uma consequência lógica pensar que a história particular de guerra em El Salvador, de alguma forma, repercutirá sobre seus habitantes. Não é necessário adotar algumas das visões psicológicas tradicionais sobre a personalidade básica para compreender que o prolongamento da guerra civil tem um impacto importante sobre a forma de ser e de agir dos salvadorenhos. Este impacto é o que aqui se chama de trauma psicossocial.

Natureza do trauma psicossocial da guerra

Etimologicamente, trauma significa ferida. Em Psicologia pode-se falar de trauma para se referir a uma vivência ou experiência que afeta a pessoa que, de tal maneira, fica marcada, isto é, deixa nela um resíduo permanente. Se trauma é o termo utilizado, isto se dá porque se compreende que este resíduo é negativo, trata-se de uma ferida, isto é, de uma marca desfavorável para a vida da pessoa.

Em geral, qualifica-se como *trauma psíquico* a ferida particular que uma experiência difícil ou excepcional deixa em uma pessoa específica – como a morte de um ente querido, uma situação especialmente tensa, o sofrimento ou algum acontecimento dolorosamente frustrante. Por exemplo, uma criança que vê seus pais morrerem em um acidente ou em um incêndio. Algumas vezes, e em um sentido mais análogo, o termo *trauma social* é utilizado para descrever algum processo histórico que pode ter afetado toda uma população. Este seria o caso, por exemplo, do povo alemão e do povo judeu após a experiência do "holocausto".

Aqui se utiliza o termo, nada comum, *trauma psicossocial* para enfatizar o caráter essencialmente dialético da ferida provocada pela experiência prolongada de uma guerra como a que ocorre em El Salvador. Com isso, não se quer dizer que há um efeito uniforme ou comum para toda a população ou que da experiência de guerra se pode presumir algum tipo de impacto mecânico sobre as pessoas. A preocupação é a de destacar, precisamente, o caráter dialético do trauma psicossocial para sublinhar que a ferida ou o efeito dependem da vivência peculiar de cada indivíduo, vivência condicionada pela estratificação social, pelo grau de participação no conflito, assim como por outras características de sua personalidade e experiência (MARTÍN-BARÓ, 1984, p. 509-511). O sofrimento que a guerra produz, oferece, até mesmo, para algumas pessoas a oportunidade de crescer humanamente. O posicionamento público de alguém como o arcebispo mártir de São Salvador, Monsenhor Oscar Arnulfo Romero, demonstra paradigmaticamente o crescimento de uma pessoa, como o bispo, que se deu na mesma medida em que ele foi assolado por perseguições e ataques. Monsenhor Romero é apenas o caso mais conhecido dentre muitos outros salvadorenhos que, no interior da guerra, tiveram a oportunidade de desenvolver virtudes humanas excepcionais de cristalino altruísmo e amor solidário.

Porém, ao falar de trauma psicossocial, também, se pretende destacar dois outros aspectos que, frequentemente, são esquecidos: (a) que a ferida que afeta as pessoas foi produzida socialmente, isto é, suas raízes não estão no indivíduo, mas na sociedade; e (b) que sua natureza se alimenta e se mantém na relação entre o indivíduo e a sociedade, por meio de diversas mediações institucionais, grupais e, também, individuais. O que resulta em óbvias e importantes consequências no momento de determinar o que se deve fazer para superar estes traumas.

O trauma psicossocial como desumanização

Joaquín Samayoa (1987, p. 215) argumenta que as mudanças cognitivas e comportamentais provocadas pela guerra acarretam um processo de desumanização, entendido como o empobrecimento de quatro capacidades importantes do ser humano: (a) a capacidade de pensar lucidamente, (b) a capacidade de se comunicar com veracidade, (c) a sensibilidade frente ao sofrimento alheio, (d) e a esperança.

Quais são essas mudanças cognitivas e comportamentais provocadas pela necessidade de adaptação à guerra e que precipitam a desumanização das pessoas? Samayoa (1987) menciona cinco: (1) a desatenção seletiva e o apego ao preconceito; (2) a absolutização, idealização e rigidez ideológica; (3) o ceticismo evasivo; (4) a defesa paranoide; (5) e o ódio e o desejo de vingança. Em seguida, quando analisa como surgem e se configuram os esquemas cognitivos e comportamentais, Samayoa (1987) destaca três processos adaptativos ou de sobrevivência: (a) a insegurança em relação ao próprio futuro; (b) a ausência de propósito e também de sentido naquilo que se deve fazer; (c) e a necessidade de vinculação ou pertencimento pessoal a algum grupo.

Uma outra corrente de pensamento foi desenvolvida a partir da experiência psicoterapêutica no Chile pelo grupo liderado por Elizabeth Lira (LIRA; WEINSTEIN & SALAMOVICH, 1985-1986). Segundo o grupo, uma situação de terrorismo estatal como a vivida no Chile de Pinochet provoca nas pessoas um estado de medo, mas, apesar do medo ser uma vivência subjetiva e até certo ponto privada, "ao ser produzido simultaneamente em milhares de pessoas em uma sociedade, adquire uma relevância inquestionável no comportamento social e político" (p. 51). Segundo o citado grupo de psicólogos, as principais características psicológicas dos processos desencadeados pelo medo são: (1) a sensação de vulnerabilidade, (2) um estado exacerbado de alerta, (3) o sentimento de impotência ou perda de controle sobre a própria vida e (4) uma alteração do sentido de realidade, pois a validação objetiva das experiências e dos conhecimentos próprios se torna impossível.

As propostas de Samayoa e do grupo chileno são complementares: enquanto em um caso se destaca o papel de aspectos cognitivos e comportamentais, em outro se enfatiza a mediação de um elemento afetivo, o medo. Assim, encontramos os três aspectos clássicos constitutivos da análise psicológica: o conhecimento, o afeto e o comportamento – que alguns substituem pela volição.

Porém, é necessário apontar as limitações de ambos os modelos. No caso dos chilenos, fica claro que sua análise se reduz aos setores da população que foram alvo da repressão de Pinochet. Excluem-se, portanto, os setores da população que são favoráveis a Pinochet, que, mais do que medo, experimentaram satisfação e segurança com uma política que assegurava o seu domínio de classe.

O enfoque de Samayoa é mais amplo e, em princípio, pode ser aplicado a todos os setores da população, já que todos precisam se adaptar às novas circunstâncias históricas. Mas é precisamente esse papel tão central atribuído à adaptação, o ponto que considero insatisfatório neste enfoque. Parece que os grupos e as pessoas são externos à situação de guerra, frente a qual são obrigados a se adaptar. Assim, esta é uma concepção fundamentalmente respondente e passiva sobre as pessoas nas realidades históricas. Ao contrário, os dados permitem afirmar o papel essencial e ativo que os grupos e as pessoas desempenham como sujeitos da história, por mais que vivam de forma alienada. Sem dúvida, para muitos salvadorenhos a guerra é algo que foi imposto; mas também são muitos salvadorenhos que contribuem para alimentá-la e desenvolvê-la e, consequentemente, sua participação nesses processos não pode ser compreendida se é adotada uma perspectiva adaptacionista. Possivelmente, Samayoa não nega isso, mas seu modelo carrega essa limitação ou, pelo menos, deixa aberta essa ambiguidade.

Cristalização de relações sociais

Acreditamos que a melhor maneira de compreender o trauma psicossocial experimentado pelos habitantes de El Salvador hoje é concebê-lo como cristalização ou materialização nas pessoas das relações sociais de guerra vividas no país. Não se omite que, nesta definição, está subjacente a compreensão do ser humano como produto de uma história específica, que, em cada caso, se concretiza nas relações sociais das quais o indivíduo é parte ativa e passiva. Daí que o caráter das principais relações sociais se expressa nas pessoas. O papel que cada um dos elementos psíquicos – conhecimentos, afetos, volições – desempenha deve ser examinado em cada situação, mas, em princípio, assume-se que o que será afetado pela vivência de relações de guerra é a pessoa como um todo. Por isso, cada pessoa será afetada de acordo com a sua posição social particular e a sua forma concreta de participar nos processos de guerra.

O trauma psicossocial experimentado pelas pessoas denota relações sociais alienantes que negam o caráter humano do "inimigo" – este é rechaçado como interlocutor enquanto tal e que se busca, inclusive, destruir. A afirmação da própria personalidade é afetada pela desumanização do outro, frente ao qual, dialeticamente, ela se constrói.

Se a guerra de El Salvador é caracterizada por polarização social, mentira institucionalizada e militarização da vida social, então é preciso examinar como estes três aspectos principais das relações sociais vigentes vão se cristalizando nas pessoas. Não se trata de buscar uma correspondência mecânica que coisifica os aspectos analíticos de uma realidade histórica, mas de enxergar como a especificidade da guerra salvadorenha marca os grupos e as pessoas, isto é, como ela se cristaliza em um trauma psicossocial. A seguir, são apresentadas algumas hipóteses analisando os transtornos já encontrados, mas que, por serem apenas hipóteses de trabalho, devem ser submetidas à verificação empírica.

Em primeiro lugar, acreditamos que as diversas formas de somatização são manifestações do enraizamento corporal da polarização social. Não afirmo que todo processo de polarização estabelece raízes no organismo ou que todo transtorno psicossomático deve ser atribuído à vivência da polarização bélica; mas afirmo que a experiência aguda de polarização pode se enraizar, e com frequência, no próprio corpo. Assim, não é de se estranhar que as pessoas e os grupos mais propensos a experimentar este tipo de transtornos sejam aqueles que são atingidos pelas rupturas da polarização: os habitantes de lugares que passam continuamente do controle por um bando ao de outro; aqueles que são submetidos a um intenso bombardeio ideológico por uma ou outra parte, sem poder apresentar a própria opção; e, até mesmo, aqueles que necessitam forçar a si mesmos a assumir posturas extremas e rígidas a favor de seu próprio grupo. Ao deslocamento social corresponde o deslocamento pessoal e somático, até chegar a formas complexas de alienação psicótica observadas em alguns jovens de populações em conflito.

Em segundo lugar, o clima imperante de mentira atravessa negativamente os fundamentos da identidade das pessoas e isto se dá de diversas formas. Primeiramente, porque a obnubilação da realidade gera uma disjunção esquizoide entre as vivências subjetivas e a vida social. Esta não oferece um campo para a formalização validadora do próprio conhecimento ou, no melhor dos casos, se limita a um círculo social excessivamente restrito. À dificuldade de formalização validadora corresponde tanto o sentimento de insegurança sobre o que se pensa quanto o ceticismo frente às diversas opções sociais e políticas. Quando a mentira é assumida como forma de vida e as pessoas são forçadas a levar uma existência dupla – o caso de todos os que trabalham na clandestinidade – o problema é agravado, não tanto porque não se encontra uma maneira de formalizar e validar a própria experiência, mas porque a necessidade de atuar em dois planos acaba criando uma confusão ética e vivencial. Muitos abandonam este estilo de vida tão desgastante, o que, por sua vez, produz uma desvalorização da autoimagem e um sentimento de culpa em relação às próprias convicções e aos antigos companheiros de luta. Lira e seus colegas analisaram os problemas de identidade derivados da impossibilidade de organizar a vida de acordo com os próprios valores políticos quando estes são contrariados pelo regime estabelecido (LIRA; WEINSTEIN & SALAMOVICH, 1985-1986; WEINSTEIN, 1987).

Finalmente, a militarização da vida social pode resultar em uma progressiva militarização da mente. Uma vez mais, não se trata de um efeito simples ou mecânico, mas parece não restar dúvidas de que a violência quase compulsiva se apodera das relações interpessoais, inclusive as mais íntimas. Da mesma forma, a destrutividade sociopata que demonstram alguns membros ou ex-membros das forças militares, está intrinsecamente relacionada com a preponderância crescente das formas de pensar, sentir e agir dos militares na vida social. O aspecto mais grave desta militarização psicossocial ocorre quando ela se converte em forma normal de ser, a qual é transmitida pelos processos de socialização, tal como ocorre com as crianças que, ingenuamente, afirmam que para acabar com a pobreza é necessário matar todos os pobres.

4) A tarefa psicossocial

O prolongamento indefinido da guerra resulta na normalização de relações sociais desumanizantes, cujo impacto nas pessoas vai desde o sofrimento somático até a estruturação mental, passando pela debilitação da personalidade que não encontra a possibilidade de afirmar com autenticidade sua própria identidade. Dessa forma, não se pode compreender a crise orgânica sem sua relação com a tensão polarizadora, assim como somente se compreende a inibição sociopolítica por meio da análise do clima de mentira institucionalizada e a estereotipia ideológica só pode ser entendida analisando a militarização da vida social. As pessoas que se formam em um contexto como esse naturalizam o desprezo pela vida humana, a lei do mais forte como critério social e a corrupção como estilo de vida, o que, por sua vez, precipita um grave círculo vicioso que tende a perpetuar a guerra objetivamente e subjetivamente.

Não é objetivo do presente trabalho analisar as formas de enfrentamento desse problema. Porém, sob todas as luzes, fica clara a insuficiência da psicoterapia, individual ou grupal, compreendida como um processo de intervenção psicológica. Obviamente, não afirmo aqui que se deve abandonar à própria sorte aquelas pessoas que sofrem na própria carne o estrago alienador da guerra. O que afirmo é que este esforço é insuficiente, inclusive para os próprios indivíduos envolvidos. Enquanto não se produzir uma significativa mudança nas relações sociais (estruturais, grupais e interpessoais), tal como existem hoje no país, o tratamento particular de suas consequências é, quando muito, incompleto.

Em El Salvador, é necessário iniciar um intenso trabalho de despolarização, desideologização e desmilitarização que pode reparar as relações sociais e permitir que as pessoas elaborem sua história em um contexto interpessoal diferente do atual. Colocando em termos mais afirmativos, é necessário trabalhar para se estabelecer novos marcos de convivência: é preciso estabelecer um novo "contrato social", no melhor sentido do termo, que permitirá a interação coletiva sem que a divergência se converta em negação mútua; é necessário buscar a sinceridade social, o que possibilitará conhecer as realidades antes de as definir e aceitar os fatos antes de os interpretar; e, finalmente, é necessário se esforçar por uma educação que alimentará a razão ao invés da força, de forma que a convivência será fundada na resolução de problemas pela complementariedade mútua, ao invés da imposição de alternativas pela violência.

Referências

ACISAM (1988). *Presencia del ejército en el refugio de San José Calle Real: una vivencia amedrentadora*. São Salvador: Avance.

IUDOP (1988). *Las condiciones de vida del campesino salvadoreño desde su propia perspectiva*. São Salvador: Universidad Centroamericana José Simeón Cañas.

LEAHY, R.L. (1983). *The child's construction of social inequality*. Nova York: Academic Press.

LIRA, E.; WEINSTEIN, E. & SALAMOVICH, S. (1985-1986). El miedo: un enfoque psicosocial. *Revista Chilena de Psicología*, 8, p. 51-56.

MARTÍN-BARÓ, I. (1984). Guerra y salud mental. *Estudios Centroamericanos*, 39 (429-430), p. 503-514.

SAMAYOA, J. (1987). Guerra y deshumanización: una perspectiva psicosocial. *Estudios Centroamericanos*, 42 (461), p. 213-225.

WEINSTEIN, E. (1987). Problematica psicológica del exilio en Chile: algunas orientaciones psicoterapéuticas. *Boletín de Psicología*, 6 (23), p. 21-38.

RELAÇÃO DAS PUBLICAÇÕES ORIGINAIS DOS TEXTOS DE IGNACIO MARTÍN-BARÓ REUNIDOS NESTA OBRA EM FORMA DE CAPÍTULOS

1) MARTÍN-BARÓ, I. (1980). El psicólogo en el proceso revolucionario [Borrador no publicado].

2) MARTÍN-BARÓ, I. (1985). Conflicto social e ideología científica: de Chile a El Salvador. *Trabajo presentado en el Vigésimo Congreso Interamericano de Psicología*. Caracas [Publicado em: *Revista de Psicología de El Salvador*, 46, p. 317-338.]

3) MARTÍN-BARÓ, I. (1985). La desideologización como aporte de la psicología social al desarrollo de la democracia en Latinoamérica. *Boletín de la Asociación Venezolana de Psicología Social (Avepso)*, 8 (3), p. 3-9.

4) MARTÍN-BARÓ, I. (1987). El reto popular a la psicología social en América Latina. *Conferencia pronunciada en el XXI Congreso Interamericano de Psicología* [Publicado em: *Boletín de Psicología de El Salvador*, 6 (26), p. 251-270].

5) MARTÍN-BARÓ, I. (1987). La investigación y el cambio social. *Primer Congreso Puertorriqueño de Investigaciones en la Educación*. Universidad de Puerto Rico [Publicado em: *Revista Salvadoreña de Psicología*, 1 (2), p. 90-98].

6) MARTÍN-BARÓ, I. (1983). Entre el individuo y la sociedad. In: MARTÍN-BARÓ, I. *Acción y ideología*. São Salvador: UCA Ed., p. 1-40

7) MARTÍN-BARÓ, I. (1983). Votar en El Salvador: psicología social del desorden político. Conferencia pronunciada en el *III Encuentro Nacional de Psicología Social de España* [Publicado em: *Boletín de la Asociación Venezolana de Psicología Social (Avepso)*, 10 (2), p. 28-36].

8) MARTÍN-BARÓ, I. (1987). El latino indolente: carácter ideológico del fatalismo latinoamericano. In: MONTERO, M. (ed.). *Psicología política latinoamericana*. Caracas: Panapo.

9) MARTÍN-BARÓ, I. (1987). Los grupos con historia: un modelo psicosocial. *Jornadas Venezolanas de Psicología Social* [Publicado em: *Revista de Psicología de El Salvador*, 43, p. 7-29].

10) MARTÍN-BARÓ, I. (1982). Un psicólogo social ante la guerra civil en El Salvador. *Revista de la Asociación Latinoamericana de Psicología Social*, 2, p. 91-111.

11) MARTÍN-BARÓ, I. (1984). Guerra y salud mental. *ECA*, 39 (429-30), p. 503-514.

12) MARTÍN-BARÓ, I. (1988). De la guerra sucia a la guerra psicológica: el caso de El Salvador. In: ARON, A. (org.). *Fuga, exilio y retorno: la salud mental y el refugiado*. São Francisco: Chrica.

13) MARTÍN-BARÓ, I. (1988). La violencia en Centroamérica: una visión psicosocial. *Revista de Psicología de El Salvador*, 7 (28), p. 123-141.

14) MARTÍN-BARÓ, I. (1988). La violencia política y la guerra como causas del trauma psicosocial en El Salvador. *Revista de Psicología de El Salvador*, 7 (28), p. 123-141

PSICOLOGIA SOCIAL

Confira outros títulos da coleção em

livrariavozes.com.br/colecoes/psicologia-social

ou pelo Qr Code

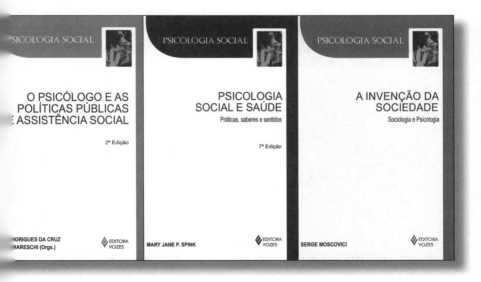

Conecte-se conosco:

- **f** facebook.com/editoravozes
- **◉** @editoravozes
- **✕** @editora_vozes
- **▶** youtube.com/editoravozes
- **◉** +55 24 2233-9033

www.vozes.com.br

Conheça nossas lojas:

www.livrariavozes.com.br

Belo Horizonte – Brasília – Campinas – Cuiabá – Curitiba
Fortaleza – Juiz de Fora – Petrópolis – Recife – São Paulo

  Vozes de Bolso

EDITORA VOZES LTDA.
Rua Frei Luís, 100 – Centro – Cep 25689-900 – Petrópolis, RJ
Tel.: (24) 2233-9000 – E-mail: vendas@vozes.com.br